LES MOUSQUETAIRES

———

VINGT ANS APRÈS

DEUXIÈME PARTIE

ÉMILE COLIN. — IMPRIMERIE DE LAGNY

LES MOUSQUETAIRES

VINGT ANS APRÈS

PAR

ALEXANDRE DUMAS

ILLUSTRÉS PAR J.-A. BEAUCÉ, F. PHILIPPOTEAUX, ETC.

DEUXIÈME PARTIE

J.A.BEAUCÉ

PARIS

CALMANN LÉVY, ÉDITEUR

ANCIENNE MAISON MICHEL LÉVY FRÈRES

3, RUE AUBER, 3

1891

VINGT ANS APRÈS

DEUXIÈME PARTIE

CHAPITRE PREMIER.

OÙ IL EST PROUVÉ QUE LE PREMIER MOUVEMENT EST TOUJOURS LE BON.

Les trois gentilshommes prirent la route de Picardie, cette route si connue d'eux, et qui rappelait à Athos et à Aramis quelques-uns des souvenirs les plus pittoresques de leur jeunesse.

— Si Mousqueton était avec nous, dit Athos en arrivant à l'endroit où ils avaient eu dispute avec des paveurs, comme il frémirait en passant ici; vous rappelez-vous, Aramis? c'est ici que lui arriva cette fameuse balle.

— Ma foi! je le lui permettrais, dit Aramis, car moi je me sens frissonner à ce souvenir. Tenez, voici, au delà de

2

Paris. — Imp. de Edouard Blot, rue St-Louis, 46.

1

cet arbre, un petit endroit où j'ai bien cru que j'étais mort.

On continua le chemin.

Bientôt ce fut à Grimaud à redescendre dans sa mémoire.

Arrivés en face de l'auberge où son maître et lui avaient fait autrefois une si énorme ripaille, il s'approcha d'Athos, et lui montrant le soupirail de la cave, il lui dit

— Saucissons.

Athos se mit à rire, et cette folie de son jeune âge lui parut aussi amusante que si quelqu'un la lui eût racontée comme d'un autre.

Enfin, après deux jours et une nuit de marche, ils arrivèrent vers le soir par un temps magnifique à Boulogne, ville alors presque déserte, bâtie entièrement sur la hauteur; ce qu'on appelle la basse ville n'existait pas. Boulogne était une position formidable.

En arrivant aux portes de la ville :

— Messieurs, dit de Winter, faisons ici comme à Paris; séparons-nous pour éviter les soupçons; j'ai une auberge peu fréquentée, mais dont le patron m'est entièrement dévoué. Je vais y aller, car des lettres doivent m'y attendre; vous, allez à la première hôtellerie de la ville, à l'Épée du Grand-Henri, par exemple; rafraîchissez-vous, et dans deux heures trouvez-vous sur la jetée, notre barque doit nous y attendre.

La chose fut arrêtée ainsi.

Lord de Winter continua son chemin le long des boulevards extérieurs pour entrer par une autre porte, tandis que les deux amis entrèrent par celle devant laquelle ils se trouvaient.

Au bout de deux cents pas, ils rencontrèrent l'hôtel indiqué.

On fit rafraîchir les chevaux, mais sans les desseller; les laquais soupèrent, car il commençait à se faire tard, et les deux maîtres, fort impatients de s'embarquer, leur donnèrent rendez-vous sur la jetée, avec ordre de n'échanger aucune parole avec qui que ce fût.

On comprend bien que cette recommandation ne regardait que Blaisois; pour Grimaud, il y avait longtemps qu'elle était devenue inutile.

Athos et Aramis descendirent vers le port.

Par leurs habits couverts de poussière, par certain air dégagé qui fait toujours reconnaître un homme habitué aux voyages, les deux amis excitèrent l'attention de quelques promeneurs.

Ils en virent un surtout à qui leur arrivée avait produit une certaine impression.

Cet homme, qu'ils avaient remarqué les premiers, par les mêmes causes qui les avaient, eux, fait remarquer des autres, allait et venait tristement sur la jetée.

Dès qu'il les vit, il ne cessa de les regarder à son tour et parut brûler d'envie de leur adresser la parole.

Cet homme était jeune et pâle; il avait les yeux d'un bleu si incertain, qu'ils paraissaient s'irriter comme ceux du tigre, selon les couleurs qu'ils reflétaient; sa démarche, malgré la lenteur et l'incertitude de ses détours, était roide et hardie; il était vêtu de noir et portait une longue épée avec assez de grâce.

Arrivés sur la jetée, Athos et Aramis s'arrêtèrent à regarder un petit bateau amarré à un pieu et tout équipé comme s'il attendait.

— C'est sans doute le nôtre, dit Athos

— Oui, répondit Aramis, et le sloop qui appareille là-bas a bien l'air de celui qui doit nous conduire à notre destination; maintenant, continua-t-il, pourvu que de Winter ne se fasse pas attendre. Ce n'est point amusant de demeurer ici; il n'y passe pas une seule femme.

— Chut! dit Athos, on nous écoutait.

En effet, le promeneur qui, pendant l'examen des deux amis, avait passé et repassé plusieurs fois derrière eux, s'était arrêté au nom de Winter; mais, comme sa figure n'avait exprimé aucune émotion en entendant ce nom, ce pouvait être aussi bien le hasard qui l'avait fait s'arrêter.

— Messieurs, dit le jeune homme en saluant avec beaucoup d'aisance et de politesse, pardonnez à ma curiosité; mais je vois que vous venez de Paris, ou du moins que vous êtes étrangers à Boulogne.

— Nous venons de Paris, oui, monsieur, répondit Athos avec la même courtoisie. Qu'y a-t-il pour votre service?

— Monsieur, dit le jeune homme, seriez-vous assez bon pour me dire s'il est vrai que M. le cardinal Mazarin ne soit plus ministre?

— Voilà une question étrange, dit Aramis.

— Il l'est et ne l'est pas, répondit Athos, c'est-à-dire que la moitié de la France le chasse, et qu'à force d'intrigues et de promesses il se fait maintenir par l'autre moitié. Cela peut durer ainsi longtemps, comme vous voyez.

— Enfin, monsieur, dit l'étranger, il n'est pas en fuite ni en prison?

— Non, monsieur, pas pour le moment du moins.

— Messieurs, agréez mes remerciements pour votre complaisance, dit le jeune homme en s'éloignant.

— Que dites-vous de ce questionneur? dit Aramis.

— Je dis que c'est un provincial qui s'ennuie ou un espion qui s'informe.

— Et vous lui avez répondu ainsi!

— Rien ne m'autorisait à lui répondre autrement. Il était poli avec moi, je l'ai été avec lui.

— Mais cependant, si c'est un espion..

— Que voulez-vous que fasse un espion? Nous ne sommes plus au temps du cardinal de Richelieu, qui, sur un simple soupçon, faisait fermer les ports.

— N'importe, vous avez eu tort de lui répondre comme vous avez fait, dit Aramis en suivant des yeux le jeune homme, qui disparaissait derrière les dunes.

— Et vous, dit Athos, vous oubliez que vous avez commis une bien autre imprudence, c'était celle de prononcer le nom de lord de Winter. Oubliez-vous que c'est à ce nom que le jeune homme s'est arrêté?

— Raison de plus, quand il vous a parlé, pour l'inviter à passer son chemin.

— Une querelle? dit Athos.

— Et depuis quand une querelle vous fait-elle peur?

— Une querelle me fait toujours peur lorsqu'on m'attend quelque part, et que cette querelle peut m'empêcher d'arriver. D'ailleurs, voulez-vous que je vous avoue une chose? Moi aussi je suis curieux de voir ce jeune homme de près.

— Et pourquoi cela?

— Aramis, vous allez vous moquer de moi, vous allez dire que je répète toujours la même chose, vous allez m'appeler le plus peureux des visionnaires.

— Après?

— A qui trouvez-vous que ce jeune homme ressemble?

— En laid ou en beau? demanda en riant Aramis.

— En laid, et autant qu'un homme peut ressembler à une femme.

— Ah! pardieu, s'écria Aramis, vous m'y faites penser. Non, certes! vous n'êtes pas visionnaire, mon cher ami, et, à présent que j'y réfléchis, oui, vous avez, ma foi, raison, cette bouche fine et rentrée, ces yeux qui semblent toujours aux ordres de l'esprit et jamais à ceux du cœur... C'est quelque bâtard de milady.

— Vous riez, Aramis.

— Par habitude, voilà tout; car, je vous le jure, je n'aimerais pas plus que vous à rencontrer ce serpenteau sur mon chemin.

— Ah! voici de Winter qui vient, dit Athos.

— Bon, il ne manquerait plus qu'une chose, dit Aramis, c'est que ce fussent maintenant nos laquais qui se fissent attendre.

— Non, dit Athos, je les aperçois, ils viennent à vingt pas derrière milord. Je reconnais Grimaud à sa tête roide et à ses longues jambes. Tomy porte nos carabines.

— Alors, nous allons nous embarquer de nuit? demanda Aramis en jetant un coup d'œil sur l'occident, où le soleil ne laissait plus qu'un nuage d'or qui semblait s'éteindre peu à peu en se trempant dans la mer.

— C'est probable, dit Athos.

— Diable! reprit Aramis, j'aime peu la mer le jour, mais encore moins la nuit; le bruit des flots, le bruit des vents, le mouvement affreux du bâtiment, j'avoue que je préférerais le couvent de Noisy.

Athos sourit de son sourire triste, car il écoutait ce que lui disait son ami tout en pensant évidemment à autre chose, et s'achemina vers de Winter.

Aramis le suivit.

— Qu'a donc notre ami? dit Aramis, il ressemble aux damnés de Dante, à qui Satan a disloqué le cou et qui regardent leurs talons. Que diable a-t-il donc à regarder sans cesse ainsi derrière lui?

En les apercevant à son tour, de Winter doubla le pas et vint à eux avec une rapidité surprenante.

— Qu'avez-vous donc, milord? dit Athos, et qui vous essouffle ainsi?

— Rien, dit de Winter, rien. Cependant, en passant près des dunes, il m'a semblé...

— Et il se retourna de nouveau.

Athos regarda Aramis.

— Mais partons, continua de Winter, partons, le bateau doit nous attendre, et voici notre sloop à l'ancre; le voyez-vous d'ici? je voudrais déjà être dessus.

Et il se retourna encore.

— Ah çà! dit Aramis, mais vous oubliez donc quelque chose?

— Non, c'est une préoccupation.

— Il l'a vu, dit tout bas Athos à Aramis.

On était arrivé à l'escalier qui conduisait à la barque; de Winter fit descendre les premiers les laquais qui portaient les armes, les crocheteurs qui portaient les malles, et commença à descendre après eux.

En ce moment, Athos aperçut un homme qui suivait le bord de la mer parallèle à la jetée, et qui hâtait sa marche comme pour assister de l'autre côté du port, séparé de vingt pas à peine, à leur embarquement.

Il crut, au milieu de l'ombre qui commençait à descendre, reconnaître le jeune homme qui les avait questionnés.

— Oh! oh! se dit-il, serait-ce décidément un espion, et voudrait-il s'opposer à notre embarquement?

Mais comme, dans le cas où l'étranger aurait eu ce projet, il était déjà un peu tard pour qu'il fût mis à exécution, Athos, à son tour, descendit l'escalier, mais sans perdre de vue le jeune homme.

Celui-ci, pour couper court, avait paru sur une écluse.

— Il nous en veut assurément, dit Athos, mais embarquons-nous toujours, et, une fois en pleine mer, qu'il y vienne.

Et Athos sauta dans la barque, qui se détacha aussitôt du rivage et qui commença de s'éloigner sous l'effort de quatre vigoureux rameurs.

Mais le jeune homme se mit à suivre ou plutôt à devancer la barque.

Elle devait passer entre la pointe de la jetée, dominée par le fanal qui venait de s'allumer, et un rocher qui surplombait.

On le vit de loin gravir le rocher, de manière à dominer la barque lorsqu'elle passerait.

— Ah çà! dit Aramis à Athos, ce jeune homme est décidément un espion.

— Quel jeune homme? demanda de Winter en se retournant.

— Mais celui qui nous a suivis, qui nous a parlé et qui nous a attendus là-bas; voyez.

De Winter se retourna et suivit la direction du doigt d'Aramis.

Le phare inondait de clarté le petit détroit où l'on allait passer et le rocher où se tenait debout le jeune homme, qui attendait la tête nue et les bras croisés.

— C'est lui! s'écria lord de Winter en saisissant le bras d'Athos; c'est lui; j'avais bien cru le reconnaître et je ne m'étais pas trompé.

— Qui, lui? demanda Aramis.

— Le fils de milady, répondit Athos.

— Le moine! s'écria Grimaud.

Le jeune homme entendit ces paroles.

On eût dit qu'il allait se précipiter, tant il se tenait à l'extrémité du rocher, penché sur la mer.

— Oui, c'est moi, mon oncle; moi le fils de milady, moi le moine, moi le secrétaire et l'ami de Cromwell, et je vous connais, vous et vos compagnons.

Il y avait dans cette barque trois hommes qui étaient braves, certes, et desquels nul homme n'eût osé contester le courage; eh bien! à cette voix, à cet accent, à ce geste, ils sentirent le frisson de la terreur courir dans leurs veines.

Quant à Grimaud, ses cheveux étaient hérissés sur sa tête, et la sueur lui coulait du front.

— Ah! dit Aramis, c'est là le neveu, c'est là le moine, c'est là le fils de milady, comme il le dit lui-même?

— Hélas! oui! murmura de Winter.

— Alors, attendez, dit Aramis.

Et il prit, avec le sang-froid terrible qu'il avait dans les suprêmes occasions, un des deux mousquets que tenait Tomy, l'arma et coucha en joue cet homme, qui se tenait debout sur ce rocher comme l'ange des malédictions.

— Feu! cria Grimaud hors de lui.

Athos se jeta sur le canon de la carabine et arrêta le coup qui allait partir.

— Que le diable vous emporte! s'écria Aramis; je le tenais si bien au bout de mon mousquet; je lui eusse mis la balle en pleine poitrine.

— C'est bien assez d'avoir tué la mère! dit sourdement Athos.

— La mère était une scélérate qui nous avait tous frappés en nous ou dans ceux qui nous étaient chers.

— Oui, mais le fils ne nous a rien fait, lui.

Grimaud, qui s'était soulevé pour voir l'effet du coup, retomba découragé en frappant des mains.

Le jeune homme éclata de rire.

— Ah! c'est bien vous, dit-il, c'est bien vous, et je vous connais maintenant.

Son rire strident et ses paroles menaçantes passèrent au-dessus de la barque, emportés par la brise, et allèrent se perdre dans les profondeurs de l'horizon.

Aramis frémit.

— Du calme, dit Athos. Que diable! ne sommes-nous donc plus des hommes?

— Si fait, dit Aramis, mais celui-là, c'est un démon. Et, tenez, demandez à l'oncle si j'avais tort de le débarrasser de son cher neveu.

De Winter ne répondit que par un soupir.

— Tout était fini, continua Aramis. Ah! j'ai bien peur, Athos, que vous ne m'ayez fait faire une folie avec votre sagesse.

Athos prit la main de de Winter, et essayant de détourner la conversation.

— Quand aborderons-nous en Angleterre? demanda-t-il au gentilhomme.

Mais celui-ci n'entendit point ces paroles et ne répondit pas.

— Tenez, Athos, dit Aramis, peut-être serait-il encore temps. Voyez, il est toujours à la même place.

Athos se retourna avec effort; la vue de ce jeune homme lui était évidemment pénible.

En effet il était toujours debout sur son rocher, le phare faisant autour de lui comme une auréole de lumière

Groslow siffla d'une certaine façon.

— Mais, que fait-il à Boulogne? demanda Athos, qui, étant la raison même, cherchait en tout la cause, peu soucieux de l'effet.

— Il me suivait, dit de Winter, qui cette fois avait entendu la voix d'Athos, car la voix d'Athos correspondait à ses pensées.

— Pour vous suivre, mon ami, dit Athos, il aurait fallu qu'il sût notre départ, et d'ailleurs, selon toute probabilité au contraire, il nous avait précédés.

— Alors, je n'y comprends rien, dit l'Anglais en secouant la tête comme un homme qui pense qu'il est inutile de lutter contre une force surnaturelle.

— Décidément, Aramis, dit Athos, je crois que j'ai eu tort de ne pas vous laisser faire.

— Taisez-vous, répondit Aramis, vous me feriez pleurer si je pouvais

En ce moment une voix les héla du sloop.

Le pilote, qui était assis au gouvernail, répondit, et la barque aborda le bâtiment.

En un instant, hommes, valets et bagages furent à bord.

Le patron n'attendait que les passagers pour partir, et, à peine eurent-ils posé le pied sur le pont, que l'on mit le cap vers Hasting, où on devait débarquer.

En ce moment, les trois amis, malgré eux, jetèrent un dernier regard vers le rocher, où se détachait visible encore l'ombre menaçante qui les poursuivait.

Puis une voix arriva jusqu'à eux, qui leur envoyait cette dernière menace.

— Au revoir, messieurs en Angleterre.

CHAPITRE II.

LE TE DEUM DE LA VICTOIRE DE LENS

Tout ce mouvement que madame Henriette avait remarqué, et dont elle avait cherché vainement le motif. était occasionné par l'annonce de la victoire de Lens, dont M. le Prince avait fait messager M. le duc de Châtillon, qui y avait eu une noble part.

Il était en outre chargé de suspendre aux voûtes de Notre-Dame vingt-deux drapeaux, pris tant aux Lorrains qu'aux Espagnols.

Cette nouvelle était décisive.

Elle tranchait le procès entamé avec le parlement en faveur de la cour.

Le *Te Deum* de la victoire de Lens.

Tous les impôts enregistrés sommairement et auxquels le parlement faisait opposition étaient toujours motivés sur la nécessité de soutenir l'honneur de la France et sur l'espérance hasardeuse de battre l'ennemi.

Or, comme depuis Norlingen on n'avait éprouvé que des revers, le parlement avait beau jeu pour interpeller M. de Mazarin sur les victoires toujours promises et toujours ajournées; mais cette fois on en était enfin venu aux mains, il y avait eu triomphe et triomphe complet.

Aussi, tout le monde avait-il compris qu'il y avait double victoire pour la cour, victoire à l'extérieur, victoire à l'intérieur, si bien qu'il n'y avait pas jusqu'au jeune roi qui, en apprenant cette nouvelle, ne se fût écrié :

— Ah! messieurs du parlement, nous allons voir ce que vous allez dire.

Sur quoi la reine avait pressé sur son cœur l'enfant royal, dont les sentiments hautains et indomptés s'harmonisaient si bien avec les siens.

Un conseil eut lieu le même soir, auquel avaient été appelés le maréchal de la Meilleraie et M. de Villeroy, parce qu'ils étaient mazarins, Chavigny et Séguier, parce qu'ils haïssaient le parlement, et Guitaut et Comminges, parce qu'ils étaient dévoués à la reine.

Rien ne transpira de ce qui avait été décidé dans ce conseil.

On sut seulement que le dimanche suivant il y aurait un *Te Deum* chanté à Notre-Dame en l'honneur de la victoire de Lens.

Le dimanche suivant, les Parisiens s'éveillèrent donc dans l'allégresse.

C'était une grande affaire à cette époque, qu'un *Te Deum.*

On n'avait pas encore fait abus de ce genre de cérémonie, et elle produisait son effet.

· Le soleil, qui, de son côté, semblait prendre part à la fête, s'était levé radieux et dorait les sombres tours de la métropole, déjà remplie d'une immense quantité de peuple; les rues les plus obscures de la Cité avaient pris un air de fête, et, tout le long des quais, on voyait de longues files de bourgeois, d'artisans, de femmes et d'enfants, se rendant à Notre-Dame, semblables à un fleuve qui remontait vers sa source.

Les boutiques étaient désertes, les maisons fermées; chacun avait voulu voir le jeune roi avec sa mère et le fameux cardinal de Mazarin, que l'on haïssait tant, que personne ne voulait se priver de sa présence.

La plus grande liberté, au reste, régnait parmi ce peuple immense; toutes les opinions s'exprimaient ouvertement et sonnaient, pour ainsi dire, l'émeute, comme les mille cloches de toutes les églises de Paris sonnaient le *Te Deum.*

La police de la ville étant faite par la ville elle-même, rien de menaçant ne venait troubler le concert de la haine générale et glacer les paroles dans ces bouches médisantes.

Cependant, dès huit heures du matin, le régiment des gardes de la reine, commandé par Guitaut, et en second par Comminges, son neveu, était venu, tambours et trompettes en tête, s'échelonner depuis le Palais-Royal jusqu'à Notre-Dame, manœuvre que les Parisiens avaient vue avec tranquillité, toujours curieux qu'ils sont de musique militaire et d'uniformes éclatants.

Friquet était endimanché, et, sous prétexte d'une fluxion qu'il s'était momentanément procurée en introduisant un nombre infini de noyaux de cerises dans un des côtés de sa bouche, il avait obtenu de Bazin, son supérieur, un congé pour toute la journée.

Bazin avait commencé par refuser, car Bazin était de mauvaise humeur, d'abord du départ d'Aramis, qui était parti sans lui dire où il allait, ensuite de servir une messe dite en faveur d'une victoire qui n'était pas selon ses opinions.

Bazin était frondeur, on se le rappelle, et, s'il y avait eu moyen que dans une pareille solennité le bedeau s'absentât comme un simple enfant de chœur, Bazin eût certainement adressé à l'archevêque la même demande que celle qu'on venait de lui faire.

Il avait donc commencé par refuser, comme nous avons dit, tout congé, mais, en la présence même de Bazin, la fluxion de Friquet avait tellement augmenté de volume, que, pour l'honneur du corps des enfants de chœur, qui aurait été compromis par une pareille difformité, il avait fini par céder en grommelant.

A la porte de l'église, Friquet avait craché sa fluxion et envoyé du côté de Bazin un de ces gestes qui assurent au gamin de Paris sa supériorité sur les autres gamins de l'univers; et, quant à son hôtellerie, il s'en était naturellement débarrassé en disant qu'il servait la messe à Notre-Dame.

Friquet était donc libre, et, ainsi que nous l'avons vu, avait revêtu sa plus somptueuse toilette; il avait surtout, comme ornement remarquable de sa personne, un de ces

bonnets indescriptibles qui tiennent le milieu entre la barette du moyen âge et le chapeau du temps de Louis XIII.

Sa mère lui avait fabriqué ce curieux couvre-chef, et, soit caprice. soit manque d'étoffe uniforme, s'était montrée en le fabriquant peu soucieuse d'assortir les couleurs, de sorte que le chef-d'œuvre de la chapellerie du dix-septième siècle était jaune et vert d'un côté, blanc et rouge de l'autre.

Mais Friquet, qui avait toujours aimé la variété dans les tons, n'en était que plus fier et plus triomphant.

En sortant de chez Bazin, Friquet était parti tout courant pour le Palais-Royal.

Il y arriva au moment ou en sortait le régiment des gardes, et, comme il ne venait pas pour autre chose que pour jouir de sa vue et de profiter de la musique, il prit place en tête, battant le tambour avec deux ardoises, et passant de cet exercice à celui de la trompette, qu'il contrefaisait naturellement avec la bouche, d'une façon qui lui avait plus d'une fois valu les éloges des amateurs de l'harmonie imitative.

Cet amusement dura de la barrière des Sergents jusqu'à la place Notre-Dame, et Friquet y prit un véritable plaisir, mais lorsque le régiment s'arrêta et que les compagnies, en se développant, pénétrèrent jusqu'au cœur de la Cité, se posant à l'extrémité de la rue Saint-Christophe, près de la rue Cocatrix, où demeurait Broussel, alors Friquet, se rappelant qu'il n'avait pas déjeuné, chercha de quel côté il pourrait tourner ses pas pour accomplir cet acte important de la journée, et, après avoir mûrement réfléchi, décida que ce serait le conseiller Broussel qui ferait les frais de son repas.

En conséquence, il prit son élan, arriva tout essoufflé devant la porte du conseiller et heurta rudement.

Sa mère, la vieille servante de Broussel, vint ouvrir.

— Que viens-tu faire ici, garnement? dit-elle, et pourquoi n'es-tu pas à Notre-Dame?

— J'y étais, mère Nanette, dit Friquet; mais j'ai vu qu'il s'y passait des choses dont maître Broussel devait être averti, et, avec la permission de M. Bazin, vous savez bien, mère Nanette, M. Bazin, le bedeau? je suis venu pour parler à M. Broussel.

— Et que veux-tu lui dire, magot, à M. Broussel?

— Je veux lui parler, à lui-même.

— Cela ne se peut pas, il travaille.

— Alors, j'attendrai, dit Friquet, que cela arrangeait d'autant mieux, qu'il trouverait bien moyen d'utiliser le temps.

Et il monta rapidement l'escalier, que dame Nanette monta plus lentement derrière lui.

— Mais enfin, dit-elle, que lui veux-tu, à M. Broussel?

— Je veux lui dire, répondit Friquet en criant de toutes ses forces, qu'il y a le régiment des gardes tout entier qui vient de ce côté-ci. Or, comme j'ai entendu dire partout qu'il y avait à la cour de mauvaises dispositions contre lui, je viens le prévenir afin qu'il se mette sur ses gardes.

Broussel entendit le cri du jeune drôle, et, charmé de son excès de zèle, descendit au premier étage, car il travaillait en effet dans son cabinet au second.

— Eh! dit-il, mon ami, que nous importe le régiment des gardes, et n'es-tu pas fou de faire une pareille esclandre? Ne sais-tu pas que c'est l'usage d'agir comme ces messieurs le font, et que c'est l'habitude de ce régiment de se mettre en haie sur le passage du roi?

Friquet contrefit l'étonné, et, tournant son bonnet neuf entre ses doigts:

— Ce n'est pas étonnant que vous le sachiez, dit-il, vous, monsieur Broussel, qui savez tout; mais moi, en vérité du bon Dieu, je ne le savais pas, et j'ai cru vous donner un bon avis. Il ne faut pas m'en vouloir pour cela, monsieur Broussel.

— Au contraire, mon garçon, au contraire, et ton zèle me plaît. Dame Nanette, voyez donc un peu à ces abricots que madame de Longueville nous a envoyés hier de Noisy, et donnez-en donc une demi-douzaine à votre fils avec un croûton de pain tendre.

— Ah! merci, monsieur Broussel, dit Friquet, merci; j'aime justement beaucoup les abricots.

Broussel alors passa chez sa femme, et demanda son déjeuner.

Il était neuf heures et demie.

Le conseiller se mit à la fenêtre.

La rue était complètement déserte, mais au loin on entendait, comme le bruit d'une marée qui monte, l'immense mugissement des ondes populaires qui grossissaient déjà autour de Notre-Dame.

Ce bruit redoubla lorsque d'Artagnan vint avec une compagnie de mousquetaires se poster aux portes de Notre-Dame pour faire faire le service de l'église.

Il avait dit à Porthos de profiter de l'occasion pour voir la cérémonie, et Porthos, en grande tenue, monta sur son plus beau cheval, faisant le mousquetaire honoraire, comme jadis si souvent d'Artagnan l'avait fait.

Le sergent de cette compagnie, vieux soldat des guerres d'Espagne, avait reconnu Porthos, son ancien compagnon, et bientôt il avait mis au courant chacun de ceux qui servaient sous ses ordres des hauts faits de ce géant, l'honneur des anciens mousquetaires de Tréville.

Porthos, non-seulement avait été bien accueilli dans la compagnie, mais encore il y était regardé avec admiration.

A dix heures, le canon du Louvre annonça la sortie du roi.

Un mouvement pareil à celui des arbres dont un vent d'orage courbe et tourmente les cimes courut dans la multitude, qui s'agita derrière les mousquets immobiles des gardes.

Enfin le roi parut avec la reine dans un carrosse tout doré.

Dix autres carrosses suivaient, renfermant les dames d'honneur, les officiers de la maison royale et toute la cour.

— Vive le roi! cria-t-on de toutes parts.

Le jeune roi mit gravement la tête à la portière, fit une petite mine assez reconnaissante, et salua même légèrement, ce qui fit redoubler les cris de la multitude.

Le cortège s'avança lentement et mit près d'une demi-heure pour franchir l'intervalle qui sépare le Louvre de la place Notre-Dame.

Arrivé là, il se rendit peu à peu sous la voûte immense de la sombre métropole, et le service divin commença.

Au moment où la cour prenait place, un carrosse aux armes de Comminges quitta la file des carrosses de la cour, et vint lentement se placer au bout de la rue Saint-Christophe, entièrement déserte.

Arrivés là, quatre gardes et un exempt qui l'escortaient montèrent dans la lourde machine et en fermèrent les mantelets, puis, à travers un jour prudemment ménagé, l'exempt se mit à guetter le long de la rue Cocatrix, comme s'il attendait l'arrivée de quelqu'un.

Tout le monde était occupé de la cérémonie, de sorte que nul carrosse ni les précautions dont s'entouraient ceux qui étaient dedans ne furent remarqués.

Friquet, dont l'œil toujours au guet eût pu seul les pénétrer, s'en était allé savourer ses abricots sur l'entablement d'une maison du parvis Notre-Dame.

De là, il voyait le roi, la reine et M. de Mazarin, et entendait la messe comme s'il l'avait servie.

Vers la fin de l'office, la reine, voyant que Comminges attendait debout auprès d'elle une confirmation de l'ordre qu'elle lui avait déjà donné avant de quitter le Louvre, lui dit à demi-voix:

— Allez, Comminges, et que Dieu vous assiste.

Comminges partit aussitôt, sortit de l'église et entra dans la rue Saint-Christophe.

Friquet, qui vit ce bel officier marcher ainsi suivi de deux gardes, s'amusa à le suivre, et cela avec d'autant plus d'allégresse, que la cérémonie finissait à l'instant même, et que le roi remontait dans son carrosse.

A peine l'exempt vit-il apparaître Comminges au bout de la rue Cocatrix, qu'il dit un mot au cocher, lequel mit aussitôt sa machine en mouvement et le conduisit devant la porte de Broussel.

Comminges frappait à cette porte en même temps que la voiture s'y arrêtait.

Friquet attendait derrière Comminges que cette porte fût ouverte.

— Que fais-tu là, drôle? demanda Comminges.

— J'attends pour entrer chez maître Broussel, monsieur l'officier, dit Friquet de ce ton câlin que sait si bien prendre dans l'occasion le gamin de Paris.

— C'est donc bien là qu'il demeure? demanda Comminges.

— Oui, monsieur.

— Et quel étage occupe-t-il?

— Toute la maison, dit Friquet; la maison est à lui.

— Mais où se tient-il ordinairement?

— Pour travailler, il se tient au second, mais, pour prendre ses repas, il descend au premier; dans ce moment il doit dîner, car il est midi.

— Bien, dit Comminges.

En ce moment on ouvrit.

L'officier interrogea le laquais, et apprit que maître Broussel était chez lui, et dînait effectivement.

Comminges monta derrière le laquais, et Friquet monta derrière Comminges.

Broussel était assis à table avec sa famille, ayant devant lui sa femme, à ses côtés ses deux filles, et au bout de la table son fils Louvières, que nous avons déjà vu apparaître lors de l'accident arrivé au conseiller, accident dont au reste il était parfaitement remis.

Le bonhomme, revenu en pleine santé, goûtait donc les beaux fruits que lui avait envoyés madame de Longueville.

Comminges, qui avait arrêté le bras du laquais au moment où celui-ci allait ouvrir la porte pour l'annoncer, ouvrit la porte lui-même et se trouva en face de ce tableau de famille.

A la vue de l'officier, Broussel se sentit quelque peu ému; mais, voyant qu'il saluait poliment, il se leva et salua aussi.

Cependant, malgré cette politesse réciproque, l'inquiétude se peignit sur le visage des femmes.

Louvières devint fort pâle et attendit impatiemment que l'officier s'expliquât.

— Monsieur, dit Comminges, je suis porteur d'un ordre du roi.

— Fort bien, monsieur, répondit Broussel. Quel est cet ordre?

Et il tendit la main.

— J'ai commission de me saisir de votre personne, monsieur, dit Comminges toujours sur le même ton et avec la même politesse, et, si vous voulez bien m'en croire, vous vous épargnerez la peine de lire cette longue lettre et vous me suivrez.

La foudre, tombée au milieu de ces bonnes gens si paisiblement assemblés, n'eût pas produit un effet plus terrible.

Broussel recula tout tremblant.

C'était une terrible chose à cette époque que d'être emprisonné par l'inimitié du roi.

Louvières fit un mouvement pour sauter sur son épée, qui était sur une chaise, dans l'angle de la salle; mais un coup d'œil du bonhomme Broussel, qui au milieu de tout cela ne perdait pas la tête, contint ce mouvement désespéré.

BEAUCE.   POUCET

— Impossible, dit Louvières, monsieur, prenez garde de nous pousser au désespoir.

Madame Broussel, séparée de son mari par la largeur de la table, fondait en larmes.

Les deux jeunes filles tenaient leur père embrassé.

— Allons, monsieur, dit Comminges, hâtons-nous, il faut obéir au roi.

— Monsieur, dit Broussel, je suis en mauvaise santé et ne puis me rendre prisonnier en cet état ; je demande du temps.

— C'est impossible, répondit Comminges, l'ordre est formel et doit être exécuté à l'instant même.

— Impossible ! dit Louvières; monsieur, prenez garde de nous pousser au désespoir.

— Impossible! dit une voix criarde au fond de la chambre.

Comminges se retourna, et vit dame Nanette son balai à la main et dont les yeux brillaient de tous les feux de la colère.

— Ma bonne Nanette, tenez-vous tranquille, dit Broussel, je vous en prie.

— Moi, me tenir tranquille quand on arrête mon maître, le soutien, le libérateur, le père du pauvre peuple! Ah bien oui! vous me connaissez encore!... Voulez-vous vous en aller? dit-elle à Comminges.

Comminges sourit

— Voyons, monsieur, dit-il en se retournant vers Broussel, faites taire cette femme et suivez-moi.

— Me faire taire, moi! moi! dit Nanette; ah bien oui! il en faudrait encore un autre que vous, mon bel oiseau du roi! vous allez voir!

Et dame Nanette s'élança vers la fenêtre, l'ouvrit, et d'une voix si perçante qu'on put l'entendre du parvis Notre-Dame

J.A. BEAUCÉ   PISAN

Un cavalier accourut, s'élança dans la mêlée l'épée à la main, et apporta un secours inespéré aux gardes. — **Face 10**

— Au secours! cria-t-elle; on arrête mon maître! on arrête le conseiller Broussel! au secours!

— Monsieur, dit Comminges, déclarez-vous tout de suite : obéirez-vous, ou comptez-vous faire rébellion au roi?

— J'obéis, j'obéis, monsieur! s'écria Broussel essayant de se dégager de l'étreinte de ses deux filles et de contenir du regard son fils, toujours prêt à lui échapper.

— En ce cas, dit Comminges, imposez silence à cette vieille.

— Ah! vieille! dit Nanette...

Et elle se mit à crier de plus belle en se cramponnant aux barres de la fenêtre :

— Au secours! au secours! pour maître Broussel, qu'on arrête parce qu'il a défendu le peuple; au secours!

Comminges saisit la servante à bras le corps et voulut l'arracher de son poste.

Mais au même instant, une autre voix sortant d'une espèce d'entresol hurla sur un ton de fausset :

— Au meurtre! au feu! à l'assassin! On tue M. Broussel! on égorge M. Broussel!

C'était la voix de Friquet.

Dame Nanette, se sentant soutenue, reprit alors avec plus de force et fit chorus.

Déjà des têtes curieuses apparaissaient aux fenêtres : le peuple, attiré au bout de la rue, accourait; des hommes, puis des groupes, puis une foule.

On entendait les cris, on voyait un carrosse, mais on ne comprenait pas.

Friquet sauta de l'entresol sur l'impériale de la voiture.

— Ils veulent arrêter M. Broussel! cria-t-il; il y a des gardes dans le carrosse et l'officier est là-haut.

La foule se mit à gronder et s'approcha des chevaux.

Les deux gardes qui étaient restés dans l'allée montèrent au secours de Comminges.

Ceux qui étaient dans le carrosse ouvrirent les portières et croisèrent la pique.

— Les voyez-vous? criait Friquet; les voyez-vous? les voilà.

Le cocher se retourna et envoya à Friquet un coup de fouet qui le fit hurler de douleur.

— Ah! cocher du diable, s'écria Friquet, tu t'en mêles! attends.

Et il regagna son entresol, d'où il accabla le cocher de tous les projectiles qu'il put trouver.

Malgré la démonstration hostile des gardes, et peut-être même à cause de cette démonstration, la foule se mit à gronder et s'approcha des chevaux.

Les gardes firent reculer les plus mutins à grands coups de pique.

Cependant le tumulte allait toujours croissant; la rue ne pouvait plus contenir les spectateurs qui affluaient de toutes parts.

La presse envahissait l'espace que formaient encore entre eux et le carrosse les redoutables piques des gardes.

Les soldats, repoussés comme par des murailles vivantes, allaient être écrasés contre les moyeux des roues et les panneaux des voitures.

Les cris : Au nom du roi! vingt fois répétés par l'exempt, ne pouvaient rien contre cette redoutable multitude, et semblaient au contraire l'exaspérer encore, quand à ses cris un cavalier accourut et, voyant des uniformes fort maltraités, s'élança dans la mêlée l'épée à la main et apporta un secours inespéré aux gardes.

Ce cavalier était un jeune homme de quinze à seize ans à peine, que la colère rendait pâle.

Il mit pied à terre comme les autres gardes, s'adossa au timon de la voiture, se fit un rempart de son cheval, tira de ses fontes les pistolets, qu'il passa à sa ceinture, et commença à espadonner en homme à qui le maniement de l'épée est chose familière.

Pendant dix minutes, à lui seul, le jeune homme soutint l'effort de la foule.

Alors on vit paraître Comminges poussant Broussel devant lui.

— Rompons le carrosse! criait le peuple.

— Au secours! criait la vieille.

— Au meurtre! criait Friquet en continuant de faire pleuvoir sur les gardes tout ce qui se trouvait sous sa main.

— Au nom du roi! criait Comminges.

— Le premier qui avance est mort! cria Raoul.

Puis, se voyant pressé, il fit sentir la pointe de son épée à une espèce de géant qui était prêt à l'écraser, et qui, se sentant blessé, recula en hurlant.

Car c'était Raoul qui, revenant de Blois, selon qu'il l'avait promis au comte de la Fère, après cinq jours d'absence, avait voulu jouir du coup d'œil de la cérémonie et avait pris par les rues qui le conduiraient plus directement à Notre-Dame.

Arrivé aux environs de la rue Cocatrix, il s'était trouvé entraîné par le flot du populaire; et à ce cri : Au nom du roi! il s'était rappelé le mot d'Athos : Servez le roi, et était accouru combattre pour le roi, dont on maltraitait les gardes.

Comminges jeta pour ainsi dire Broussel dans le carrosse et se lança derrière lui.

En ce moment, un coup d'arquebuse retentit; une balle traversa du haut en bas le chapeau de Comminges et cassa le bras d'un garde.

Comminges releva la tête et vit, au milieu de la fumée, la figure menaçante de Louvières, qui apparaissait à la fenêtre du second étage.

— C'est bien, monsieur, dit Comminges, vous entendrez parler de moi.

— Et vous aussi, monsieur, dit Louvières, et nous verrons lequel parlera le plus haut.

Friquet et Nanette hurlaient toujours.

Les cris, le bruit du coup, l'odeur de la poudre, toujours si enivrante, faisaient leur effet.

— A mort, l'officier! à mort! hurla la foule.

Et il se fit un grand mouvement.

— Un pas de plus, cria Comminges en abattant les mantelets pour qu'on pût bien voir dans la voiture et en appuyant son épée sur la poitrine de Broussel, un pas de plus et je tue le prisonnier. J'ai ordre de l'amener mort ou vif, je l'amènerai mort, voilà tout.

Un cri terrible retentit.

La femme et les filles de Broussel tendaient au peuple des mains suppliantes.

Le peuple comprit que cet officier si pâle, mais qui paraissait si résolu, ferait comme il disait.

On continua de menacer, mais on s'écarta.

Comminges fit monter avec lui dans la voiture le garde blessé, et ordonna aux autres de fermer la portière.

— Touche au palais, dit-il au cocher plus mort que vif.

Celui-ci fouetta ses animaux, qui ouvrirent un large chemin dans la foule.

Mais en arrivant au quai, il fallut s'arrêter.

Le carrosse versa, les chevaux étaient portés, étouffés, broyés par la foule.

Raoul à pied, car il n'avait pas eu le temps de remonter à cheval, las de distribuer des coups de plat d'épée, comme les gardes, las de distribuer des coups de lame, commençaient à recourir à la pointe.

Mais ce terrible et dernier recours ne faisait qu'exaspérer la multitude.

On commençait, de temps en temps, à voir reluire aussi au milieu de la foule le canon d'un mousquet ou la lame d'une rapière.

Quelques coups de feu retentissaient, tirés en l'air sans doute, mais dont l'écho ne faisait pas moins vibrer les cœurs.

Les projectiles continuaient de pleuvoir des fenêtres.

On entendait des voix qu'on n'entend que les jours d'émeute.

On voyait des visages que l'on ne voit que les jours sanglants.

Les cris : A mort! à mort les gardes! A la Seine l'officier! dominaient tout ce bruit, si immense qu'il fût.

Raoul, son chapeau broyé, le visage sanglant, sentait que non-seulement ses forces, mais encore sa raison, commençaient à l'abandonner.

Ses yeux nageaient dans un brouillard rougeâtre, et, à travers ce brouillard, il voyait cent bras menaçants s'étendre vers lui prêts à le saisir quand il tomberait.

Comminges s'arrachait les cheveux de rage dans le carrosse renversé.

Les gardes ne pouvaient porter secours à personne, occupés qu'ils étaient chacun à se défendre personnellement.

Tout était fini.

Carrosse, chevaux, gardes, satellites et prisonnier peut-être, tout allait être dispersé par lambeaux.

Quand tout à coup une voix bien connue de Raoul retentit, quand soudain une large épée brilla en l'air.

Au même instant, la foule s'ouvrit trouée, renversée, écrasée.

Un officier de mousquetaires frappant et taillant de droite et de gauche, courut à Raoul et le prit dans ses bras au moment où il allait tomber.

— Sang-Dieu! cria l'officier, l'ont ils donc assassiné? En ce cas, malheur à eux!

Et il se retourna si effrayant de vigueur, de colère et de menace, que les plus enragés rebelles se ruèrent les uns sur les autres pour s'enfuir, et que quelques-uns roulèrent jusque dans la Seine.

— Monsieur d'Artagnan! murmura Raoul.

— Oui, sang-Dieu! en personne, et heureusement pour vous, à ce qu'il paraît, mon jeune ami. Voyons! ici, vous autres, s'écria-t-il en se redressant sur ses étriers et en élevant son épée, appelant de la voix et du geste les mousquetaires qui n'avaient pu le suivre, tant sa course avait été rapide. Voyons! balayez-moi tout cela! aux mousquets! Portez armes! Apprêtez armes! En joue!

A cet ordre les montagnes du populaire s'affaissèrent si subitement, que d'Artagnan ne put retenir un éclat de rire homérique.

— Merci, d'Artagnan, dit Comminges, montrant la moitié de son corps par la portière du carrosse renversé; merci, mon jeune gentilhomme. Votre nom, que je le dise à la reine.

Raoul allait répondre, lorsque d'Artagnan se pencha à son oreille :

— Taisez-vous, dit-il, et laissez-moi répondre.

Puis, se retournant vers Comminges :

— Ne perdez pas votre temps, Comminges, dit-il; sortez du carrosse si vous pouvez, et faites-en avancer un autre.

— Mais lequel?

— Pardieu! le premier venu qui passera sur le Pont-Neuf; ceux qui le montent seront trop heureux, je l'espère, de prêter leur carrosse pour le service du roi.

— Mais, dit Comminges, je ne sais...

— Allez donc, ou, dans cinq minutes, tous les manants vont revenir avec des épées et des mousquets. Vous serez tué, et votre prisonnier délivré. Allez. Et, tenez; voici justement un carrosse qui vient là-bas.

Puis, se penchant de nouveau vers Raoul :

— Surtout, ne dites pas votre nom, lui souffla-t-il.

Le jeune homme le regardait d'un air étonné.

— C'est bien, j'y cours, dit Comminges, et, s'ils reviennent, faites feu.

— Non pas, non pas, répondit d'Artagnan; que personne ne bouge, au contraire : un coup de feu tiré en ce moment serait payé trop cher demain.

Comminges prit ses quatre gardes et autant de mousquetaires et courut au carrosse.

Il en fit descendre les gens qui s'y trouvaient et les ramena près du carrosse renversé.

Mais, lorsqu'il fallut transporter Broussel du char brisé dans l'autre, le peuple, qui aperçut celui qu'il appelait son libérateur, poussa des hurlements inimaginables et se rua de nouveau vers le carrosse.

— Partez, dit d'Artagnan. Voici dix mousquetaires pour vous accompagner, j'en garde vingt pour contenir le peuple; partez et ne perdez pas une minute. Dix hommes pour M. de Comminges.

Dix hommes se séparèrent de la troupe, entourèrent le nouveau carrosse et partirent au galop.

Au départ du carrosse, les cris redoublèrent; plus de dix mille hommes se pressaient sur le quai, encombrant le Pont-Neuf et les rues adjacentes.

Quelques coups de feu partirent; un mousquetaire fut blessé.

— En avant! cria d'Artagnan, poussé à bout et mordant sa moustache.

Et il fit avec vingt hommes une charge sur tout le peuple, qui se renversa épouvanté.

Un seul homme demeura à sa place, l'arquebuse à la main.

— Ah! dit cet homme, c'est toi qui déjà as voulu l'assassiner! attends.

Et il abaissa son arquebuse sur d'Artagnan, qui arrivait sur lui au triple galop.

D'Artagnan se pencha sur le col de son cheval.

Le jeune homme fit feu : la balle coupa la plume de son chapeau.

Le cheval emporté heurta l'imprudent qui, à lui seul, essayait d'arrêter une tempête, et l'envoya tomber contre la muraille.

D'Artagnan arrêta son cheval court, et, tandis que ses mousquetaires continuaient de charger, il revint l'épée haute sur celui qu'il avait renversé.

— Ah! monsieur, cria Raoul, qui reconnaissait le jeune homme pour l'avoir vu rue Cocatrix; monsieur, épargnez-le, c'est son fils.

D'Artagnan retint son bras prêt à frapper.

— Ah! vous êtes son fils, dit-il; c'est autre chose.

— Monsieur, je me rends, dit Louvières tendant à l'officier son arquebuse déchargée.

— Eh non! ne vous rendez pas, mordieu! filez au contraire, et promptement; si je vous prends, vous serez pendu.

Le jeune homme ne se le fit pas dire deux fois; il passa sous le col du cheval et disparut au coin de la rue Guénégaud.

— Ma foi, dit d'Artagnan à Raoul, il était temps que vous m'arrêtiez la main, c'était un homme mort, et, ma foi, quand j'aurais su qui il était, j'eusse eu du chagrin de l'avoir tué.

— Ah! monsieur, dit Raoul, permettez qu'après vous avoir remercié pour ce pauvre garçon, je vous remercie pour moi aussi, monsieur; j'allais mourir quand vous êtes arrivé.

— Attendez, attendez, jeune homme, et ne vous fatiguez pas à parler.

Puis, tirant d'une de ses fontes un flacon plein de vin d'Espagne

— Buvez deux gorgées de ceci, dit-il.

Raoul but, et voulut renouveler ses remerciments.

— Cher, dit d'Artagnan, nous parlerons de cela plus tard.

Puis, voyant que les mousquetaires avaient balayé le quai depuis le Pont-Neuf jusqu'au quai Saint-Michel et qu'ils revenaient, il leva son épée pour qu'ils doublassent le pas.

Les mousquetaires arrivèrent au trot.

En même temps, de l'autre côté du quai arrivaient les dix hommes d'escorte que d'Artagnan avait donnés à Comminges.

BEAUCE   FOUGET.

— Monsieur, épargnez-le... c'est son fils. — Page 11.

— Holà! dit d'Artagnan s'adressant à ceux-ci, est-il arrivé quelque chose de nouveau?

— Eh! monsieur, dit le sergent, leur carrosse s'est encore brisé une fois; c'est une véritable malédiction.

D'Artagnan haussa les épaules.

— Ce sont des maladroits, dit-il; quand on choisit un carrosse, il faut qu'il soit solide; le carrosse avec lequel on arrête un Broussel doit pouvoir porter dix mille hommes.

— Qu'ordonnez-vous, mon lieutenant?

— Prenez le détachement et conduisez-le au quartier.

— Mais vous vous retirez donc seul?

— Certainement. Ne croyez-vous pas que j'aie besoin d'escorte?

— Cependant...

— Allez donc.

Les mousquetaires partirent, et d'Artagnan demeura seul avec Raoul.

— Maintenant, souffrez-vous? dit-il.

— Oui, monsieur, j'ai la tête lourde et brûlante.

— Qu'y a-t-il donc, à cette tête? dit d'Artagnan levant le chapeau. Ah! une contusion.

— Oui, j'ai reçu, je crois, un pot de fleurs sur la tête.

— Canaille! dit d'Artagnan. Mais vous avez des éperons, étiez-vous donc à cheval?

— Oui, mais j'en suis descendu pour défendre M. de Comminges, et mon cheval a été pris. Et tenez, le voici.

Le cheval de Raoul passait, monté par Friquet, qui courait au galop.

En effet, en ce moment même, le cheval de Raoul passait monté par Friquet, qui courait au galop, agitant son bonnet de quatre couleurs et criant:

— Broussel! Broussel!

— Holà! arrête, drôle! cria d'Artagnan, amène ici ce cheval.

Friquet entendit bien, mais il fit semblant de ne pas entendre, et essaya de continuer son chemin.

D'Artagnan eut un instant envie de courir après maître Friquet, mais il ne voulut point laisser Raoul seul; il se contenta donc de prendre un pistolet dans ses fontes et de l'armer.

Friquet avait l'œil vif et l'oreille fine, il vit le mouvement de d'Artagnan, entendit le bruit du chien; il arrêta son cheval tout court.

— Ah! c'est vous, monsieur l'officier, s'écria-t-il en venant à d'Artagnan, et je suis, en vérité, bien aise de vous rencontrer.

D'Artagnan regarda Friquet avec attention et reconnut le petit garçon de la rue de la Calandre.

— Ah! c'est toi, drôle, dit-il; viens ici.

— Oui, c'est moi, monsieur l'officier, dit Friquet de son air câlin.

— Tu as donc changé de métier? tu n'es donc plus enfant de chœur? tu n'es donc plus garçon de taverne? tu es voleur de chevaux?

— Ah! monsieur l'officier, peut-on dire! s'écria Friquet, je cherchais le gentilhomme auquel appartient ce cheval, un beau cavalier, brave comme un César.

Il fit semblant d'apercevoir Raoul pour la première fois.

— Ah! mais je ne me trompe pas, continua-t-il, le voici. Monsieur, vous n'oublierez pas la leçon, n'est-ce pas?

Raoul mit la main à sa poche.

— Qu'allez-vous faire? dit d'Artagnan.

— Donner dix livres à ce brave garçon, répondit Raoul en tirant une pistole de sa poche.

— Dix coups de pied dans le ventre, dit d'Artagnan. Va-t'en, drôle! et n'oublie pas que j'ai ton adresse.

Friquet, qui ne s'attendait pas à en être quitte à si bon marché, ne fit qu'un bond du quai à la rue Dauphine, où il disparut.

Raoul remonta sur son cheval, et tous deux marchant au pas, d'Artagnan gardant le jeune homme comme si c'était son fils, prirent le chemin de la rue Tiquetonne.

Tout le long de la route il y eut de sourds murmures et de lointaines menaces; mais à l'aspect de cet officier à la tournure si militaire, à la vue de cette puissante épée qui pendait à son poignet soutenue par sa dragonne, on s'écarta constamment, et aucune tentative sérieuse ne fut faite contre les deux cavaliers.

On arriva donc sans accident à l'hôtel de la Chevrette.

La belle Madeleine annonça à d'Artagnan que Planchet était de retour et avait emmené Mousqueton, lequel avait supporté héroïquement l'extraction de la balle, et se trouvait aussi bien que le comportait son état.

D'Artagnan ordonna alors d'appeler Planchet; mais, si bien qu'on l'appelât, Planchet ne répondit point.

Il avait disparu.

— Alors, du vin, dit d'Artagnan.

Puis, quand le vin fut apporté et que d'Artagnan fut seul avec Raoul:

— Vous êtes bien content de vous, n'est-ce pas? dit-il en le regardant entre les deux yeux.

— Mais oui, dit Raoul; il me semble que j'ai fait mon devoir. N'ai-je pas défendu le roi?

— Et qui vous a dit de défendre le roi?

— Mais le comte de la Fère lui-même.

— Oui, le roi; mais aujourd'hui vous n'avez pas défendu le roi, vous avez défendu Mazarin, ce qui n'est pas la même chose.

— Mais, monsieur...

— Vous avez fait une énormité, jeune homme, vous vous êtes mêlé de choses qui ne vous regardent pas.

— Cependant, vous-même...

— Oh! moi, c'est autre chose; moi, j'ai dû obéir aux ordres de mon capitaine. Votre capitaine à vous, c'est M. le Prince; entendez bien cela, vous n'en avez pas d'autre. Mais a-t-on vu, continua d'Artagnan, cette mauvaise tête qui va se faire mazarin, et qui aide à arrêter Broussel! Ne soufflez pas un mot de cela, au moins ou M. le comte de la Fère serait furieux.

— Vous croyez que M le comte de la Fère se fâcherait contre moi?

— Si je le crois? j'en suis sûr; sans cela je vous remercierais, car enfin vous avez travaillé pour nous. Aussi, je vous gronde en son lieu et place; la tempête sera plus douce, croyez-moi. Puis, ajouta d'Artagnan, j'use, mon cher enfant, du privilége que votre tuteur m'a concédé.

— Je ne vous comprends pas, monsieur, dit Raoul

D'Artagnan se leva, alla à son secrétaire, prit une lettre et la présenta à Raoul.

Dès que Raoul eut parcouru le papier, ses regards se troublèrent.

— O mon Dieu! dit-il en levant ses beaux yeux tout humides de larmes sur d'Artagnan, M. le comte a donc quitté Paris sans me voir?

— Il est parti il y a quatre jours, dit d'Artagnan.

— Mais sa lettre semble indiquer qu'il court un danger de mort.

— Ah bien oui! lui, courir un danger de mort! soyez tranquille; non, il est en voyage pour affaire et va revenir bientôt, vous n'avez pas de répugnance, je l'espère, à m'accepter pour tuteur par intérim?

— Oh! non, monsieur d'Artagnan, dit Raoul, vous êtes si brave gentilhomme, et M. le comte de la Fère vous aime tant!

— Eh! mon Dieu, aimez-moi aussi, je ne vous tourmenterai guère; mais à la condition que vous serez frondeur, mon jeune ami, et très-frondeur même.

— Mais, puis-je continuer de voir madame de Chevreuse?

— Je le crois, mordieu, bien! et M. le coadjuteur aussi, et madame de Longueville aussi; et, si le bonhomme Broussel était là, que vous avez si étourdiment contribué à faire arrêter, je vous dirais : Faites vos excuses bien vite à M. Broussel, et embrassez-le sur les deux joues.

— Allons, monsieur, je vous obéirai, quoique je ne vous comprenne pas.

— C'est inutile que vous me compreniez. Tenez, continua d'Artagnan en se tournant vers la porte, qu'on venait d'ouvrir, voici M. du Vallon qui nous arrive avec ses habits tout déchirés.

— Oui, mais en échange, dit Porthos ruisselant de sueur et tout souillé de poussière; en échange, j'ai déchiré bien des peaux. Ces croquants ne voulaient-ils pas m'ôter mon épée! Peste! quelle émotion populaire! continua le géant avec son air tranquille; mais j'en ai assommé plus de vingt avec le pommeau de Balizarde... Un doigt de vin, d'Artagnan.

— Oh! je m'en rapporte à vous, dit le Gascon en remplissant le verre de Porthos jusqu'au bord; mais, quand vous aurez bu, dites-moi votre opinion.

Porthos avala le verre d'un trait.

Puis, quand il l'eut posé sur la table et qu'il eut sucé sa moustache :

— Sur quoi? dit-il.

— Tenez, reprit d'Artagnan, voici M. de Bragelonne qui voulait à toute force aider à l'arrestation de Broussel, et que j'ai eu grand'peine à empêcher de défendre M. de Comminges.

— Peste! dit Porthos, et le tuteur, qu'aurait-il dit s'il eût appris cela?

— Voyez-vous! interrompit d'Artagnan; frondez, mon ami, frondez, et songez que je remplace M. le comte en tout.

Et il fit sonner sa bourse.

Puis, se retournant vers son compagnon :

— Venez-vous, Porthos? dit-il.

— Où cela? demanda Porthos en se versant un second verre de vin.

— Présenter nos hommages au cardinal.

Porthos avala le second verre avec la même tranquillité qu'il avait bu le premier, reprit son feutre, qu'il avait déposé sur une chaise, et suivit d'Artagnan

Quant à Raoul, il resta tout étourdi de ce qu'il voyait, d'Artagnan lui ayant défendu de quitter la chambre avant que toute cette émotion fût calmée.

CHAPITRE III.

LE MENDIANT DE SAINT-EUSTACHE.

D'Artagnan avait calculé ce qu'il faisait en ne se rendant pas immédiatement au Palais-Royal.

Il avait donné le temps à Comminges de s'y rendre avant lui, et, par conséquent, de faire part au cardinal des services éminents que lui d'Artagnan et son ami avaient rendus dans cette matinée au parti de la reine.

Aussi, tous deux furent admirablement reçus par Mazarin, qui leur fit force compliments et qui leur annonça que chacun d'eux était à plus de moitié chemin de ce qu'il désirait, c'est-à-dire d'Artagnan de son capitenat, et Porthos de sa baronnie.

D'Artagnan aurait mieux aimé de l'argent que tout cela, car il savait que Mazarin promettait facilement et tenait avec grand'peine.

Il estimait donc les promesses du cardinal comme viandes creuses, mais il ne parut pas moins très-satisfait devant Porthos, qu'il ne voulait pas décourager.

Pendant que les deux amis étaient chez le cardinal, la reine le fit demander.

Le cardinal pensa que c'était un moyen de redoubler le zèle de ses deux défenseurs en leur procurant des remerciments de la reine elle-même.

Il leur fit signe de le suivre.

D'Artagnan et Porthos lui montrèrent leurs habits tout poudreux et tout déchirés; mais le cardinal secoua la tête

— Ces costumes-là, dit-il, valent mieux que ceux de la plupart des courtisans que vous trouverez chez la reine, car ce sont des costumes de bataille.

D'Artagnan et Porthos obéirent.

La cour d'Anne d'Autriche était nombreuse et joyeusement bruyante, car, à tout prendre, après avoir remporté une victoire sur l'Espagnol, on venait de remporter une victoire sur le peuple.

Broussel avait été conduit hors de Paris sans résistance et devait être à cette heure dans les prisons de Saint-Germain, et Blancménil, qui avait été arrêté en même temps que lui, mais dont l'arrestation s'était opérée sans bruit et sans difficulté, était écroué au château de Vincennes.

Comminges était près de la reine, qui l'interrogeait sur les détails de son expédition, et chacun écoutait son récit, lorsqu'il aperçut à la porte, derrière le cardinal qui entrait, d'Artagnan et Porthos.

— Eh! madame, dit-il, courant à d'Artagnan, voici quelqu'un qui peut vous dire cela mieux que moi, car c'est mon sauveur. Sans lui, je serais probablement dans ce moment arrêté aux filets de Saint-Cloud, car il ne s'agissait de rien moins que de me jeter à la rivière. Parlez, d'Artagnan, parlez.

Depuis qu'il était lieutenant aux mousquetaires, d'Artagnan s'était trouvé cent fois peut-être dans le même appartement que la reine, mais jamais celle-ci ne lui avait parlé.

— Eh bien! monsieur, après m'avoir rendu un pareil service, vous vous taisez? dit Anne d'Autriche.

— Madame, répondit d'Artagnan, je n'ai rien à dire, sinon que ma vie est au service de Votre Majesté, et que je ne serai heureux que le jour où je la perdrai pour elle.

— Je sais cela, monsieur, je sais cela, et depuis long-temps. Aussi, suis-je charmée de pouvoir vous donner cette marque publique de mon estime et de ma reconnaissance.

— Permettez-moi, madame, dit d'Artagnan, d'en reverser une part sur mon ami, ancien mousquetaire de la compagnie de Tréville, comme moi (il appuya sur ces mots), et qui a fait des merveilles, ajouta-t-il

— Le nom de monsieur? demanda la reine.

— Aux mousquetaires, dit d'Artagnan, il s'appelait Porthos (la reine tressaillit), mais son véritable nom est le chevalier du Vallon.

— De Bracieux de Pierrefonds, ajouta Porthos.

— Ces noms sont trop nombreux pour que je me les rappelle tous, et je ne veux me souvenir que du premier, dit gracieusement la reine.

— Aux mousquetaires, dit d'Artagnan, il s'appelait Porthos.

J.A. BEAUCÉ.   A. LLOUIS.

Porthos salua.

D'Artagnan fit deux pas en arrière.

En ce moment on annonça le coadjuteur.

Il y eut un cri de surprise dans la royale assemblée.

Quoique M. le coadjuteur eût prêché le matin même, on savait qu'il penchait fort du côté de la Fronde, et Mazarin, en demandant à M. l'archevêque de Paris de faire prêcher

son neveu, avait eu évidemment l'intention de porter à M. de Retz une de ces bottes à l'italienne qui le réjouissaient si fort.

En effet, au sortir de Notre-Dame, le coadjuteur avait appris l'événement.

Quoiqu'à peu près engagé avec les principaux frondeurs, il ne l'était point assez qu'il ne pût faire retraite si la cour lui offrait les avantages qu'il ambitionnait, et auxquels la coadjutorerie n'était qu'un acheminement.

M. de Retz voulait être archevêque en remplacement de son oncle, et cardinal comme Mazarin.

Or, le parti populaire pouvait difficilement lui accorder ces faveurs toutes royales.

Il se rendait donc au palais pour faire son compliment à la reine sur la bataille de Lens, déterminé d'avance à agir pour ou contre la cour, selon que son compliment serait bien ou mal reçu.

Le coadjuteur fut donc annoncé.

Il entra, et, à son aspect, toute cette cour triomphante redoubla de curiosité pour entendre ses paroles.

Le coadjuteur avait à lui seul à peu près autant d'esprit que tous ceux qui étaient réunis là pour se moquer de lui.

Aussi, son discours fut-il si parfaitement habile, que, si

J.A.BEAUCÉ.

Louvières.

bonne envie que les assistants eussent d'en rire, ils n'y trouvèrent point prise.

Il termina en disant qu'il mettait sa faible puissance au service de Sa Majesté.

La reine parut, tout le temps qu'elle dura, goûter fort la harangue de M. le coadjuteur; mais cette harangue, terminée par cette phrase, la seule qui donnât prise aux quolibets, Anne se retourna, et un coup d'œil décoché vers

ses favoris leur annonça qu'elle leur livrait le coadjuteur.

Aussitôt les plaisants de cour se lancèrent dans la mystification.

Nogent-Beautru, le bouffon de la maison, s'écria que la reine était bien heureuse de trouver les secours de la religion dans un pareil moment.

Chacun éclata de rire.

Le duc de Villeroi dit qu'il ne savait pas comment on avait pu craindre un instant quand on avait, pour défendre la cour contre le parlement et les bourgeois de Paris, M. le coadjuteur, qui, d'un signe, pouvait lever une armée de curés, de suisses et de bedeaux.

Le maréchal de la Meilleraie ajouta que, le cas échéant où l'on en viendrait aux mains, et où M. le coadjuteur ferait le coup de feu, il était fâcheux seulement que M. le coadjuteur ne pût pas être reconnu à un chapeau rouge dans la mêlée, comme Henri IV l'avait été à sa plume blanche à la bataille d'Ivry.

Gondy, devant cet orage qu'il pouvait rendre mortel pour les railleurs, demeura calme et sévère.

La reine lui demanda alors s'il avait quelque chose à ajouter au beau discours qu'il venait de lui faire.

— Oui, madame, dit le coadjuteur; j'ai à vous prier d'y réfléchir à deux fois avant de mettre la guerre civile dans le royaume.

La reine lui tourna le dos, et les rires recommencèrent.

Le coadjuteur salua et sortit du palais en lançant au cardinal, qui le regardait, un de ces regards que l'on comprend entre ennemis mortels.

Ce regard était si acéré, qu'il pénétra jusqu'au fond du cœur de Mazarin, et que celui-ci, sentant que c'était une déclaration de guerre, saisit le bras de d'Artagnan et lui dit :

— Dans l'occasion, monsieur, vous reconnaîtrez bien cet homme qui vient de sortir, n'est-ce pas?

— Oui, monseigneur, dit-il.

Et se tournant à son tour vers Porthos

— Diable! dit-il, cela se gâte, je n'aime pas les querelles entre les gens d'église.

Gondy se retira en semant les bénédictions sur son passage, et en se donnant le malin plaisir de faire tomber à ses genoux jusqu'aux serviteurs de ses ennemis.

— Oh! murmura-t-il en franchissant le seuil du palais, cour ingrate, cour perfide, cour lâche! je t'apprendrai demain à rire, mais sur un autre ton.

Mais, tandis que l'on faisait des extravagances de joie au Palais-Royal pour renchérir sur l'hilarité de la reine, Mazarin, homme de sens, et qui d'ailleurs avait toute la prévoyance de la peur, ne perdait pas son temps à de vaines et dangereuses plaisanteries.

Il était sorti derrière le coadjuteur, assurait ses comptes, serrait son or, et faisait, par des ouvriers de confiance, pratiquer des cachettes dans ses murailles.

En rentrant chez lui, le coadjuteur apprit qu'un jeune homme était venu après son départ et l'attendait.

Il demanda le nom de ce jeune homme, et tressaillit de joie en apprenant qu'il s'appelait Louvières.

Il courut aussitôt à son cabinet.

En effet, le fils de Broussel, encore tout furieux et tout sanglant de sa lutte contre les gens du roi, était là.

La seule précaution qu'il eût prise pour venir à l'archevêché était de déposer son arquebuse chez un ami.

Le coadjuteur alla à lui et lui tendit la main.

Le jeune homme le regarda comme s'il eût voulu lire au fond de son cœur.

— Mon cher monsieur Louvières, dit le coadjuteur, croyez que je prends une part bien réelle au malheur qui vous arrive.

— Est-ce vrai, et parlez-vous sérieusement? dit Louvières.

— Du fond du cœur, dit de Gondy

— En ce cas, monseigneur, le temps des paroles est passé, et l'heure d'agir est venue: monseigneur, si vous le voulez, mon père, dans trois jours, sera hors de prison, et dans six mois vous serez cardinal.

Le coadjuteur tressaillit.

— Oh! parlons franc, dit Louvières, et jouons carte sur table. On ne sème pas pour trente mille écus d'aumônes, comme vous l'avez fait depuis six mois, par pure charité chrétienne, ce serait trop beau. Vous êtes ambitieux, c'est tout simple, vous êtes homme de génie et vous sentez votre valeur. Moi, je hais la cour, et n'ai, en ce moment-ci, qu'un seul désir, la vengeance. Donnez-nous le clergé et le peuple, dont vous disposez; moi, je vous donne la bourgeoisie et le parlement; avec ces quatre éléments, dans huit jours Paris est à nous; et croyez-moi, monsieur le coadjuteur, la cour donnera par crainte ce qu'elle ne donnerait point par bienveillance.

Le coadjuteur regarda Louvières de son œil perçant.

— Mais, monsieur Louvières, savez-vous que c'est tout bonnement la guerre civile que vous me proposez là?

— Vous la préparez depuis assez longtemps, monseigneur, pour qu'elle soit la bienvenue de vous.

— N'importe, dit le coadjuteur, vous comprenez que cela demande réflexion.

— Et combien d'heures de réflexion demandez-vous?

— Douze heures, monsieur, est-ce trop?

— Il est midi, à minuit je serai chez vous.

— Si je n'étais pas rentré, attendez-moi.

— A merveille! A minuit, monseigneur.

— A minuit, mon cher monsieur Louvières.

Resté seul, Gondy manda chez lui tous les curés avec lesquels il était en relation.

Deux heures après, il avait réuni trente desservants des paroisses les plus populeuses, et par conséquent les plus remuantes de Paris.

Gondy leur raconta l'insulte qu'on venait de lui faire au Palais-Royal, et rapporta les plaisanteries de Beautru, du duc de Villeroi et du maréchal de la Meilleraie.

Les curés lui demandèrent ce qu'il y avait à faire.

— C'est tout simple, dit le coadjuteur, vous dirigez les consciences; eh bien! sapez-y ce misérable préjugé de la crainte et du respect des rois, apprenez à vos ouailles que la reine est un tyran, et répétez, tant et si fort que chacun le sache, que les malheurs de la France viennent du Mazarin, son amant et son corrupteur; commencez l'œuvre aujourd'hui, à l'instant même, et dans trois jours je vous attends en résultat. En outre, si quelqu'un de vous a un bon conseil à me donner, qu'il reste, je l'écouterai avec plaisir.

Trois curés restèrent : celui de Saint-Merri, celui de Saint-Sulpice et celui de Saint-Eustache.

Les autres se retirèrent.

— Vous croyez donc pouvoir m'aider encore plus efficacement que vos confrères? dit Gondy.

— Nous l'espérons, reprirent les curés.

— Voyons, monsieur le desservant de Saint-Merri, commencez.

— Monseigneur, j'ai dans mon quartier un homme qui pourrait vous être de la plus grande utilité.

— Quel est cet homme?

— Un marchand de la rue des Lombards qui a la plus grande influence sur le petit commerce de son quartier.

— Comment l'appelez-vous?

— C'est un nommé Planchet; il avait fait à lui seul une émeute, il y a six semaines à peu près; mais, à la suite de cette émeute, comme on le cherchait pour le pendre, il a disparu.

— Et le retrouverez-vous?

— Je l'espère; je ne crois pas qu'il ait été arrêté, et,

comme je suis le confesseur de sa femme, si elle sait où il est, je le saurai.

— Bien, monsieur le curé, cherchez-moi cet homme-là, et, si vous me le trouvez, amenez-le-moi.

— A quelle heure, monseigneur?

— A six heures, voulez-vous?

— Nous serons chez vous à six heures, monseigneur.

— Allez, mon cher curé, allez, et que Dieu vous seconde.

Le curé sortit.

— Et vous, monsieur? dit Gondy en se retournant vers le curé de Saint-Sulpice.

— Moi, monsieur, dit celui-ci, je connais un homme qui a rendu de grands services à un prince très-populaire, qui ferait un excellent chef de révoltés, et que je puis mettre à votre disposition.

— Comment nommez-vous cet homme?

— M. le comte de Rochefort.

— Je le connais aussi; malheureusement il n'est pas à Paris.

— Monseigneur, il est rue Cassette.

— Depuis quand?

— Depuis trois jours déjà.

— Et pourquoi n'est-il pas venu me voir?

— On lui a dit... monseigneur me pardonnera...

— Sans doute; dites.

— Que monseigneur était en train de traiter avec la cour.

Gondy se mordit les lèvres.

— On l'a trompé; amenez-le-moi à huit heures, monsieur le curé, et que Dieu vous bénisse comme je vous bénis.

Le second curé s'inclina et sortit.

— A votre tour, monsieur, dit le coadjuteur en se tournant vers le dernier restant. Avez-vous aussi bien à m'offrir que ces deux messieurs qui nous quittent?

— Mieux, monseigneur.

— Diable! faites attention que vous prenez là un terrible engagement; l'un m'a offert un marchand, l'autre m'a offert un comte; vous allez donc m'offrir un prince, vous?

— Je vais vous offrir un mendiant, monseigneur.

— Ah! ah! fit Gondy réfléchissant, vous avez raison, monsieur le curé, quelqu'un qui soulèverait toute cette légion de pauvres qui encombrent les carrefours de Paris, et qui saurait leur faire crier assez haut pour que toute la France l'entendît que c'est le Mazarin qui les réduit à la besace...

— Justement, j'ai votre homme.

— Bravo! et quel est cet homme?

— Un simple mendiant, comme je vous l'ai dit, monseigneur, qui demande l'aumône en donnant de l'eau bénite sur les marches de l'église Saint-Eustache, depuis six ans à peu près.

— Et vous dites qu'il a une grande influence sur ses pareils?

— Monseigneur sait-il que la mendicité est un corps organisé, une espèce d'association de ceux qui ne possèdent pas contre ceux qui possèdent, une association dans laquelle chacun apporte sa part, et qui relève d'un chef?

— Oui, j'ai déjà entendu dire cela, répondit le coadjuteur.

— Eh bien! cet homme que je vous offre est syndic général.

— Et que savez-vous de cet homme?

— Rien, monseigneur, sinon qu'il me paraît tourmenté de quelques remords.

— Qui vous le fait croire?

— Tous les 28 de chaque mois, il me fait dire une messe pour le repos de l'âme d'une personne morte de mort violente; hier encore j'ai dit cette messe.

— Et vous l'appelez?

— Maillard; mais je ne pense pas que ce soit là son véritable nom.

— Et croyez-vous qu'à cette heure nous le trouvions à son poste?

— Parfaitement.

— Allons voir votre mendiant, monsieur le curé, et, s'il est tel que vous me le dites, vous avez raison, c'est vous qui aurez trouvé le véritable trésor.

Et Gondy s'habilla en cavalier, mit un large feutre avec une plume rouge, ceignit une longue épée, boucla des éperons à ses bottes, s'enveloppa d'un ample manteau et suivit le curé.

Le coadjuteur et son compagnon traversèrent toutes les rues qui séparent l'archevêché de l'église Saint-Eustache, examinant avec soin l'esprit du peuple.

Le peuple était ému, mais, comme un essaim d'abeilles effarouchées, semblait ne savoir sur quelle place s'abattre, et il était évident que, si l'on ne trouvait des chefs à ce peuple, tout se passerait en bourdonnements.

En arrivant à la rue des Prouvaires, le curé étendit la main vers le parvis de l'église:

— Tenez, dit-il, le voilà; il est à son poste.

Gondy regarda du côté indiqué, et aperçut un pauvre assis sur une chaise et adossé à l'une des moulures.

Il avait près de lui un petit seau et tenait un goupillon à la main.

— Est-ce par privilége, dit Gondy, qu'il se tient là?

— Non, monseigneur, dit le curé, il a traité avec son prédécesseur de la place de donneur d'eau bénite.

— Traité?

— Oui, ces places s'achètent; je crois que celui-ci a payé la sienne cent pistoles.

— Le drôle est donc riche?

— Quelques-uns de ces hommes meurent en laissant parfois vingt mille, vingt-cinq mille, trente mille livres et même plus.

— Hum! fit Gondy en riant, je ne croyais pas si bien placer mes aumônes.

Cependant on s'avançait vers le parvis.

Au moment où le curé et le coadjuteur mettaient le pied sur la première marche de l'église, le mendiant se leva et tendit son goupillon.

C'était un homme de soixante-six à soixante-huit ans, petit, assez gros, aux cheveux gris, aux yeux fauves.

Il y avait sur sa figure la lutte de deux principes opposés, une nature mauvaise domptée par la volonté, peut-être par le repentir.

En voyant le cavalier qui accompagnait le curé, il tressaillit légèrement et le regarda d'un air étonné.

Le curé et le coadjuteur touchèrent le goupillon du bout des doigts et firent le signe de la croix.

Le coadjuteur jeta une pièce d'argent dans le chapeau qui était à terre.

— Maillard, dit le curé, nous sommes venus, monsieur et moi, pour causer un instant avec vous.

— Avec moi! dit le mendiant; c'est bien de l'honneur pour un pauvre donneur d'eau bénite.

Il y avait dans la voix du pauvre un accent d'ironie qu'il ne put dominer tout à fait et qui étonna le coadjuteur.

— Oui, continua le curé, qui semblait habitué à cet accent, oui, nous avons voulu savoir ce que vous pensiez des événements d'aujourd'hui, et ce que vous en avez entendu dire aux personnes qui entrent à l'église et qui en sortent.

Le mendiant hocha la tête.

— Ce sont de tristes événements, monsieur le curé, et qui, comme toujours, retombent sur le pauvre peuple. Quant à ce qu'on en dit, tout le monde est mécontent, tout le monde se plaint, mais qui dit tout le monde ne dit personne.

— Expliquez-vous, mon ami, dit le coadjuteur.

— Je dis que tous ces cris, toutes ces plaintes, toutes ces malédictions, ne produiront qu'une tempête et des éclairs, voilà tout, mais que le tonnerre ne tombera que lorsqu'il y aura un chef pour le diriger.

— Mon ami, dit Gondy, vous me paraissez un habile

— Expliquez-vous, mon ami, dit le coadjuteur.

homme; seriez-vous disposé à vous mêler d'une petite guerre civile dans le cas où nous en aurions une, et à mettre à la disposition de ce chef, si nous en trouvions un, votre pouvoir personnel et l'influence que vous avez acquise sur vos camarades?

— Oui, monsieur, pourvu que cette guerre fût approuvée par l'Eglise, et par conséquent pût me conduire au but que je veux atteindre, c'est-à-dire à la rémission de mes péchés.

— Cette guerre serait non-seulement approuvée, mais encore dirigée par elle. Quant à la rémission de vos péchés, nous avons M. l'archevêque de Paris qui tient de grands pouvoirs de la cour de Rome, et même M. le coadjuteur, qui possède des indulgences particulières; nous vous recommanderons à lui.

— Songez, Maillard, dit le curé, que c'est moi qui vous ai recommandé à monsieur, qui est un seigneur tout-puissant, et qui en quelque sorte a répondu de vous.

— Je sais, monsieur le curé, dit le mendiant, que vous avez toujours été excellent pour moi ; aussi, de mon côté, suis-je tout disposé à vous être agréable.

— Et croyez-vous votre pouvoir aussi grand sur vos confrères que me le disait tout à l'heure M. le curé ?

— Je crois qu'ils ont pour moi une certaine estime, dit le mendiant avec orgueil, et que non-seulement ils feront tout ce que je leur ordonnerai, mais encore que partout où j'irai ils me suivront.

— Et pouvez-vous me répondre de cinquante hommes bien résolus, de bonnes âmes oisives et bien animées, de braillards capables de faire tomber les murs du Palais-Royal en criant : À bas Mazarin ! comme tombaient autrefois ceux de Jéricho ?

J. A. BEAUCE   PREDHOMM

— Vous êtes un garçon intelligent, mon ami... Peut-on compter sur vous ? — Page 22

— Je crois, dit le mendiant, que je puis être chargé de choses plus difficiles et plus importantes que cela.

— Ah ! ah ! dit Gondy, vous chargeriez-vous dans une nuit de faire une dizaine de barricades ?

— Je me chargerais d'en faire cinquante, et, le jour venu, de les défendre.

— Pardieu, dit Gondy, vous parlez avec une assurance qui me fait plaisir, et puisque M. le curé me répond de vous...

— J'en réponds, dit le curé.

— Voici un sac contenant cinq cent cinquante pistoles en or ; faites toutes vos dispositions, et dites-moi où je puis vous retrouver ce soir à dix heures.

— Il faudrait que ce fût dans un endroit élevé, et d'où un signal fait pût être vu dans tous les quartiers de Paris.

— Voulez-vous que je vous donne un mot pour le vicaire de Saint-Jacques-la-Boucherie ? Il vous introduira dans une des chambres de la tour, dit le curé.

— A merveille ! dit le mendiant.

— Donc, dit le coadjuteur, ce soir, à dix heures, et, si je suis content de vous, il y aura à votre disposition un autre sac de cinq cents pistoles.

Les yeux du mendiant brillèrent d'avidité, mais il réprima cette émotion.

— A ce soir, monsieur, répondit-il, tout sera prêt.

Et il reporta sa chaise dans l'église, rangea près de sa chaise son seau et son goupillon, alla prendre de l'eau bénite au bénitier, comme s'il n'avait pas confiance dans la sienne, et sortit de l'église.

CHAPITRE IV.

LA TOUR DE SAINT-JACQUES-LA-BOUCHERIE.

A six heures moins un quart, M. de Gondy avait fait toutes ses courses et était rentré à l'archevêché.

A six heures on annonça le curé de Saint-Merri.

Le coadjuteur jeta vivement les yeux derrière lui et vit qu'il était suivi d'un autre homme.

— Faites entrer, dit-il.

Le curé entra, et Planchet avec lui.

— Monseigneur, dit le curé de Saint-Merri, voici la personne dont j'avais eu l'honneur de vous parler.

Planchet salua de l'air d'un homme qui a fréquenté les bonnes maisons.

— Et vous êtes disposé à servir la cause du peuple? demanda Gondy.

— Je crois bien, dit Planchet : je suis frondeur dans l'âme. Tel que vous me voyez, monseigneur, je suis condamné à être pendu.

— Et à quelle occasion?

— J'ai tiré des mains des sergents de Mazarin un noble seigneur qu'ils reconduisaient à la Bastille, où il était depuis cinq ans.

— Vous le nommez?

— Oh! monseigneur le connaît bien : c'est le comte de Rochefort.

— Ah! vraiment oui! dit le coadjuteur, j'ai entendu parler de cette affaire : vous aviez soulevé tout le quartier, m'a-t-on dit?

— A peu près, dit Planchet d'un air satisfait de lui-même.

— Et vous êtes de votre état...?

— Confiseur, rue des Lombards.

— Expliquez-moi comment il se fait qu'exerçant un état si pacifique vous ayez des inclinations si belliqueuses?

— Comment monseigneur étant d'église me reçoit-il maintenant en habit de cavalier, avec l'épée au côté et les éperons aux bottes?

— Pas mal répondu, ma foi, dit Gondy en riant; mais, vous le savez, j'ai toujours eu malgré mon rabat des inclinations guerrières.

— Eh bien! monseigneur, moi, avant d'être confiseur, j'ai été trois ans sergent au régiment de Piémont, et, avant d'être trois ans sergent au régiment de Piémont, j'ai été dix-huit mois laquais de M. d'Artagnan.

— Le lieutenant aux mousquetaires? demanda Gondy.

— Lui-même, monseigneur.

— Mais on le dit Mazarin enragé.

— Heu!... fit Planchet.

— Que voulez-vous dire?

— Rien, monseigneur. M. d'Artagnan est au service, M. d'Artagnan fait son état de défendre Mazarin, qui le paye, comme nous faisons, nous autres bourgeois, notre état d'attaquer le Mazarin, qui nous vole.

— Vous êtes un garçon intelligent, mon ami; peut-on compter sur vous?

— Je croyais, dit Planchet, que M. le curé vous avait répondu de moi.

— En effet, mais j'aime à recevoir cette assurance de votre bouche.

— Vous pouvez compter sur moi, monseigneur, pourvu qu'il s'agisse de faire un bouleversement par la ville.

— Il s'agit justement de cela. Combien d'hommes croyez-vous pouvoir rassembler dans la nuit?

— Deux cents mousquets et cinq cents hallebardes.

— Qu'il y ait seulement un homme par chaque quartier qui en fasse autant, et demain nous aurons une assez forte armée.

— Mais oui.

— Seriez-vous disposé à obéir au comte de Rochefort?

— Je le suivrais en enfer, et ce n'est pas peu dire, car je le crois capable d'y descendre.

— Bravo!

— A quel signe pourra-t-on distinguer demain les amis des ennemis?

— Tout frondeur peut mettre un nœud de paille à son chapeau.

— Bien; donnez la consigne

— Avez-vous besoin d'argent?

— L'argent ne fait jamais de mal en aucune chose, monseigneur. Si on n'en a pas, on s'en passera; si on en a, les choses n'iront que plus vite et mieux.

Gondy alla à un coffre et en tira un sac.

— Voici cinq cents pistoles, dit-il, et, si l'action va bien, comptez demain sur pareille somme.

— Je rendrai fidèlement compte à monseigneur de cette somme, dit Planchet en mettant le sac sous son bras.

— C'est bien, et je vous recommande le cardinal.

— Soyez tranquille, il est en bonnes mains.

Planchet sortit, le curé resta un peu en arrière.

— Êtes-vous content, monseigneur? dit-il.

— Oui, cet homme m'a l'air d'un gaillard résolu.

— Eh bien! il fera plus qu'il n'a promis.

— C'est merveilleux alors

Et le curé rejoignit Planchet, qui l'attendait sur l'escalier.

Dix minutes après, on annonçait le curé de Saint-Sulpice.

Dès que la porte du cabinet de Gondy fut ouverte, un homme s'y précipita, c'était le comte de Rochefort.

— C'est donc vous, mon cher comte! dit Gondy en lui tendant la main.

— Vous êtes donc enfin décidé, monseigneur? dit Rochefort.

— Je l'ai toujours été, dit Gondy.

— Ne parlons plus de cela, vous le dites, je vous crois. Nous allons donner le bal au Mazarin?

— Mais, je l'espère.

— Et quand commencera la danse?

— Les invitations se font pour cette nuit, dit le coadjuteur, mais les violons ne commenceront à jouer que demain matin.

— Vous pouvez compter sur moi et sur cinquante soldats que m'a promis le chevalier d'Humières, dans l'occasion où j'en aurais besoin.

— Sur cinquante soldats?

— Oui; il fait des recrues et me les prête; la fête finie, il en manque, je les remplacerai.

— Bien, mon cher Rochefort; mais ce n'est pas le tout.

— Qu'y a-t-il donc encore? demanda Rochefort souriant.

— M. de Beaufort, qu'en avez-vous fait?

— Il est dans le Vendômois, où il attend que je lui écrive de revenir à Paris.

— Écrivez-lui, il est temps

— Vous êtes donc sûr de votre affaire?

— Oui; mais il faut qu'il se presse, car, à peine le peuple de Paris va-t-il être révolté, que nous aurons dix princes pour un qui voudront se mettre à sa tête; s'il tarde, il trouvera la place prise.

— Puis-je lui donner l'avis de votre part?

— Oui, parfaitement.

— Puis-je lui dire qu'il doit compter sur vous?

— A merveille.

— Et vous lui laisserez tout pouvoir?

— Pour la guerre, oui; quant à la politique...

— Vous savez que ce n'est pas son fort.

— Il me laissera négocier à ma guise mon chapeau de cardinal.

— Vous y tenez?

— Puisqu'on me force de porter un chapeau d'une forme qui ne me convient pas, dit Gondy, je désire au moins que ce soit un chapeau rouge.

— Il ne faut pas disputer des goûts et des couleurs, dit Rochefort en riant; je réponds de son consentement.

— Et vous lui écrivez ce soir?

— Je fais mieux que cela, je lui envoie un messager.

— Dans combien de jours peut-il être ici?

— Dans cinq jours.

— Qu'il vienne, et il y trouvera du changement

— Je le désire.

— Je vous en réponds.

— Ainsi..

— Allez rassembler vos cinquante hommes et tenez-vous prêt.

— A quoi?

— A tout.

— Y a-t-il un signe de ralliement?

— Un nœud de paille au chapeau.

— C'est bon. Adieu, monseigneur

— Adieu, mon cher Rochefort.

— Ah! mons Mazarin, mons Mazarin! dit Rochefort en entraînant son curé, qui n'avait pas trouvé moyen de placer un seul mot dans ce dialogue, vous verrez si je suis trop vieux pour être un homme d'action.

Il était neuf heures et demie; il fallait bien une demi-heure au coadjuteur pour se rendre de l'archevêché à la tour Saint-Jacques-la-Boucherie.

Le coadjuteur remarqua qu'une lumière veillait à l'une des fenêtres les plus élevées de la tour.

— Bon, dit-il, notre syndic est à son poste.

Il frappa, on vint lui ouvrir. Le vicaire lui-même l'attendait et le conduisit en l'éclairant jusqu'au haut de la tour, arrivé là, il lui montra une petite porte, posa la lumière dans un angle de la muraille pour que le coadjuteur pût la trouver en sortant, et descendit.

Quoique la clef fût à la porte, le coadjuteur frappa.

— Entrez, dit une voix que le coadjuteur reconnut pour celle du mendiant.

De Gondy entra.

C'était effectivement le donneur d'eau bénite du parvis Saint-Eustache.

Il attendait, couché sur une espèce de grabat.

En voyant entrer le coadjuteur, il se leva...

Dix heures sonnèrent.

— Eh bien! dit Gondy, m'as-tu tenu parole?

— Pas tout à fait, dit le mendiant.

— Comment cela?

— Vous m'aviez demandé cinq cents hommes, n'est-ce pas?

— Oui ; eh bien?

— Eh bien ! je vous en aurai deux mille.

— Tu ne te vantes pas?

— Voulez-vous une preuve?

— Oui.

Trois chandelles étaient allumées, chacune d'elles brûlant devant une fenêtre dont l'une donnait sur la Cité, l'autre sur le Palais-Royal, l'autre sur la rue Saint-Denis.

L'homme alla silencieusement à chacune des trois chandelles et les souffla l'une après l'autre.

— Maintenant, souviens-toi que tu es en chef, et ne va pas boire.

Le coadjuteur se trouva dans l'obscurité; la chambre n'était plus éclairée que par le rayon incertain de la lune, perdue sous de gros nuages noirs dont elle frangeait les extrémités.

— Qu'avez-vous fait ? dit le coadjuteur

— J'ai donné le signal.

— Lequel ?

— Celui des barricades.

— Ah ! ah !

— Quand vous sortirez d'ici, vous verrez mes hommes à l'œuvre. Prenez seulement garde de vous casser les jambes en vous heurtant à quelque chaine ou en vous laissant tomber dans quelque trou.

— Bien ! Voici la somme, la même que celle que tu as reçue. Maintenant souviens-toi que tu es un chef et ne va pas boire.

— Il y a vingt ans que je n'ai bu que de l'eau

L'homme prit le sac des mains du coadjuteur, qui entendit le bruit que faisait la main en fouillant et en maniant les pièces d'or.

— Ah ! ah ! dit le coadjuteur, tu es avare, mon drôle ?

Le mendiant poussa un soupir et rejeta le sac

— Serai-je donc toujours le même, dit- l, et ne parviendrai-je jamais à dépouiller le vieil homme ? O misère ! vanité !

— Tu le prends, cependant.

— Oui, mais je fais vœu devant vous d'employer ce qui me reste à des œuvres pieuses.

Son visage était pâle et contracté comme l'est celui d'un homme qui vient de subir une lutte intérieure.

— Monseigneur, dit-il, avant de me quitter, votre bénédiction, je vous prie.

— Singulier homme ! murmura Gondy.

Et il prit son chapeau pour s'en aller, mais en se retournant il vit le mendiant entre lui et la porte.

Son premier mouvement fut que cet homme lui voulait quelque mal.

Mais bientôt, au contraire, il lui vit joindre les deux mains et tomber à genoux.

— Monseigneur, dit-il, avant de me quitter, votre bénédiction, je vous prie.

— Monseigneur ! s'écria Gondy; mon ami, vous me prenez pour un autre.

— Non, monseigneur, je vous prends pour ce que vous êtes, c'est-à-dire pour monsieur le coadjuteur; je vous ai reconnu du premier coup d'œil.

Gondy sourit.

— Et tu veux ma bénédiction ?

— Oui, j'en ai besoin.

Le mendiant dit ces paroles avec un ton d'humilité si grande et de repentir si profond, que Gondy étendit la main sur lui et lui donna sa bénédiction avec toute l'onction dont il était capable.

— Maintenant, dit le coadjuteur, il y a communion entre nous. Je t'ai béni et tu m'es sacré, comme à mon tour je le suis pour toi. Voyons, as-tu commis quelque crime que poursuive la justice humaine et dont je puisse te garantir ?

Le mendiant secoua la tête.

— Le crime que j'ai commis, monseigneur, ne relève point de la justice humaine, et vous ne pouvez m'en délivrer qu'en me bénissant souvent comme vous venez de le faire.

— Voyons, sois franc, dit le coadjuteur, tu n'as pas fait toute ta vie le métier que tu fais ?

— Non, monseigneur ; je ne le fais que depuis six ans.

— Avant de le faire, où étais-tu ?

— A la Bastille.

— Et avant d'être à la Bastille ?

— Je vous le dirai, monseigneur, le jour où vous voudrez bien m'entendre en confession.

— C'est bien. A quelque heure du jour ou de la nuit que tu te présentes, souviens-toi que je suis prêt à te donner l'absolution.

— Merci, monseigneur, dit le mendiant d'une voix sourde ; mais je ne suis pas encore prêt à la recevoir.

— C'est bien Adieu.

— Adieu, monseigneur, dit le mendiant en ouvrant la porte et en se courbant devant le prélat.

Le coadjuteur prit la chandelle, descendit et sortit **tout** rêveur

CHAPITRE V.

L'ÉMEUTE.

Il était onze heures de la nuit à peu près.

Gondy n'eut pas fait cent pas dans les rues de Paris qu'il s'aperçut du changement étrange qui s'était opéré.

Toute la ville semblait habitée d'êtres fantastiques ; on voyait des ombres silencieuses qui dépavaient les rues, d'autres qui traînaient et qui renversaient des charrettes, d'autres qui creusaient des fossés à engloutir des compagnies entières de cavaliers.

Tous ces personnages si actifs allaient, venaient, couraient, pareils à des démons accomplissant quelque œuvre inconnue : c'étaient les mendiants de la Cour des Miracles, c'étaient les agents du donneur d'eau bénite du parvis Saint-Eustache, qui préparaient les barricades du lendemain.

Gondy regardait ces hommes de l'obscurité, ces travailleurs nocturnes, avec une certaine épouvante ; il se demandait si, après avoir fait sortir ces créatures immondes de leurs repaires, il aurait le pouvoir de les y faire rentrer.

Quand quelqu'un de ces êtres s'approchait de lui, il était prêt à faire le signe de la croix.

Il gagna la rue Saint-Honoré, et la suivit en s'avançant vers la rue de la Ferronnerie.

Là, l'aspect changea : c'étaient des marchands qui couraient de boutique en boutique ; les portes semblaient fermées comme les contrevents; mais elles n'étaient que poussées, si bien qu'elles s'ouvraient et se refermaient aussitôt pour donner entrée à des hommes qui semblaient craindre de laisser voir ce qu'ils portaient; ces hommes, c'étaient les boutiquiers qui, ayant des armes, en prêtaient à ceux qui n'en avaient pas.

Un individu allait de porte en porte, pliant sous le poids d'épées, d'arquebuses, de mousquetons, d'armes de toute espèce, qu'il déposait au fur et à mesure.

A la lueur d'une lanterne, le coadjuteur reconnut Planchet.

Il gagna le quai par la rue de la Monnaie ; sur le quai, des groupes de bourgeois en manteaux noirs ou gris, selon qu'ils appartenaient à la haute ou à la basse bourgeoisie, stationnaient immobiles, tandis que des hommes isolés passaient d'un groupe à l'autre.

Tous ces manteaux gris ou noirs étaient relevés par derrière par la pointe d'une épée, devant par le canon d'une arquebuse ou d'un mousqueton.

En arrivant sur le pont Neuf, le coadjuteur trouva ce pont gardé : un homme s'approcha de lui.

— Qui êtes-vous ? demanda cet homme ; je ne vous connais pas pour être des nôtres.

— C'est que vous ne reconnaissez pas vos amis, mon cher monsieur Louvières, dit le coadjuteur en levant son chapeau.

Louvières le reconnut et s'inclina.

Gondy poursuivit sa route et descendit jusqu'à la tour de Nesles.

Là, il vit une longue file de gens qui se glissaient le long des murs.

On eût dit une procession de fantômes, car ils étaient tous enveloppés de manteaux blancs.

Arrivés à un certain endroit, tous ces hommes semblaient s'anéantir l'un après l'autre, comme si la terre eût manqué sous leurs pieds.

Gondy s'accouda dans un angle et les vit disparaître depuis le premier jusqu'à l'avant-dernier.

Le dernier leva les yeux pour s'assurer sans doute que lui et ses compagnons n'étaient point épiés, et, malgré l'obscurité, il aperçut Gondy.

Il marcha droit à lui et lui mit le pistolet sous la gorge.

— Holà ! monsieur de Rochefort, dit Gondy en riant, ne plaisantons pas avec les armes à feu.

Rochefort reconnut la voix.

— Ah ! c'est vous, monseigneur! dit-il.

— Moi-même. Quelles gens menez-vous ainsi dans les entrailles de la terre ?

— Mes cinquante recrues du chevalier d'Humières, qui sont destinées à entrer dans les chevau-légers, et qui ont pour tout équipement reçu leurs manteaux blancs.

— Et vous allez?

— Chez un sculpteur de mes amis; seulement nous descendons par la trappe où il introduit ses marbres.

— Très-bien! dit Gondy.

Et il donna une poignée de main à Rochefort, qui descendit à son tour et referma la trappe derrière lui.

Le coadjuteur rentra chez lui.

Il était une heure du matin.

Il ouvrit sa fenêtre et se pencha pour écouter.

Il se faisait par toute la ville une rumeur étrange, inouïe, inconnue; on sentait qu'il se passait dans toutes ces rues, obscures comme des gouffres, quelque chose d'inusité et de terrible.

De temps en temps, un grondement pareil à celui d'une tempête qui s'amasse ou d'une houle qui monte, se faisait

entendre : mais rien de clair, rien de distinct, rien d'explicable, ne se présentait à l'esprit; on eût dit de ces bruits mystérieux et souterrains qui précèdent les tremblements de terre.

L'œuvre de révolte dura toute la nuit ainsi.

Le lendemain, Paris en s'éveillant sembla tressaillir à son propre aspect.

On eût dit d'une ville assiégée.

Des hommes armés se tenaient sur les barricades, l'œil menaçant, le mousquet à l'épaule ; des mots d'ordre, des patrouilles, des arrestations, des exécutions même, voilà ce que le passant trouvait à chaque pas.

On arrêtait les chapeaux à plume et les épées dorées pour leur faire crier : *Vive Broussel! à bas le Mazarin!* et quiconque se refusait à cette cérémonie était hué, conspué et même battu.

On ne tuait pas encore, mais on sentait que ce n'était pas l'envie qui en manquait.

Les barricades avaient été poussées jusqu'auprès du Palais-Royal.

De la rue des Bons-Enfants à celle de la Ferronnerie, de la rue Saint-Thomas-du-Louvre au pont Neuf, de la rue Richelieu à la porte Saint-Honoré, il y avait plus de dix mille hommes armés, dont les plus avancés criaient des défis aux sentinelles impassibles du régiment des gardes, placées en vedette tout autour du Palais-Royal, dont les grilles étaient refermées derrière elles, précaution qui rendait leur situation fort précaire.

Au milieu de tout cela circulaient par bandes de cent, de cent cinquante, de deux cents, des hommes hâves, livides, déguenillés, portant des espèces d'étendards où étaient écrits ces mots : *Voyez la misère du peuple!*

Partout où passaient ces gens, des cris frénétiques se faisaient entendre, et il y avait tant de bandes semblables, que l'on criait partout.

L'étonnement d'Anne d'Autriche et celui de Mazarin furent grands à leur lever, quand on vint leur annoncer que la cité, que la veille au soir ils avaient laissée tranquille, se réveillait fiévreuse et toute en émotion; aussi ni l'un ni l'autre ne voulaient-ils croire les rapports qu'on leur faisait, disant qu'ils ne s'en rapporteraient de cela qu'à leurs yeux et à leurs oreilles.

On leur ouvrit une fenêtre : ils entendirent et ils furent convaincus.

Mazarin haussa les épaules et fit semblant de mépriser fort cette populace; mais il pâlit visiblement, et tout tremblant courut à son cabinet, enferma son or et ses bijoux dans ses cassettes, et passa à ses doigts ses plus beaux diamants.

Quant à la reine, furieuse et abandonnée à sa seule volonté, elle fit venir le maréchal de la Meilleraie, lui ordonna de prendre autant d'hommes qu'il lui plairait, et d'aller voir ce que c'était *que cette plaisanterie.*

Le maréchal était d'ordinaire fort avantageux et ne doutait de rien, ayant ce haut mépris de la populace que professaient pour elle les gens d'épée; il prit cent cinquante hommes et voulut sortir par le pont du Louvre; mais là il rencontra Rochefort et ses cinquante chevau-légers, accompagnés de plus de quinze cents personnes.

Il n'y avait pas moyen de forcer une pareille barrière.

Le maréchal ne l'essaya même point et remonta le quai.

Mais, au pont Neuf, il trouva Louvières et ses bourgeois.

Cette fois, le maréchal essaya de charger, mais il fut accueilli à coups de mousquets, tandis que les pierres tombaient comme grêle par toutes les fenêtres.

Il y laissa trois hommes.

Il battit en retraite vers le quartier des halles; mais il y trouva Planchet et ses hallebardiers.

Les hallebardes se couchèrent menaçantes vers lui; il voulut passer sur le ventre à tous ces manteaux gris, mais les manteaux gris tinrent bon, et le maréchal recula vers la rue Saint-Honoré laissant sur le champ quatre de ses gardes qui avaient été tués tout doucement à l'arme blanche.

Alors il s'engagea dans la rue Saint-Honoré; mais là il rencontra les barricades du mendiant de Saint-Eustache.

Elles étaient gardées non-seulement par des hommes armés, mais encore par des femmes et des enfants.

Maître Friquet, possesseur d'un pistolet et d'une épée que lui avait donnés Louvières, avait organisé une bande de drôles comme lui, et faisait un bruit à tout rompre.

Le maréchal crut ce point plus mal gardé que les autres et voulut l'emporter.

Il fit mettre pied à terre à vingt hommes pour forcer et

Les barricades du mendiant de Saint-Eustache.

ouvrir cette barricade, tandis que lui et le reste de sa troupe à cheval protégeraient les assaillants.

Les vingt hommes marchèrent droit à l'obstacle; mais là, de derrière les poutres, d'entre les roues des charrettes, du haut des pierres, une fusillade terrible partit, et, au bruit de cette fusillade, les hallebardiers de Planchet apparurent au coin du cimetière des Innocents, et les bourgeois de Louvières au coin de la rue de la Monnaie.

Le maréchal de la Meilleraie était pris entre trois feux.

Le maréchal de la Meilleraie était brave, aussi résolut-il de mourir où il était.

Il rendit coups pour coups, et des hurlements de douleur commencèrent à retentir dans la foule.

Les gardes, mieux exercés, tiraient plus juste; mais les bourgeois, plus nombreux, les écrasaient sous un véritable ouragan de fer.

Les hommes tombaient autour de lui comme ils auraient pu tomber à Rocroy ou à Lérida.

Fontrailles, son aide de camp, avait le bras cassé; son cheval avait reçu une balle dans le cou, et il avait grand'peine à le maîtriser, car la douleur le rendait presque fou.

Enfin, il en était à ce moment suprême où le plus brave sent le frisson dans ses veines et la sueur à son front lorsque tout à coup la foule s'ouvrit du côté de la rue de l'Arbre-Sec, en criant :

— *Vive le coadjuteur!*

Et Gondy, en rochet et en camail, parut passant tranquille au milieu de la fusillade, et distribuant à droite et à gauche

Le maréchal de la Meilleraie.

ses bénédictions avec autant de calme que s'il conduisait la procession de la Fête-Dieu.

Tout le monde tomba à genoux.

Le maréchal le reconnut et courut à lui.

— Tirez-moi d'ici, au nom du ciel, dit-il, ou j'y laisse ma peau et celle de tous mes hommes.

Il se faisait un tumulte au milieu duquel on n'eût pas entendu gronder le tonnerre du ciel.

Gondy leva la main et réclama le silence.

On se tut.

— Mes enfants, dit-il, voici M. le maréchal de la Meilleraie aux intentions duquel vous vous êtes trompés, et qui s'engage, en rentrant au Louvre, à demander en votre nom à la reine la liberté de notre Broussel... Vous y engagez-vous, maréchal? ajouta Gondy en se tournant vers la Meilleraie.

— Morbleu! s'écria celui-ci, je le crois bien, que je

m'y engage! Je n'espérais pas en être quitte à si bon marché.

— Il vous donne sa parole de gentilhomme, dit Gondy.

Le maréchal leva la main en signe d'assentiment

— Vive le coadjuteur! cria la foule.

Quelques voix ajoutèrent même :

— Vive le maréchal!

Mais toutes reprirent en chœur :

— A bas Mazarin!

La foule s'ouvrit.

Le chemin de la rue Saint-Honoré était le plus court.

On ouvrit les barricades, et le maréchal et le reste de sa troupe firent retraite, précédés par Friquet et ses bandits, les uns faisant semblant de battre le tambour, les autres imitant le son de la trompette.

Ce fut presque une marche triomphale.

Seulement, derrière les gardes, les barricades se refermaient.

Le maréchal rongeait ses poings.

Pendant ce temps, comme nous l'avons dit, Mazarin était dans son cabinet, mettant ordre à ses petites affaires.

Il avait fait demander d'Artagnan; mais, au milieu de tout ce tumulte, il n'espérait pas le voir, d'Artagnan n'étant pas de service.

Au bout de dix minutes, le lieutenant parut sur le seuil, suivi de son inséparable Porthos.

— Ah! venez, venez, monsou d'Artagnan, s'écria le cardinal, et soyez le bienvenu, ainsi que votre ami. Mais que se passe-t-il donc dans ce damné Paris?

— Ce qui se passe, monseigneur? rien de bon, dit d'Artagnan en hochant la tête, la ville est en pleine révolte, et tout à l'heure, comme je traversais la rue Montorgueil avec M. du Vallon que voici, et qui est bien votre serviteur, malgré mon uniforme, et peut-être même à cause de mon uniforme, on a voulu nous faire crier : Vive Broussel! Et, faut-il que je dise, monseigneur, ce qu'on a voulu nous faire crier encore?

— Dites, dites.

— A bas Mazarin! Ma foi, voilà le mot lâché.

Mazarin sourit, mais devint fort pâle.

— Et vous avez crié? dit-il.

— Ma foi non, dit d'Artagnan, je n'étais pas en voix; M. du Vallon est enrhumé et n'a pas crié non plus. Alors, monseigneur...

— Alors quoi? demanda Mazarin.

— Regardez mon chapeau et mon manteau.

Et d'Artagnan montra quatre trous de balles dans son manteau et deux dans son feutre.

Quant à l'habit de Porthos, un coup de hallebarde l'avait ouvert sur le flanc, et un coup de pistolet avait coupé sa plume.

— Diavolo! dit le cardinal pensif et regardant les deux amis avec une naïve admiration, j'aurais crié, moi!

En ce moment, le tumulte retentit plus rapproché.

Mazarin s'essuya le front en regardant autour de lui.

Il avait bonne envie d'aller à la fenêtre, mais il n'osait.

— Voyez donc ce qui se passe, monsieur d'Artagnan, dit-il.

D'Artagnan alla à la fenêtre avec son insouciance habituelle.

— Oh! oh! dit-il, qu'est-ce que cela? le maréchal de la Meilleraie qui revient sans chapeau, Fontrailles qui porte son bras en écharpe, des gardes blessés, des chevaux tout en sang... Eh! mais, que font donc les sentinelles? elles mettent en joue, elles vont tirer!

— On leur a donné la consigne de tirer sur le peuple, s'écria Mazarin, si le peuple approchait du Palais-Royal.

— Mais si elles font feu, tout est perdu! s'écria d'Artagnan.

— Nous avons les grilles, observa Mazarin.

— Les grilles! il y en a pour cinq minutes; les grilles! elles seront arrachées, tordues, broyées! Ne tirez pas, mordieu! s'écria d'Artagnan en ouvrant la fenêtre.

Malgré cette recommandation, qui au milieu du tumulte n'avait pu être entendue, trois ou quatre coups de mousquet retentirent; puis une fusillade terrible leur succéda.

On entendit cliqueter les balles sur la façade du Palais-Royal; une d'elles passa sous le bras de d'Artagnan et alla briser une glace dans laquelle Porthos se mirait avec complaisance.

— Ohimè! s'écria le cardinal; une glace de Venise!

— Oh! monseigneur, dit d'Artagnan en refermant tranquillement la fenêtre, ne pleurez pas encore, cela n'en vaut pas la peine, car il est probable que dans une heure il n'en restera pas une au Palais-Royal, de toutes vos glaces, qu'elles soient de Venise ou de Paris.

— Mais quel est donc votre avis, alors? dit le cardinal tout tremblant.

— Eh! morbleu! de leur rendre Broussel, puisqu'ils vous le redemandent! Que diable voulez-vous faire d'un conseiller au parlement? ce n'est bon à rien.

— Et vous, monsieur du Vallon, est-ce votre avis? Que feriez-vous?

— Je rendrais Broussel, dit Porthos.

— Venez, venez, messieurs, dit Mazarin; je vais parler de la chose à la reine.

Au bout du corridor il s'arrêta.

— Je puis compter sur vous, n'est-ce pas, messieurs? dit-il.

— Nous ne nous donnons pas deux fois, dit d'Artagnan; nous nous sommes donnés à vous, ordonnez, nous obéirons.

— Eh bien! entrez dans ce cabinet, et attendez.

Et, faisant un détour, Mazarin entra dans le salon par une autre porte.

CHAPITRE VI.

L'ÉMEUTE SE FAIT RÉVOLTE.

Le cabinet où l'on avait fait entrer d'Artagnan et Porthos n'était séparé du salon où se trouvait la reine que par des portières de tapisserie.

Le peu d'épaisseur de la séparation permettait donc d'entendre tout ce qui se passait, tandis que l'ouverture qui se trouvait entre les deux rideaux, si étroite qu'elle fût, permettait de voir.

La reine était debout dans ce salon, pâle de colère; mais cependant, sa puissance sur elle-même était si grande, qu'on eût dit qu'elle n'éprouvait aucune émotion.

Derrière elle étaient Comminges, Villequier et Guitaut; derrière les hommes, les femmes.

Devant elle, le chancelier Séguier, le même qui, vingt ans auparavant, l'avait si fort persécutée, racontait que son carrosse venait d'être brisé, qu'il avait été poursuivi, qu'il s'était jeté dans l'hôtel d'O; que l'hôtel avait été aussitôt envahi, pillé, dévasté.

Heureusement, il avait eu le temps de gagner un cabinet perdu dans la tapisserie, où une vieille femme l'avait enfermé avec son frère, l'évêque de Meaux.

Là, le danger avait été si réel, les forcenés s'étaient approchés de ce cabinet avec de telles menaces, que le chancelier avait cru que son heure était venue, et qu'il s'était confessé à son frère, afin d'être tout prêt à mourir s'il était découvert.

Heureusement ne l'avait-il point été.

Le peuple, croyant qu'il s'était évadé par quelque porte de derrière, s'était retiré et lui avait laissé la retraite libre.

Il s'était alors déguisé avec les habits du marquis d'O, et il était sorti de l'hôtel, enjambant par-dessus le corps de son exempt et de deux gardes qui avaient été tués en défendant la porte de la rue.

Pendant ce récit, Mazarin était entré, et sans bruit s'était glissé près de la reine et écoutait.

— Eh bien! demanda la reine, quand le chancelier eut fini, que pensez-vous de cela?

— Je pense que la chose est fort grave, madame.

— Mais quel conseil me proposez-vous?

— J'en proposerais bien un à Votre Majesté, mais je n'ose.

— Osez, osez, monsieur, dit la reine avec un sourire amer, vous avez bien osé autre chose.

Le chancelier rougit et balbutia quelques mots.

— Il n'est pas question du passé, mais du présent, dit la reine. Vous avez dit que vous aviez un conseil à me donner; quel est-il?

— Madame, dit le chancelier en hésitant, ce serait de relâcher Broussel.

La reine, quoique très-pâle, pâlit visiblement encore, et sa figure se contracta.

— Relâcher Broussel, dit-elle, jamais!

En ce moment, on entendit des pas dans la salle précédente, et, sans être annoncé, le maréchal de la Meilleraie parut sur le seuil de la porte.

— Ah! vous voilà, maréchal! s'écria Anne d'Autriche avec joie. Vous avez mis toute cette canaille à la raison, j'espère?

— Madame, dit le maréchal, j'ai laissé trois hommes au pont Neuf, quatre aux halles, six au coin de la rue de l'Arbre-Sec et deux à la porte de votre palais, en tout quinze. Je ramène dix ou douze blessés. Mon chapeau est resté je ne sais où, emporté par une balle, et, selon toute probabilité, je serais resté avec mon chapeau, sans M. le coadjuteur, qui est venu et qui m'a tiré d'affaire.

— Ah! au fait, dit la reine, cela m'eût étonnée de ne pas voir ce basset à jambes torses mêlé dans tout cela.

— Madame, dit la Meilleraie en riant, n'en dites pas trop de mal devant moi, car le service qu'il m'a rendu est encore tout chaud.

— C'est bon, dit la reine, soyez-lui reconnaissant tant que vous voudrez; mais cela ne m'engage pas, moi. Vous voilà sain et sauf, c'est tout ce que je désirais; soyez non-seulement le bienvenu, mais le bien revenu.

— Oui, madame; mais je suis le bien revenu à une condition : c'est que je vous transmettrai les volontés du peuple.

— Des volontés! dit Anne d'Autriche en fronçant le sourcil. Oh! oh! monsieur le maréchal, il faut que vous vous soyez trouvé dans un bien grand danger pour vous charger d'une ambassade si étrange...

Et ces mots furent prononcés avec un accent d'ironie qui n'échappa point au maréchal.

— Pardon, madame, dit le maréchal, je ne suis pas avocat, je suis homme de guerre, et par conséquent peut-être je comprends mal la valeur des mots; c'est le désir et non la volonté du peuple que j'aurais dû dire. Quant à ce que vous me faites l'honneur de me répondre, je crois que vous voulez dire que j'ai eu peur.

La reine sourit.

— Eh bien! oui, madame, j'ai eu peur; c'est la troisième fois de ma vie que cela m'arrive, et cependant je me suis trouvé à douze batailles rangées et je ne sais à combien de combats et d'escarmouches; oui, j'ai eu peur, et j'aime mieux être en face de Votre Majesté, si menaçant que soit son sourire, qu'en face de ces démons d'enfer qui m'ont accompagné jusqu'ici et qui sortent je ne sais d'où.

— Bravo! dit tout bas d'Artagnan à Porthos, bien répondu.

— Eh bien! demanda la reine se mordant les lèvres, tandis que les courtisans se regardaient avec étonnement, quel est ce désir de mon peuple?

— Qu'on lui rende Broussel, madame, répondit le maréchal.

— Jamais! dit la reine, jamais!

— Votre Majesté est la maîtresse, dit la Meilleraie saluant en faisant un pas en arrière.

— Où allez-vous, maréchal? dit la reine.

— Je vais rendre la réponse de Votre Majesté à ceux qui l'attendent.

— Restez, maréchal; je ne veux pas avoir l'air de parlementer avec des rebelles.

— Madame, j'ai donné ma parole, dit le maréchal.

— Ce qui veut dire...

— Que, si vous ne me faites pas arrêter, je suis forcé de descendre.

Les yeux d'Anne d'Autriche lancèrent deux éclairs.

— Oh! qu'à cela ne tienne, monsieur, dit-elle; j'en ai fait arrêter de plus grands que vous... Guitaut!

Mazarin s'élança.

— Madame, dit-il, si j'osais à mon tour vous donner un avis...

— Serait-ce aussi de rendre Broussel, monsieur? En ce cas, vous pouvez vous en dispenser.

— Non, dit Mazarin, quoique peut-être celui-là en vaille bien un autre.

— Que serait-ce, alors ?

— Ce serait d'appeler M. le coadjuteur.

— Le coadjuteur ! s'écria la reine, cet affreux brouillon ! C'est lui qui a fait toute cette révolte.

— Raison de plus, dit Mazarin ; s'il l'a faite, il peut la défaire.

— Eh ! tenez, madame, dit Comminges, qui se tenait près

d'une fenêtre par laquelle il regardait ; tenez, l'occasion est bonne, car le voici qui donne sa bénédiction sur la place du Palais-Royal.

La reine s'élança vers la fenêtre.

— C'est vrai, dit-elle, le maitre hypocrite ! voyez.

— Je vois, dit Mazarin, que tout le monde s'agenouille

Monsieur le maréchal, allez me chercher M. le coadjuteur et me l'amenez

devant lui, quoiqu'il ne soit que coadjuteur ; tandis que, si j'étais à sa place, on me mettrait en pièces, quoique je sois cardinal. Je persiste donc, madame, dans *mon désir* (Mazarin appuya sur ce mot) que Votre Majesté reçoive le coadjuteur.

— Et pourquoi ne dites-vous pas, vous aussi, dans *votre volonté ?* répondit la reine à voix basse.

Mazarin s'inclina.

La reine demeura un instant pensive

Puis, relevant la tête :

— Monsieur le maréchal, dit-elle, allez me chercher M. le coadjuteur et me l'amenez.

— Et que dirai-je au peuple ? demanda le maréchal.

— Qu'il ait patience, dit Anne d'Autriche ; je l'ai bien, moi.

Il y avait dans la voix de la fière Espagnole un accent si impératif, que le maréchal ne fit aucune observation; il s'inclina et sortit.

D'Artagnan se retourna vers Porthos.

— Comment cela va-t-il finir? dit-il.

— Nous le verrons bien, dit Porthos avec son air tranquille.

Pendant ce temps, Anne d'Autriche allait à Comminges et lui parlait tout bas.

Mazarin, inquiet, regardait du côté où étaient d'Artagnan et Porthos.

Les autres assistants échangeaient des paroles à voix basse.

La porte se rouvrit; le maréchal parut suivi du coadjuteur

— Eh bien, monsieur, dit la reine, que dites-vous de cette émeute?

— Voici, madame, dit-il, M. de Gondy, qui s'empresse de se rendre aux ordres de Votre Majesté.

La reine fit quatre pas à sa rencontre, et s'arrêta froide, sévère, immobile, et la lèvre inférieure dédaigneusement avancée.

Gondy s'inclina respectueusement.

— Eh bien! monsieur, dit la reine, que dites-vous de cette émeute?

— Que ce n'est déjà plus une émeute, madame, répondit le coadjuteur, mais une révolte.

— La révolte est chez ceux qui pensent que mon peuple puisse se révolter! s'écria Anne, incapable de dissimuler devant le coadjuteur, qu'elle regardait, à bon titre peut-être, comme le promoteur de toute cette émotion. La révolte! voilà comment appellent ceux qui la désirent le mouvement qu'ils ont fait eux-mêmes; mais attendez, attendez, l'autorité du roi y mettra bon ordre.

— Est-ce pour me dire cela, madame, répondit froidement Gondy, que Votre Majesté m'a admis à l'honneur de sa présence?

— Non, mon cher coadjuteur, dit Mazarin, c'était pour vous demander votre avis dans la conjoncture fâcheuse où nous nous trouvons.

— Est-il vrai, demanda de Gondy en feignant l'air d'un homme étonné, que Sa Majesté m'ait fait appeler pour me demander un conseil?

— Oui, dit la reine, on l'a voulu.

Le coadjuteur s'inclina.

— Sa Majesté désire donc...

— Que vous lui disiez ce que vous feriez à sa place, s'empressa de répondre Mazarin.

Le coadjuteur regarda la reine, qui fit un signe affirmatif.

— A la place de Sa Majesté, dit froidement Gondy, je n'hésiterais pas, je rendrais Broussel.

— Et si je ne le rends pas, s'écria la reine, que croyez-vous qu'il arrive?

— Je crois qu'il n'y aura pas demain pierre sur pierre dans Paris, dit le maréchal.

— Ce n'est pas vous que j'interroge, dit la reine d'un ton sec et sans même se retourner, c'est M. de Gondy.

— Si c'est moi que Sa Majesté interroge, répondit le coadjuteur avec le même calme, je lui dirai que je suis en tout point de l'avis de M. le maréchal.

Le rouge monta au visage de la reine, ses beaux yeux bleus parurent prêts à lui sortir de la tête; ses lèvres de carmin, comparées par tous les poëtes du temps à des grenades en fleurs, pâlirent et tremblèrent de rage.

Elle effraya presque Mazarin lui-même, qui pourtant était habitué aux fureurs domestiques de ce ménage tourmenté.

— Rendre Broussel! s'écria-t-elle enfin avec un sourire effrayant; le beau conseil, par ma foi! on voit bien qu'il vient d'un prêtre!

Gondy tint ferme; les injures du jour semblaient glisser sur lui comme les sarcasmes de la veille.

Mais la haine et la vengeance s'amassaient silencieusement et goutte à goutte au fond de son cœur.

Il regarda froidement la reine, qui poussait Mazarin pour lui faire dire à son tour quelque chose.

Mazarin, selon son habitude, pensait beaucoup et parlait peu.

— Hé! hé! dit-il, bon conseil, conseil d'ami. Moi aussi je le rendrais, ce bon monsou Broussel... mort ou vif, et tout serait fini.

— Si vous le rendiez mort, tout serait fini, comme vous dites, monseigneur; mais autrement que vous ne l'entendez.

— Ai-je dit mort ou vif? reprit Mazarin. manière de parler; vous savez que j'entends assez mal le français, que vous parlez et écrivez si bien, vous, monsou le coadjuteur.

— Voilà un conseil d'État, dit d'Artagnan à Porthos; mais nous en avons tenu de meilleurs à la Rochelle avec Athos et Aramis.

— Au bastion Saint-Gervais, dit Porthos.

— Là et ailleurs.

Le coadjuteur laissa passer l'averse, et reprit, toujours avec le même flegme:

— Madame, si Votre Majesté ne goûte pas l'avis que je lui soumets, c'est sans doute parce qu'elle en a de meilleurs à suivre; je connais trop la sagesse de la reine et celle de ses conseillers pour supposer qu'on laissera longtemps

la ville capitale dans un trouble qui peut amener une révolution.

— Ainsi donc, à votre avis, reprit en ricanant l'Espagnole, qui se mordait les lèvres de colère, cette émeute d'hier, qui aujourd'hui est déjà une révolte, peut demain devenir une révolution?

— Oui, madame, dit gravement le coadjuteur.

— Mais, à vous entendre, monsieur, les peuples auraient donc oublié tout frein?

— L'année est mauvaise pour les rois, dit Gondy en secouant la tête; regardez en Angleterre, madame

— Oui, mais heureusement nous n'avons point en France d'Olivier Cromwell, répondit la reine.

— Qui sait? dit Gondy; ces hommes-là sont pareils à la foudre, on ne les connaît que lorsqu'ils frappent.

Chacun frissonna, et il se fit un moment de silence.

Pendant ce temps, la reine avait ses deux mains appuyées sur sa poitrine.

On voyait qu'elle comprimait les battements précipités de son cœur.

— Porthos, murmura d'Artagnan, regardez bien ce prêtre.

— Bon, je le vois, dit Porthos. Eh bien?

— Eh bien! c'est un homme.

Porthos regarda d'Artagnan d'un air étonné; il était évident qu'il ne comprenait point parfaitement ce que son ami voulait dire.

— Votre Majesté, continua impitoyablement le coadjuteur, va donc prendre les mesures qui conviennent. Mais je les prévois terribles et de nature à irriter encore les mutins.

— Eh bien! alors, vous, monsieur le coadjuteur, qui avez tant de puissance sur eux et qui êtes notre ami, dit ironiquement la reine, vous les calmerez en leur donnant vos bénédictions.

— Peut-être sera-t-il trop tard, dit Gondy toujours de glace, et peut-être aurai-je perdu toute influence; tandis qu'en leur rendant leur Broussel, Votre Majesté coupe toute racine à la sédition, et prend droit de châtier cruellement toute recrudescence de révolte.

— N'ai-je donc pas ce droit? s'écria la reine.

— Si vous l'avez, usez-en, répondit Gondy.

— Peste, dit d'Artagnan à Porthos, voilà un caractère comme je les aime; que n'est-il ministre, et que ne suis-je son d'Artagnan, au lieu d'être à ce bélître de Mazarin! Ah! mordieu! les beaux coups que nous ferions ensemble!

— Oui, dit Porthos.

La reine, d'un signe, congédia la cour, excepté Mazarin. Gondy s'inclina, et voulut se retirer comme les autres.

— Restez, monsieur, dit la reine.

— Bon, dit Gondy en lui-même, elle va céder.

— Elle va le faire tuer, dit d'Artagnan à Porthos; mais, en tout cas, ce ne sera point par moi. Je jure Dieu, au contraire, que, si l'on arrive sur lui, je tombe sur les arrivants!

— Moi aussi, dit Porthos.

— Bon! murmura Mazarin en prenant un siège, nous allons voir du nouveau.

La reine suivait des yeux les personnes qui sortaient.

Quand la dernière eut refermé la porte, elle se retourna.

On voyait qu'elle faisait des efforts inouïs pour dompter sa colère.

Elle s'éventait, elle respirait des cassolettes, elle allait et venait.

Mazarin restait sur le siége où il s'était assis, paraissant réfléchir.

Gondy, qui commençait à s'inquiéter, sondait des yeux toutes les tapisseries, tâtait la cuirasse qu'il portait sous sa longue robe, et de temps en temps cherchait sous son camail si le manche d'un bon poignard espagnol qu'il y avait caché était bien à la portée de sa main.

— Voyons, dit la reine en s'arrêtant enfin, voyons, maintenant que nous sommes seuls, répétez votre conseil, monsieur le coadjuteur.

— Le voici, madame : feindre une réflexion, reconnaître publiquement une erreur, ce qui est la force des gouvernements forts; faire sortir Broussel de sa prison et le rendre au peuple.

— Oh! s'écria Anne d'Autriche, m'humilier ainsi! Suis-je ou non la reine? Toute cette canaille qui hurle est-elle ou non la foule de mes sujets? Ai-je des amis, des gardes? Ah! par Notre-Dame! comme disait la reine Catherine, continua-t-elle en se montant à ses propres paroles, plutôt que de leur rendre cet infâme Broussel, je l'étranglerais de mes propres mains!

Et elle s'élança les poings crispés vers Gondy, que certes en ce moment elle détestait au moins autant que Broussel.

Gondy demeura immobile; pas un muscle de son visage ne bougea.

Seulement, son regard glacé se croisa comme un glaive avec le regard furieux de la reine.

— Voilà un homme mort, s'il y a encore quelque Vitry à la cour, et que le Vitry entre en ce moment, dit le Gascon. Mais moi, avant qu'il arrive à ce bon prélat, je tue le Vitry, et net. M. le cardinal Mazarin m'en saura un gré infini.

— Chut! dit Porthos; écoutez donc.

— Madame, s'écria Mazarin en saisissant Anne d'Autriche et en la tirant en arrière; madame, que faites-vous?

Puis il ajouta en espagnol :

— Anne, êtes-vous folle? vous faites ici des querelles de bourgeoise, vous, une reine! vous ne voyez-vous pas que vous avez devant vous, dans la personne de ce prêtre, tout le peuple de Paris, auquel il est dangereux de faire insulte en ce moment, et que, si ce prêtre le veut, dans une heure vous n'aurez plus de couronne! Allons donc, plus tard, dans une autre occasion, vous tiendrez ferme et fort, mais aujourd'hui ce n'est pas l'heure; aujourd'hui, flattez et caressez, ou vous n'êtes qu'une femme vulgaire.

Aux premiers mots de ce discours, d'Artagnan avait saisi le bras de Porthos et l'avait serré progressivement; puis, quand Mazarin se fut tu :

— Porthos, dit-il tout bas, ne dites jamais devant Mazarin que j'entends l'espagnol, ou je suis un homme perdu, et vous aussi.

— Bon, dit Porthos.

Cette rude semonce, empreinte d'une éloquence qui caractérisait Mazarin lorsqu'il parlait italien ou espagnol, et qu'il perdait entièrement lorsqu'il parlait français, fut prononcée avec un visage impénétrable qui ne laissa soupçonner à Gondy, si habile physionomiste qu'il fût, qu'un simple avertissement d'être plus modérée.

De son côté aussi, la reine, rudoyée, s'adoucit tout à coup.

Elle laissa pour ainsi dire tomber de ses yeux le feu, de ses joues le sang, de ses lèvres la colère verbeuse.

Elle s'assit, et d'une voix humide de pleurs, laissant tomber ses bras abattus à ses côtés :

— Pardonnez-moi, monsieur le coadjuteur dit-elle, attri-

buez cette violence à ce que je souffre. Femme, et par conséquent assujettie aux faiblesses de mon sexe, je m'effraye de la guerre civile; reine, et accoutumée à être obéie, je m'emporte aux premières résistances.

— Madame, dit Gondy en s'inclinant, Votre Majesté se trompe en qualifiant de résistance mes sincères avis. Votre Majesté n'a que des sujets soumis et respectueux. Ce n'est point à la reine que le peuple en veut; il appelle Broussel et voilà tout, trop heureux de vivre sous les lois de Votre Majesté, si toutefois Votre Majesté lui rend Broussel, ajouta Gondy en souriant.

Mazarin, qui à ces mots : *Ce n'est pas à la reine que le peuple en veut*, avait déjà dressé l'oreille, croyant que le coadjuteur allait parler des cris : A bas le Mazarin! sut gré à Gondy de cette suppression, et dit de sa voix la plus soyeuse et avec son visage le plus gracieux :

— Madame, croyez-en le coadjuteur, qui est l'un des plus habiles politiques que nous ayons; le premier chapeau de cardinal qui vaquera semble fait pour sa noble tête.

— Ah! que tu as besoin de moi, rusé coquin! dit Gondy.

— Et que nous promettra-t-il, à nous, dit d'Artagnan le jour où on voudra le tuer? Peste! s'il donne comme cela des chapeaux, apprêtons-nous, Porthos, et demandons chacun un régiment dès demain. Corbleu! que la guerre civile dure une année seulement, et je ferai redorer pour moi l'épée de connétable!

— Et moi? dit Porthos.

— Toi! je te ferai donner le bâton de maréchal de M. de la Meilleraie, qui ne me paraît pas en grande faveur en ce moment.

— Ainsi, monsieur, dit la reine, sérieusement vous craignez l'émotion populaire?

— Sérieusement, madame, reprit Gondy, étonné de ne pas être plus avancé, je crains, quand le torrent a rompu sa digue, qu'il ne cause de grands ravages.

— Et moi, dit la reine, je crois que dans ce cas il lui faut opposer des digues nouvelles. Allez, je réfléchirai.

Gondy regarda Mazarin d'un air étonné.

Mazarin s'approcha de la reine pour lui parler.

En ce moment, on entendit un tumulte effroyable sur la place du Palais-Royal.

Gondy sourit.

Le regard de la reine s'enflamma.

Mazarin devint très-pâle.

— Qu'est-ce encore? dit-il.

En ce moment, Comminges se précipita dans le salon.

— Pardon, madame, dit Comminges à la reine en entrant; mais le peuple a broyé les sentinelles contre les grilles, et en ce moment il force les portes; qu'ordonnez-vous?

— Ecoutez, madame, dit Gondy.

Le mugissement des flots, le bruit de la foudre, les rugissements d'un volcan enflammé ne peuvent point se comparer à la tempête de cris qui s'éleva au ciel en ce moment.

— Ce que j'ordonne? dit la reine.

— Oui, le temps presse.

— Combien d'hommes à peu près avez-vous au Palais-Royal?

— Six cents hommes.

— Mettez cent hommes autour du roi, et, avec le reste, balayez-moi toute cette populace.

— Madame, dit Mazarin, que faites-vous?

— Allez, dit la reine.

Comminges sortit avec l'obéissance passive du soldat.

En ce moment, un craquement horrible se fit entendre.

Une des portes commençait à ceder

— Eh! madame, dit Mazarin, vous nous perdex tous, le oi, vous et moi.

Anne d'Autriche, à ce cri parti de l'âme du cardinal effrayé, eut peur à son tour.

Elle rappela Comminges.

— Il est trop tard, dit Mazarin en s'arrachant les cheveux, il est trop tard!

La porte céda, et l'on entendit les hurlements de joie de la populace

— Signez, Anne, je vous prie.

D'Artagnan mit l'épée à la main et fit signe à Porthos d'en faire autant.

— Sauvez la reine! s'écria Mazarin en s'adressant au coadjuteur.

Gondy s'élança vers la fenêtre, qu'il ouvrit.

Il reconnut Louvières à la tête d'une troupe de trois ou quatre mille hommes peut-être.

— Pas un pas de plus! cria-t-il, la reine signe.

— Que dites-vous? s'écria la reine.

— La vérité, madame, dit Mazarin lui présentant une plume et un papier; il le faut.

Puis il ajouta :

— Signez, Anne, je vous prie, je le veux!

La reine tomba sur une chaise, prit la plume et signa.

Contenu par Louvières, le peuple n'avait pas fait un pas de plus.

Mais ce murmure terrible qui indique la colère de la multitude continuait toujours.

La reine écrivit·

« Le concierge de la prison de Saint-Gervais mettra en liberté le conseiller Broussel. »

Et elle signa.

Le coadjuteur, qui dévorait des yeux ses moindres mouvements, saisit le papier aussitôt que la signature y fut apposée, revint à la fenêtre, et l'agitant avec la main :

Contenu par Louvières. le peuple n'avait pas fait un pas de plus.

— Voici l'ordre, dit-il.

Paris tout entier sembla pousser une grande clameur de joie.

Puis les cris : Vive Broussel ! vive le coadjuteur ! retentirent.

— Vive la reine ! dit le coadjuteur

Quelques cris répondirent aux siens, mais pauvres et rares.

Peut-être le coadjuteur n'avait-il poussé ce cri que pour faire sentir à Anne d'Autriche sa faiblesse.

— Et maintenant que vous avez ce que vous avez voulu, dit-elle, allez, monsieur de Gondy.

— Quand la reine aura besoin de moi, dit le coadju-

teur en s'inclinant, Sa Majesté sait que je suis à ses ordres.

.a reine fit un signe de tête.

ondy se retira.

— Ah! prêtre maudit! s'écria Anne d'Autriche en étendant la main vers la porte à peine fermée, je te ferai
boire un jour le reste du fiel que tu m'as versé aujour-
d'hui.

Mazarin voulut s'approcher d'elle.

— Laissez-moi, dit-elle, vous n'êtes pas un homme!

Et elle sortit.

— C'est vous qui n'êtes pas une femme, murmura Mazarin.

Puis, après un instant de rêverie, il se souvint que d'Artagnan et Porthos devaient être là, et, par conséquent,
avaient tout vu et tout entendu.

Il fronça le sourcil et alla droit à la tapisserie, qu'il souleva.

Le cabinet était vide.

Au dernier mot de la reine, d'Artagnan avait pris Porthos
par la main et l'avait entraîné vers la galerie.

Mazarin entra à son tour dans la galerie et trouva les
deux amis qui se promenaient.

— Pourquoi avez-vous quitté le cabinet, monsieur d'Artagnan? dit Mazarin.

— Parce que, dit d'Artagnan, la reine a ordonné à tout
le monde de sortir, et que j'ai pensé que cet ordre était pour
nous comme pour les autres.

— Ainsi, vous êtes ici depuis...

— Depuis un quart d'heure à peu près, dit d'Artagnan en
regardant Porthos et en lui faisant signe de ne pas le dé-
mentir.

Mazarin surprit ce signe et demeura convaincu que d'Artagnan avait tout vu et tout entendu, mais il lui sut gré du
mensonge.

— Décidément, monsieur d'Artagnan, vous êtes l'homme
que je cherchais, et vous pouvez compter sur moi ainsi que
votre ami.

Puis, saluant les deux amis de son plus charmant sourire, il rentra plus tranquille dans son cabinet, car, à la
sortie de Gondy, le tumulte avait cessé comme par enchantement.

CHAPITRE VII.

LE MALHEUR DONNE DE LA MÉMOIRE.

Anne était rentrée furieuse dans son oratoire.

— Quoi! s'écriait-elle en tordant ses beaux bras; quoi! le peuple a vu M. de Condé, le premier prince du sang, arrêté par ma belle-mère, Marie de Médicis; il a vu ma belle-mère, son ancienne régente, chassée par le cardinal; il a vu M. de Vendôme, c'est-à-dire le fils de Henri IV, prisonnier à Vincennes, il n'a rien dit tandis qu'on insultait, qu'on incarcérait, qu'on menaçait ces grands personnages! et pour un Broussel! Jésus! qu'est donc devenue la royauté?

Anne touchait sans y penser à la question brûlante.

Le peuple n'avait rien dit pour les princes, le peuple se soulevait pour Broussel.

C'est qu'il s'agissait d'un plébéien, et qu'en défendant Broussel le peuple sentait instinctivement qu'il se défendait lui-même.

Pendant ce temps, Mazarin se promenait de long en large dans son cabinet, regardant de temps en temps sa belle glace de Venise tout étoilée.

— Eh! disait-il, c'est triste, je le sais bien, d'être forcé de céder ainsi; mais bah! nous prendrons notre revanche. Qu'importe Broussel? c'est un nom, ce n'est pas une chose.

Si habile politique qu'il fût, Mazarin se trompait cette fois.

Broussel était une chose, et non pas un nom.

Aussi, lorsque le lendemain matin Broussel fit son entrée à Paris dans un grand carrosse, ayant son fils Louvières à côté de lui et Friquet derrière la voiture, tout le peuple en armes se précipita-t-il sur son passage.

Les cris de : Vive Broussel! Vive notre père! retentissaient de toutes parts et portaient la mort aux oreilles de Mazarin.

De tous les côtés les espions du cardinal et de la reine rapportaient de fâcheuses nouvelles, qui trouvaient le ministre fort agité et la reine fort tranquille; la reine paraissait mûrir dans sa tête une grande résolution, ce qui redoublait les inquiétudes de Mazarin.

Il connaissait l'orgueilleuse princesse et craignait fort les résolutions d'Anne d'Autriche.

Le coadjuteur était rentré au parlement plus roi que le roi, la reine et le cardinal, ne l'étaient à eux trois ensemble.

Sur son avis, un édit du parlement avait invité les bourgeois à déposer leurs armes et à démolir les barricades; ils savaient maintenant qu'il ne fallait qu'une heure pour reprendre les armes et qu'une nuit pour refaire les barricades.

Planchet était rentré dans sa boutique : la victoire amnistie.

Planchet n'avait donc plus peur d'être pendu; il était convaincu que, si l'on faisait seulement mine de l'arrêter, le peuple se soulèverait pour lui comme il venait de le faire pour Broussel.

Rochefort avait rendu ses chevau-légers au chevalier d'Humières.

Il en manquait bien deux à l'appel, mais le chevalier, qui était frondeur dans l'âme, n'avait pas voulu entendre parler de dédommagement.

Le mendiant avait repris sa place au parvis Saint-Eustache, distribuant toujours son eau bénite d'une main, demandant l'aumône de l'autre, et nul ne se doutait que ces deux mains-là venaient d'aider à tirer de l'édifice social la pierre fondamentale de la royauté.

Louvières était fier et content : il s'était vengé du Mazarin, qu'il détestait, et avait fort contribué à faire sortir son père de prison.

Son nom avait été répété avec terreur au Palais-Royal, et il disait en riant au conseiller réintégré dans sa famille :

— Croyez-vous, mon père, que, si maintenant je demandais une compagnie à la reine, elle me la donnerait?

D'Artagnan avait profité du moment de calme pour renvoyer Raoul, qu'il avait eu grand'peine à retenir enfermé pendant l'émeute, et qui voulait absolument tirer l'épée, pour l'un ou l'autre parti.

Raoul avait fait quelque difficulté d'abord, mais d'Artagnan avait parlé au nom du comte de la Fère.

Raoul avait été faire une visite à madame de Chevreuse, et était parti pour rejoindre l'armée.

Rochefort seul trouvait la chose assez mal terminée; il avait écrit à M. le duc de Beaufort de venir; le duc allait arriver et trouverait Paris tranquille.

Il alla trouver le coadjuteur, pour lui demander s'il ne fallait pas donner avis au prince de s'arrêter en route; mais Gondy réfléchit un instant et dit :

— Laissez-le continuer son chemin.

— Mais ce n'est donc pas fini? demanda Rochefort.

— Non, mon cher comte, nous ne sommes encore qu'au commencement.

— Qui vous fait croire cela?

— La connaissance que j'ai du cœur de la reine : elle ne voudra pas demeurer battue.

— Prépare-t-elle donc quelque chose?

— Je l'espère.

— Que savez-vous? voyons.

— Je sais qu'elle a écrit à M. le Prince de revenir de l'armée en toute hâte.

— Ah! ah! dit Rochefort, vous avez raison, il faut laisser venir M. de Beaufort.

Le soir même de cette conversation, le bruit se répandit que M. le Prince était arrivé.

C'était une nouvelle bien simple et bien naturelle, et cependant elle eut un immense retentissement.

Des indiscrétions, disait-on, avaient été commises par madame de Longueville, à qui M. le Prince, qu'on accusait d'avoir pour sœur une tendresse qui dépassait les bornes de l'amitié fraternelle, avait fait des confidences.

Ces confidences dévoilaient de sinistres projets de la part de la reine.

Le soir même de l'arrivée de M. le Prince, des bourgeois plus avancés que les autres, des échevins, des capitaines de quartier, s'en allaient chez leurs connaissances disant :

— Pourquoi ne prendrions-nous pas le roi et ne le mettrions-nous pas à l'Hôtel de Ville? c'est un tort de le laisser élever par nos ennemis, qui lui donnent de mauvais conseils, tandis que, s'il était dirigé par M. le coadjuteur, par exemple, il sucerait des principes nationaux et aimerait le peuple.

La nuit fut sourdement agitée.

Le lendemain, on revit les manteaux gris et noirs, les patrouilles de marchands en armes et les bandes de mendiants.

La reine avait passé la nuit à conférer seul à seul avec M. le Prince.

A minuit il avait été introduit dans son oratoire, et ne l'avait quittée qu'à cinq heures.

A cinq heures, la reine se rendit au cabinet du cardinal.

Si elle n'était pas encore couchée, elle, le cardinal était déjà levé.

Il rédigeait une réponse à Cromwell.

Six jours étaient déjà écoulés sur les dix qu'il avait demandés à Mordaunt.

— Bah! disait-il, je l'aurai un peu fait attendre, mais M. Cromwell sait trop ce que c'est que les révolutions pour ne pas m'excuser.

Il relisait donc avec complaisance le premier paragraphe de son factum lorsqu'on gratta doucement à la porte qui communiquait aux appartements de la reine.

Anne d'Autriche pouvait seule venir par cette porte.

Broussel fit son entrée à Paris dans un grand carrosse, ayant son fils Louvières à côté de lui et Friquet derrière la voiture. — Page 39.

Le cardinal se leva et alla ouvrir.

La reine était en négligé, mais le négligé lui allait encore, car, ainsi que Diane de Poitiers et Ninon, Anne d'Autriche conserva ce privilège de rester toujours belle; seulement, ce matin-là elle était plus belle que de coutume, car ses yeux avaient tout le brillant que donne au regard une joie intérieure.

— Qu'avez-vous, madame? dit Mazarin inquiet; vous avez l'air toute fière?

— Oui, Giulio, dit-elle, fière et heureuse, car j'ai trouvé le moyen d'étouffer cette hydre.

— Vous êtes un grand politique, ma reine, dit Mazarin; voyons le moyen.

Et il cacha ce qu'il écrivait en glissant la lettre commencée sous du papier blanc.

— Ils veulent me prendre le roi, vous le savez? dit la reine.

— Hélas, oui! et me pendre, moi.

— Ils n'auront pas le roi.

— Et ils ne me pendront pas, benone.

— Écoutez. Je veux leur enlever mon fils et moi-même, et vous avec moi. Je veux que cet événement, qui du jour au lendemain changera la face des choses, s'accomplisse sans que d'autres le sachent que vous, moi et une troisième personne.

— Et quelle est cette autre personne?

— M. le Prince.

— Il est donc arrivé, comme on me l'avait dit?

— Hier soir.

— Le projet ne manque pas de grandiose, mais je n'y vois qu'un empêchement, dit Mazarin.

— Et vous l'avez vu?

— Je le quitte.

— Il prête les mains à ce projet?

— Le conseil vient de lui.

— Et Paris?

— Il l'affame et le force a se rendre à discrétion.

— Le projet ne manque pas de grandiose, mais je n'y vois qu'un empêchement, dit Mazarin.

— Lequel? demanda la reine.

— L'impossibilité.

— Parole vide de sens. Rien n'est impossible.

— En projet, observa Mazarin.

— En exécution, dit la reine. Avons-nous de l'argent?

— Un peu, dit Mazarin, tremblant qu'Anne d'Autriche ne demandât à puiser dans sa bourse.

— Avons-nous des troupes?

— Cinq ou six mille hommes.

— Avons-nous du courage?

— Beaucoup.

— Alors, la chose est faite. Oh! comprenez-vous, Giulio? Paris, cet odieux Paris, se réveillant un matin sans reine et sans roi, cerné, assiégé, affamé, n'ayant plus pour toute ressource que son stupide parlement et son maigre coadjuteur aux jambes torses.

— Joli! joli! dit Mazarin, je comprends l'effet, mais je ne vois pas le moyen d'y arriver.

— Je le trouverai, moi.

— Vous savez que c'est la guerre, la guerre civile, ardente, acharnée, implacable!

— Oh! oui, oui, la guerre, dit Anne d'Autriche; oui, je veux réduire cette ville rebelle en cendres; je veux éteindre le feu dans le sang; je veux qu'un exemple effroyable éternise le crime et le châtiment. Paris! je le hais, je le déteste!

— Tout beau, Anne, vous voilà sanguinaire! prenez garde, nous ne sommes pas au temps des Malatesta et des Castrucco Castracani; vous vous ferez décapiter, ma belle reine, et ce serait dommage.

— Vous riez, Giulio.

— Je ris très-peu, madame, la guerre est dangereuse avec tout un peuple; voyez votre frère Charles Ier, il est mal, très-mal.

— Nous sommes en France, et je suis Espagnole.

— Tant pis, per Bacco! tant pis; j'aimerais mieux que vous fussiez Française, et moi aussi: on nous détesterait moins tous les deux.

— Cependant, vous m'approuvez?

— Oui, si je vois la chose possible.

— Elle l'est, c'est moi qui vous le dis; faites vos préparatifs de départ.

— Moi! je suis toujours prêt à partir; seulement, vous le savez, je ne pars jamais... et cette fois, probablement, pas plus que les autres.

— Enfin, si je pars, partirez-vous?

— J'essayerai.

— Vous me faites mourir, avec vos peurs, Giulio; et de quoi donc avez-vous peur?

— De beaucoup de choses.

— Desquelles?

La physionomie de Mazarin, de railleuse qu'elle était, devint sombre.

— Anne, dit-il, vous n'êtes qu'une femme, et, comme femme, vous pouvez insulter à votre aise les hommes, sûre

que vous êtes de l'impunité: vous m'accusez d'avoir peur; je n'ai pas tant peur que vous, puisque je ne me sauve pas, moi. Contre qui crie-t-on? est-ce contre vous ou contre moi? Qui veut-on pendre? est-ce vous ou moi? Eh bien! je fais tête à l'orage, moi, cependant, que vous accusez d'avoir peur; non pas en bravache, ce n'est point ma mode, mais je tiens. Imitez-moi; pas tant d'éclat, plus d'effet. Vous criez bien haut, vous n'aboutissez à rien; vous parlez de fuir!...

Mazarin haussa les épaules, prit la main de la reine et la conduisit à la fenêtre:

— Regardez!

— Eh bien? dit la reine aveuglée par son entêtement.

— Eh bien! que voyez-vous de cette fenêtre? Ce sont, si je ne m'abuse, des bourgeois cuirassés, casqués, armés de bons mousquets, comme au temps de la Ligue, et qui regardent si bien la fenêtre d'où vous les regardez, vous, que vous allez être vue si vous soulevez si fort le rideau. Maintenant, venez à cette autre: que voyez-vous? Des gens du peuple armés de hallebardes qui gardent vos portes. A chaque ouverture de ce palais où je vous conduirais, vous en verriez autant; vos portes sont gardées; les soupiraux de vos caves sont gardés, et je vous dirai à mon tour ce que ce bon la Ramée me disait de M. de Beaufort: A moins d'être oiseau ou souris, vous ne sortirez pas.

— Il est cependant sorti, lui.

— Comptez-vous sortir de la même manière?

— Je suis donc prisonnière, alors?

— Parbleu! dit Mazarin, il y a une heure que je vous le prouve.

Et Mazarin reprit tranquillement sa dépêche commencée, à l'endroit où il l'avait interrompue.

Anne, tremblante de colère, rouge d'humiliation, sortit du cabinet en repoussant derrière elle la porte avec violence.

Mazarin ne tourna pas même la tête.

Rentrée dans ses appartements, la reine se laissa tomber sur un fauteuil et se mit à pleurer.

Puis, tout à coup frappée d'une idée subite.

— Ingrate que je suis, j'ai vingt ans oublié cet homme, dont j'eusse dû faire un maréchal de France. Ma belle-mère a prodigué l'or, les dignités, les caresses à Concini, qui l'a perdue; le roi a fait Vitry maréchal de France pour un assassinat, et moi j'ai laissé dans l'oubli, dans la misère, ce noble d'Artagnan qui m'a sauvée!

Et elle courut à une table sur laquelle était du papier et de l'encre, et se mit à écrire.

CHAPITRE VIII.

L'ENTREVUE.

Ce matin-là, d'Artagnan était couché dans la chambre de Porthos.

C'était une habitude que les deux amis avaient prise depuis les troubles.

Sous leur chevet était leur épée, et sur leur table, à la portée de la main, étaient leurs pistolets.

D'Artagnan dormait encore et rêvait que le ciel se couvrait d'un nuage jaune, que de ce nuage tombait une pluie d'or, et qu'il tendait son chapeau sous une gouttière.

Porthos rêvait de son côté que le panneau de son carrosse n'était pas assez large pour contenir les armoiries qu'il y faisait peindre...

Ils furent réveillés à sept heures par un valet sans livrée qui apportait une lettre à d'Artagnan.

— De quelle part? demanda le Gascon.

— De la part de la reine, répondit le valet.

— Hein! fit Porthos en se soulevant sur son lit, que dit-il donc?

D'Artagnan pria le valet de passer dans une salle voisine, et, dès qu'il eut refermé la porte, il sauta à bas de son lit et lut rapidement, pendant que Porthos le regardait les yeux écarquillés et sans oser lui adresser une question.

— Ami Porthos, dit d'Artagnan en lui tendant la lettre, voici pour cette fois ton titre de baron et mon brevet de capitaine. Tiens, lis et juge.

Porthos étendit la main, prit la lettre et lut ces mots d'une voix tremblante :

« La reine veut parler à M. d'Artagnan; qu'il suive le porteur. »

— Eh bien? dit Porthos.

— Eh bien? dit d'Artagnan.

— Je ne vois rien là que d'ordinaire.

— J'y vois, moi, beaucoup d'extraordinaire, dit d'Artagnan. Si l'on m'appelle, c'est que les choses sont bien embrouillées. Songe un peu quel remue-ménage a dû se faire dans l'esprit de la reine, pour qu'après vingt ans mon souvenir remonte à la surface.

— C'est juste, dit Porthos.

— Aiguise ton épée, baron, charge tes pistolets, donne l'avoine aux chevaux, je te réponds qu'il y aura du nouveau avant demain; et *motus!*

— Ah çà! ce n'est point un piège qu'on nous tend pour se défaire de nous? dit Porthos, toujours préoccupé de la gêne que sa grandeur future devait causer à autrui.

— Si c'est un piège, reprit d'Artagnan, je le flairerai, sois tranquille. Si le Mazarin est Italien, je suis Gascon, moi.

Et d'Artagnan s'habilla en un tour de main.

Comme Porthos, toujours couché, lui agrafait son manteau, on frappa une seconde fois à la porte.

— Entrez, dit d'Artagnan.

Un second valet entra.

— De la part de Son Eminence le cardinal Mazarin, dit-il.

D'Artagnan regarda Porthos.

— Voilà qui se complique, dit Porthos. Par où commencer?

— Cela tombe à merveille, dit d'Artagnan; Son Eminence me donne rendez-vous dans une demi-heure... Mon ami, dit-il en se retournant vers le valet, dites à Son Eminence que dans une demi-heure je suis à ses ordres.

Le valet salua et sortit.

— C'est bien heureux qu'il n'ait pas vu l'autre, reprit d'Artagnan.

— Tu crois donc qu'ils ne t'envoient pas chercher tous deux pour la même chose?

— Je ne le crois pas, j'en suis sûr.

— Allons, allons, d'Artagnan, alerte! Songe que la reine t'attend. Après la reine le cardinal; et après le cardinal, moi.

D'Artagnan rappela le valet d'Anne d'Autriche.

— Me voilà, mon ami, dit-il, conduisez-moi.

Le valet le conduisit par la rue des Petits-Champs, et, tournant à gauche, le fit entrer par la petite porte du jardin qui donnait sur la rue de Richelieu, puis on gagna un escalier dérobé, et d'Artagnan fut introduit dans l'oratoire.

Une certaine émotion dont il ne pouvait se rendre compte faisait battre le cœur du lieutenant; il n'avait plus la confiance de la jeunesse, et l'expérience lui avait appris toute la gravité des événements passés.

Il savait ce que c'était que la noblesse des princes et la majesté des rois.

Il s'était habitué à classer sa médiocrité après les illustrations de la fortune et de la naissance.

Jadis il eût abordé Anne d'Autriche en jeune homme qui salue une femme.

Aujourd'hui, c'était autre chose.

Il se rendait près d'elle comme un humble soldat près d'un illustre chef.

Un léger bruit troubla le silence de l'oratoire.

D'Artagnan tressaillit et vit une blanche main soulever la tapisserie, et à sa forme, à sa blancheur, à sa beauté, il reconnut cette main royale qu'un jour on lui avait donnée à baiser.

La reine entra.

— C'est vous, monsieur d'Artagnan, dit-elle en arrêtant sur l'officier un regard plein d'affectueuse mélancolie; c'est vous, et je vous reconnais bien. Regardez-moi à votre tour, je suis la reine; me reconnaissez-vous?

— Non, madame, répondit d'Artagnan.

— Mais ne savez-vous donc plus, continua Anne d'Autriche avec cet accent délicieux qu'elle savait, lorsqu'elle le voulait, donner à sa voix, que la reine a eu besoin jadis d'un jeune cavalier brave et dévoué, qu'elle a trouvé ce cavalier, et que, quoiqu'il ait pu croire qu'elle l'avait oublié, elle lui a gardé une place au fond de son cœur?

— Non, madame, j'ignore cela, dit le mousquetaire.

— Tant pis, monsieur, dit Anne d'Autriche, tant pis, pour la reine du moins, car la reine aujourd'hui a besoin de ce même courage et de ce même dévouement.

— Eh quoi! dit d'Artagnan, la reine, entourée comme elle l'est de serviteurs si dévoués, de conseillers si sages, d'hommes si grands enfin par leur mérite ou leur position, daigne jeter les yeux sur un soldat obscur!

Anne comprit ce reproche voilé; elle en fut émue plus qu'irritée.

Tant d'abnégation et de désintéressement de la part du gentilhomme gascon l'avait maintes fois humiliée; elle s'était laissé vaincre en g'

— Tout ce que vous me dites de ceux qui m'entourent, monsieur d'Artagnan, est vrai peut-être, dit la reine; mais moi je n'ai de confiance qu'en vous seul. Je sais que vous êtes à M. le cardinal, mais soyez à moi aussi, et je me charge de votre fortune. Voyons, feriez-vous pour moi aujourd'hui ce que fit jadis pour la reine ce gentilhomme que vous ne connaissez pas?

— Je ferai tout ce qu'ordonnera Votre Majesté, dit d'Artagnan.

La reine réfléchit un moment, et voyant l'attitude circonspecte du mousquetaire:

— Vous aimez peut-être le repos? dit-elle.

Blancmesnil.

— Je ne sais, car je ne me suis jamais reposé, madame.

— Avez-vous des amis?

— J'en avais trois : deux ont quitté Paris et j'ignore où ils sont allés; un seul me reste, mais c'est un de ceux qui connaissaient, je crois, le cavalier dont Votre Majesté m'a fait l'honneur de me parler.

— C'est bien, dit la reine. Vous et votre ami vous valez une armée.

— Que faut-il que je fasse, madame?

— Revenez à cinq heures, et je vous le dirai; mais ne parlez à âme qui vive, monsieur, du rendez-vous que je vous donne.

— Non, madame.

— Jurez-le sur le Christ.

— Madame, je n'ai jamais menti à ma parole; quand je dis non, c'est non!

La reine, quoique étonnée de ce langage, auquel ses courtisans ne l'avaient pas accoutumée, en tira un heureux présage pour le zèle que d'Artagnan mettrait à la servir dans l'accomplissement de son projet.

C'était un des artifices du Gascon de cacher parfois sa profonde subtilité sous les apparences d'une brutalité loyale.

— La reine n'a pas autre chose à m'ordonner pour le moment? dit-il.

— Non, monsieur, répondit Anne d'Autriche, et vous pouvez vous retirer jusqu'au moment que je vous ai dit.

J.A. BEAUCE.   GUICHON.

— Vous venez de chez la reine, dit Mazarin en regardant fixement d'Artagnan.

D'Artagnan salua et sortit.

— Diable? dit-il lorsqu'il fut à la porte, il paraît qu'on a besoin de moi ici.

Puis, comme la demi-heure était écoulée, il traversa la galerie et alla heurter à la porte du cardinal...

Bernouin l'introduisit.

— Je me rends à vos ordres, monseigneur, dit-il.

Selon son habitude, d'Artagnan jeta un coup d'œil rapide autour de lui, et il remarqua sur le bureau une lettre cachetée.

Elle était posée du côté de l'écriture, de sorte qu'il était impossible de voir à qui elle était adressée.

— Vous venez de chez la reine, dit Mazarin en regardant fixement d'Artagnan.

— Moi, monseigneur? Qui vous a dit cela?

— Personne; mais je le sais.

— Je suis désespéré de dire à monseigneur qu'il se trompe, répondit impudemment le Gascon, fort de la promesse qu'il venait de faire à Anne d'Autriche.

— J'ai ouvert moi-même l'antichambre, et je vous ai vu venir du bout de la galerie.

— C'est que j'ai été introduit par l'escalier dérobé.

— Comment cela?

— Je l'ignore; il y aura eu malentendu.

Mazarin savait qu'on ne faisait pas dire facilement à d'Artagnan ce qu'il voulait cacher; aussi renonça-t-il à découvrir pour le moment le mystère que lui faisait le Gascon.

— Parlons de mes affaires, dit le cardinal, puisque vous ne voulez rien me dire des vôtres.

D'Artagnan s'inclina.

— Aimez-vous les voyages? demanda le cardinal.

— J'ai passé ma vie sur les grands chemins.

— Quelque chose vous retiendrait-il à Paris?

— Rien ne me retiendrait à Paris qu'un ordre supérieur.

— Bien. Voici une lettre qu'il s'agit de remettre à son adresse.

— A son adresse, monseigneur? Mais il n'y en a pas.

En effet, le côté opposé au cachet était intact de toute écriture.

— C'est-à-dire, reprit Mazarin, qu'il y a une double enveloppe.

— Je comprends, et je dois déchirer la première arrivé à un endroit donné seulement.

— A merveille. Prenez et partez. Vous avez un ami, M. du Vallon; je l'aime fort, vous l'emmènerez

— Diable! se dit d'Artagnan, il sait que nous avons entendu sa conversation d'hier, et il veut nous éloigner de Paris.

— Hésiteriez-vous? demanda Mazarin.

— Non, monseigneur, et je pars sur-le-champ. Seulement je désirerais une chose...

— Laquelle? dites.

— C'est que Votre Eminence passât chez la reine.

— Quand cela?

— A l'instant même.

— Pourquoi faire?

— Pour lui dire seulement ces mots : J'envoie M. d'Artagnan quelque part, et je le fais partir tout de suite.

— Vous voyez bien, dit Mazarin, que vous avez vu la reine!

— J'ai eu l'honneur de dire à Votre Eminence qu'il était possible qu'il y eût malentendu.

— Que signifie cela? demanda Mazarin.

— Oserais-je renouveler ma prière à Son Eminence?

— C'est bien, j'y vais. Attendez-moi ici

Mazarin regarda avec attention si aucune clef n'avait été oubliée aux armoires, et sortit.

Dix minutes s'écoulèrent, pendant lesquelles d'Artagnan fit tout ce qu'il put pour lire à travers la première enveloppe ce qui était écrit sur la seconde, mais il n'en put venir à bout.

Mazarin rentra pâle et vivement préoccupé; il alla s'asseoir à son bureau.

D'Artagnan l'examinait comme il venait d'examiner l'épître.

Mais l'enveloppe de son visage était presque aussi impénétrable que l'enveloppe de la lettre.

— Eh! eh! dit le Gascon, il a l'air fâché. Serait-ce contre moi? Il médite; est-ce de m'envoyer à la Bastille? Tout beau, monseigneur! Au premier mot que vous en dites, je vous étrangle et me fais frondeur. On me portera en triomphe comme M. Broussel, et Athos me proclamera le Brutus français Ce serait drôle.

Le Gascon, avec son imagination toujours galopante, avait déjà vu tout le parti qu'il pouvait tirer de la situation.

Mais Mazarin ne donna aucun ordre de ce genre, et se mit au contraire à faire patte de velours à d'Artagnan.

— Vous aviez raison, lui dit-il, mon cher monsou d'Artagnan, et vous ne pouvez partir encore.

— Ah! fit d'Artagnan.

— Rendez-moi donc cette dépêche, je vous prie

D'Artagnan obéit.

Mazarin s'assura que le cachet était bien intact.

— J'aurai besoin de vous ce soir, dit-il; revenez dans deux heures.

— Dans deux heures, monseigneur, dit d'Artagnan, j'ai un rendez-vous auquel je ne puis manquer.

— Que cela ne vous inquiète pas, dit Mazarin, c'est le même.

— Bon! pensa d'Artagnan, je m'en doutais.

— Revenez donc à cinq heures et amenez-moi ce cher M. du Vallon; seulement, laissez-le dans l'antichambre : je veux causer avec vous seul.

D'Artagnan s'inclina.

En s'inclinant, il se disait .

— Tous deux le même ordre, tous deux à la même heure, tous deux au Palais-Royal; je devine. Ah! voilà un secret que M. de Gondy payerait cent mille livres!

— Vous réfléchissez? dit Mazarin inquiet.

— Oui, je me demande si nous devons être armés ou non.

— Armés jusqu'aux dents, dit Mazarin.

— C'est bien, monseigneur, on le sera.

D'Artagnan salua, sortit et courut répéter à son ami les promesses flatteuses de Mazarin, lesquelles donnèrent à Porthos une allégresse inconcevable.

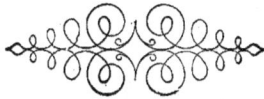

CHAPITRE IX.

LA FUITE.

Le Palais-Royal, malgré les signes d'agitation que donnait la ville, présentait, lorsque d'Artagnan s'y rendit vers les cinq heures du soir, un spectacle des plus réjouissants.

Ce n'était pas étonnant : la reine avait rendu Broussel et Blancmesnil au peuple.

La reine n'avait réellement donc rien à craindre, puisque le peuple n'avait plus rien à demander.

Son émotion était un reste d'agitation auquel il fallait laisser le temps de se calmer, comme après une tempête il faut quelquefois plusieurs journées pour affaisser la houle.

Il y avait eu un grand festin, dont le retour du vainqueur de Lens était le prétexte.

Les princes, les princesses, étaient invités, leurs carrosses encombraient les cours depuis midi.

Après le dîner, il devait y avoir un jeu chez la reine.

Anne d'Autriche était charmante ce jour-là de grâce et d'esprit, jamais on ne l'avait vue de plus joyeuse humeur.

La vengeance en fleurs brillait dans ses yeux et épanouissait ses lèvres.

Au moment où on se leva de table, Mazarin s'éclipsa.

D'Artagnan était déjà à son poste et l'attendait dans l'antichambre.

Le cardinal parut l'air riant, le prit par la main et l'introduisit dans son cabinet.

— Mon cher monsou d'Artagnan, dit le ministre en s'asseyant, je vais vous donner la plus grande marque de confiance qu'un ministre puisse donner à un officier.

D'Artagnan s'inclina.

— J'espère, dit-il, que monseigneur me la donne sans arrière-pensée et avec cette conviction que j'en suis digne.

— Le plus digne de tous, mon cher ami, puisque c'est à vous que je m'adresse.

— Eh bien! dit d'Artagnan, je vous l'avouerai, monseigneur, il y a longtemps que j'attends une occasion pareille. Ainsi, dites-moi vite ce que vous avez à me dire.

— Vous allez, mon cher monsou d'Artagnan, reprit Mazarin, avoir ce soir entre les mains le salut de l'État.

Il s'arrêta.

— Expliquez-vous, monseigneur, j'attends.

— La reine a résolu avec le roi de faire un petit voyage à Saint-Germain.

— Ah! ah! dit d'Artagnan, c'est-à-dire que la reine veut quitter Paris.

— Vous comprenez, caprice de femme.

— Oui, je comprends très-bien, dit d'Artagnan.

— C'était pour cela qu'elle vous avait fait venir ce matin, et qu'elle vous avait dit de revenir à cinq heures.

— C'était bien la peine de vouloir me faire jurer que je ne parlerais de ce rendez-vous à personne! murmura d'Artagnan. Oh! les femmes! fussent-elles reines, elles sont toujours femmes.

— Désapprouveriez-vous ce petit voyage, mon cher monsou d'Artagnan? demanda Mazarin avec inquiétude.

— Moi, monseigneur? dit d'Artagnan, et pourquoi cela?

— Parce que vous haussez les épaules.

— C'est une façon de me parler à moi-même, monseigneur.

— Ainsi, vous approuvez ce voyage?

— Je n'approuve pas plus que je ne désapprouve, monseigneur, j'attends vos ordres.

— Bien. C'est donc sur vous que j'ai jeté les yeux pour porter le roi et la reine à Saint-Germain.

— Double fourbe! dit en lui-même d'Artagnan.

— Vous voyez bien, reprit Mazarin, voyant l'impassibilité de d'Artagnan, que, comme je vous le disais, le salut de l'État va reposer entre vos mains.

— Oui, monseigneur, et je sens toute la responsabilité d'une pareille charge.

— Vous acceptez, cependant?

— J'accepte toujours.

— Vous croyez la chose possible?

— Tout l'est.

— Serez-vous attaqué en chemin?

— C'est probable.

— Mais comment ferez-vous en ce cas?

— Je passerai à travers ceux qui m'attaqueront.

— Et si vous ne passez pas à travers?

— Alors, tant pis pour eux, car je passerai dessus.

— Et vous rendrez le roi et la reine sains et saufs à Saint-Germain?

— Oui.

— Sur votre vie?

— Sur ma vie.

— Vous êtes un héros, mon cher! dit Mazarin en regardant le mousquetaire avec admiration.

D'Artagnan sourit.

— Et moi? dit Mazarin après un moment de silence et en regardant fixement d'Artagnan.

— Comment, et vous, monseigneur?

— Et moi, si je veux partir?

— Ce sera plus difficile.

— Comment cela?

— Votre Éminence peut être reconnue.

— Même sous ce déguisement? dit Mazarin.

Et il leva un manteau qui couvrait un fauteuil sur lequel était un habit complet de cavalier, gris perle et grenat, tout passementé d'argent.

— Si Votre Éminence se déguise, cela devient plus facile.

— Ah! fit Mazarin en respirant.

— Mais il faudra faire ce que Votre Éminence disait l'autre jour qu'elle eût fait à notre place.

— Que faudra-t-il faire?

— Crier : A bas Mazarin!

— Je crierai.

— En français, en bon français, monseigneur; prenez garde à l'accent : on nous a tué six mille Angevins en Sicile parce qu'ils prononçaient mal l'italien. Prenez garde que les Français ne prennent sur vous leur revanche des Vêpres siciliennes.

— Je ferai de mon mieux.

— Il y a bien des gens armés dans les rues, continua d'Artagnan; êtes-vous sûr que personne ne connaît le projet de la reine?

Mazarin réfléchit.

— Ce serait une belle affaire pour un traître, monseigneur, que l'affaire que vous me proposez là; les hasards d'une attaque excuseraient tout.

Mazarin frissonna.

Mais il réfléchit qu'un homme qui aurait l'intention de trahir ne préviendrait pas.

— Aussi, dit-il vivement, je ne me fie pas à tout le monde, et la preuve, c'est que je vous ai choisi pour m'escorter.

— Ne partez-vous pas avec la reine?

— Non, dit Mazarin.

— Alors, vous partez après la reine?

— Non, fit encore Mazarin.

— Ah! dit d'Artagnan, qui commençait à comprendre.

— Oui, j'ai mes plans, continua le cardinal; avec la reine je double ses mauvaises chances; après la reine, son départ double les miennes; puis, la cour une fois sauvée, on peut m'oublier : les grands sont ingrats.

— Vous allez, mon cher monsou d'Artagnan, reprit Mazarin, avoir ce soir entre les mains le salut de l'État. — Page 47

— C'est vrai, dit d'Artagnan en jetant malgré lui les yeux sur le diamant de la reine que Mazarin avait à son doigt.

Mazarin suivit la direction de son regard et tourna doucement le chaton de sa bague en dedans.

— Je veux donc, dit Mazarin avec son fin sourire, les empêcher d'être ingrats envers moi.

— C'est de la charité chrétienne, dit d'Artagnan, que de ne pas induire son prochain en tentation.

— C'est justement pour cela, dit Mazarin, que je veux partir avant eux.

D'Artagnan sourit.

Il était homme à très-bien comprendre cette astuce italienne.

Mazarin le vit sourire et profita du moment.

— Vous commencerez donc par me faire sortir de Paris d'abord, n'est-ce pas, mon cher monsou d'Artagnan?

— Rude commission, monseigneur, dit d'Artagnan en reprenant son air grave.

— Mais, dit Mazarin en le regardant attentivement pour que pas une des expressions de sa physionomie ne lui échappât, mais vous n'avez pas fait toutes ces observations pour le roi et pour la reine.

— Le roi et la reine sont ma reine et mon roi, monseigneur, répondit le mousquetaire; ma vie est à eux, je la leur dois. Ils me la demandent, je n'ai rien à dire.

— C'est juste, murmura tout bas Mazarin; mais comme

J.A. BEAUCE.

QUICHON.

D'Artagnan trouva le cardinal habillé en cavalier. — Page 50.

ta vie n'est pas à moi, il faut que je te l'achète, n'est-ce pas?

Et tout en poussant un profond soupir, il commença de retourner le chaton de sa bague en dehors...

D'Artagnan sourit.

Ces deux hommes se touchaient par un point, par l'astuce.

S'ils se fussent touchés de même par le courage, l'un eût fait faire à l'autre de grandes choses.

— Mais aussi, dit Mazarin, vous comprenez que, si je vous demande ce service, c'est avec l'intention d'en être reconnaissant.

— Monseigneur n'en est-il encore qu'à l'intention? demanda d'Artagnan.

— Tenez, dit Mazarin en tirant la bague de son doigt, et

nez, mon cher monsou d'Artagnan, voici un diamant qui vous a appartenu jadis, il est juste qu'il vous revienne; prenez-le, je vous en supplie.

D'Artagnan ne donna point à Mazarin la peine d'insister, il le prit, regarda si la pierre était bien la même, et, après s'être assuré de la pureté de son eau, il le passa à son doigt avec un plaisir indicible.

— J'y tenais beaucoup, dit Mazarin en l'accompagnant d'un dernier regard; mais n'importe, je vous le donne avec grand plaisir.

— Et moi, monseigneur, dit d'Artagnan, je le reçois comme il m'est donné. Voyons, parlons donc de vos petites affaires. Vous voulez partir avant tout le monde?

— Oui, j'y tiens.

— A quelle heure?

— A dix heures.

— Et la reine, à quelle heure part-elle?

— A minuit.

— Alors, c'est possible, je vous fais sortir de Paris, je vous laisse hors de la barrière, et je reviens la chercher.

— A merveille! mais comment me conduisez-vous hors Paris?

— Oh! pour cela, il faut me laisser faire.

— Je vous donne plein pouvoir, prenez une escorte aussi considérable que vous le voudrez.

D'Artagnan secoua la tête

— Il me semble cependant que c'est le moyen le plus sûr, dit Mazarin.

— Oui, pour vous, monseigneur; mais pas pour la reine.

Mazarin se mordit les lèvres

— Alors, dit-il, comment opérerons-nous?

— Il faut me laisser faire, monseigneur.

— Hum! fit Mazarin.

— Il faut me donner la direction entière de cette entreprise.

— Cependant...

— Ou en charger un autre, dit d'Artagnan en tournant le dos.

— Eh! fit tout bas Mazarin, je crois qu'il s'en va avec le diamant.

Et il le rappela

— Monsou d'Artagnan, mon cher monsou d'Artagnan! dit-il d'une voix caressante

— Monseigneur?

— Me répondez-vous de tout?

— Je ne réponds de rien; je ferai de mon mieux

— De votre mieux?

— Oui.

— Eh bien! allons, je me fie à vous.

— C'est bien heureux, se dit d'Artagnan à lui-même.

— Vous serez donc ici à neuf heures et demie?

— Et je trouverai Votre Eminence prête?

— Certainement, toute prête.

— C'est chose convenue alors. Maintenant, monseigneur veut-il me faire voir la reine?

— A quoi bon?

— Je désirerais prendre les ordres de Sa Majesté de sa propre bouche.

— Elle m'a chargé de vous les donner.

— Elle pourrait avoir oublié quelque chose.

— Vous tenez à la voir?

— C'est indispensable, monseigneur

Mazarin hésita un instant; d'Artagnan demeura impassible dans sa volonté.

— Allonc donc, dit Mazarin, je vais vous conduire, mais pas un mot de notre conversation.

— Ce qui a été dit entre nous, ne regarde que nous, monseigneur, dit d'Artagnan.

— Vous me jurez d'être muet?

— Je ne jure jamais, monseigneur. Je dis oui ou je dis non, et, comme je suis gentilhomme, je tiens ma parole.

— Allons! je vois qu'il faut me fier à vous sans restriction.

— C'est ce qu'il y a de mieux, croyez-moi, monseigneur.

— Venez, dit Mazarin.

Mazarin fit entrer d'Artagnan dans l'oratoire de la reine et lui dit d'attendre.

D'Artagnan n'attendit pas longtemps.

Cinq minutes après qu'il était dans l'oratoire, la reine arriva en costume de grand gala.

Parée ainsi, elle paraissait trente-cinq ans à peine et était toujours belle.

— C'est vous, monsieur d'Artagnan, dit-elle en souriant gracieusement; je vous remercie d'avoir insisté pour me voir.

— J'en demande pardon à Votre Majesté, dit d'Artagnan; mais j'ai voulu prendre ses ordres de sa bouche même.

— Vous savez de quoi il s'agit?

— Oui, madame.

— Vous acceptez la mission que je vous confie?

— Avec reconnaissance.

— C'est bien, soyez ici à minuit.

— J'y serai.

— Monsieur d'Artagnan, dit la reine, je connais trop votre désintéressement pour vous parler de ma reconnaissance dans ce moment-ci; mais je vous jure que je n'oublierai pas ce second service comme j'ai oublié le premier.

— Votre Majesté est libre de se souvenir et d'oublier, et je ne sais pas ce qu'elle veut dire.

Et d'Artagnan s'inclina.

— Allez, monsieur, dit la reine avec son plus charmant sourire; allez et revenez à minuit.

Elle lui fit de la main un signe d'adieu, et d'Artagnan se retira; mais, en se retirant, il jeta les yeux sur la portière par laquelle était entrée la reine, et au bas de la tapisserie il aperçut le bout d'un soulier de velours.

— Bon! dit-il, le Mazarin écoutait pour savoir si je ne le trahissais pas. En vérité, ce pantin d'Italie ne mérite pas d'être servi par un honnête homme.

D'Artagnan n'en fut pas moins exact au rendez-vous; à neuf heures et demie il entrait dans l'antichambre.

Bernouin attendait et l'introduisit.

Il trouva le cardinal habillé en cavalier.

Il avait fort bonne mine sous ce costume, qu'il portait, nous l'avons déjà dit, avec élégance; seulement il était fort pâle et tremblait quelque peu.

— Tout seul? dit Mazarin.

— Oui, monseigneur.

— Et ce bon M. du Vallon, ne jouirons-nous pas de sa compagnie?

— Si fait, monseigneur; il attend dans son carrosse.

— Où cela?

— A la porte du jardin du Palais-Royal.

— C'est donc dans son carrosse que nous partons?

— Oui, monseigneur.

— Et sans autre escorte que vous deux?

— N'est-ce donc pas assez? un des deux suffirait.

— En vérité, mon cher monsieur d'Artagnan, dit Mazarin, vous m'épouvantez avec votre sang-froid.

— J'aurais cru au contraire qu'il devait vous inspirer de la confiance.

— Et Bernouin, est-ce que je ne l'emmène pas?

— Il n'y a pas de place pour lui; il viendra rejoindre Votre Éminence.

— Allons, dit Mazarin, puisqu'il faut faire en tout comme vous le voulez.

— Monseigneur, il est encore temps de reculer, dit d'Artagnan, et Votre Éminence est parfaitement libre.

— Non pas, non pas, dit Mazarin, partons.

Et tous deux descendirent par l'escalier dérobé, Mazarin appuyant au bras de d'Artagnan son bras, que le mousquetaire sentait trembler sur le sien.

Ils traversèrent les cours du Palais-Royal, où stationnaient encore quelques carrosses de convives attardés, gagnèrent le jardin et atteignirent la petite porte.

Mazarin essaya de l'ouvrir à l'aide d'une clef qu'il tira de sa poche; mais la main lui tremblait tellement qu'il ne put trouver le trou de la serrure.

— Donnez, dit d'Artagnan.

Mazarin lui donna la clef, d'Artagnan ouvrit et remit la clef dans sa poche; il comptait rentrer par là.

Le marchepied était abaissé, la portière ouverte, Mousqueton se tenait à la portière, Porthos était au fond de la voiture.

— Montez, monseigneur, dit d'Artagnan.

Mazarin ne se le fit pas dire deux fois et s'élança dans le carrosse.

D'Artagnan monta derrière lui, Mousqueton ferma la portière et se hissa avec force gémissements derrière la voiture; il avait fait quelques difficultés pour partir sous prétexte que sa blessure le faisait encore souffrir; mais d'Artagnan lui avait dit:

— Restez si vous voulez, mon cher monsieur Mousqueton, mais je vous préviens que Paris sera brûlé cette nuit.

Sur quoi Mousqueton n'en avait pas demandé davantage et avait déclaré qu'il était prêt à suivre son maître et M. d'Artagnan au bout du monde.

La voiture partit à un trot raisonnable et qui ne dénonçait pas le moins du monde qu'elle renfermât des gens pressés.

Le cardinal s'essuya le front avec son mouchoir et regarda autour de lui.

Il avait à sa gauche Porthos, et à sa droite d'Artagnan; chacun gardait une portière, chacun lui servait de rempart.

En face et sur la banquette de devant étaient deux paires de pistolets, une paire devant Porthos, une paire devant d'Artagnan; les deux amis avaient en outre chacun son épée au côté.

A cent pas du Palais-Royal une patrouille arrêta le carrosse.

— Qui vive? dit le chef.

— Mazarin! répondit d'Artagnan en éclatant de rire.

La plaisanterie parut excellente aux bourgeois, qui, voyant ce carrosse sans armes et sans escorte, n'eussent jamais cru à la réalité d'une pareille imprudence.

— Bon voyage! crièrent-ils.

Et ils laissèrent passer.

— Hein! fit d'Artagnan, que pense monseigneur de cette réponse?

— Homme d'esprit! s'écria Mazarin.

— Au fait, dit Porthos, je comprends...

Vers le milieu de la rue des Petits-Champs une seconde patrouille arrêta le carrosse.

— Qui vive? cria le chef de la patrouille.

— Rangez-vous, monseigneur, dit d'Artagnan.

Et Mazarin s'enfonça tellement entre les deux amis, qu'il disparut complétement caché par eux.

— Qui vive? reprit la même voix avec impatience.

Et d'Artagnan sentit qu'on se jetait à la tête des chevaux.

Il sortit la moitié du corps du carrosse.

— Eh! Planchet, dit-il.

Le chef s'approcha.

C'était effectivement Planchet.

D'Artagnan avait reconnu la voix de son ancien laquais.

— Comment, monsieur, c'est vous? dit Planchet, c'est vous?

— Eh! mon Dieu! oui, mon cher ami. Ce cher Porthos vient de recevoir un coup d'épée, et je le reconduis à sa maison de campagne de Saint-Cloud.

— Oh! vraiment? dit Planchet.

— Porthos, reprit d'Artagnan, si vous pouvez encore parler, mon cher Porthos, dites donc un mot à ce bon Planchet.

— Planchet, mon ami, dit Porthos d'une voix dolente, je suis bien malade, et, si tu rencontres un médecin, tu me feras plaisir de me l'envoyer.

— Ah! grand Dieu! dit Planchet, quel malheur! Et comment cela est-il arrivé?

— Je te conterai cela, dit Mousqueton.

Porthos poussa un profond gémissement.

— Fais-nous faire place, Planchet, dit tout bas d'Artagnan, ou il n'arrivera pas vivant; les poumons sont offensés, mon ami.

Planchet secoua la tête de l'air d'un homme qui dit: En ce cas, la chose va mal. Puis, se tournant vers ses hommes:

— Laissez passer, dit-il, ce sont des amis.

La voiture reprit sa marche, et Mazarin, qui avait retenu son haleine, se hasarda à respirer.

— Bricconi! murmura-t-il.

Quelques pas avant la porte Saint-Honoré, on rencontra une troisième troupe: celle-ci était composée de gens de mauvaise mine, et qui ressemblaient plutôt à des bandits qu'à autre chose: c'étaient les hommes du mendiant de Saint-Eustache.

— Attention, Porthos! dit d'Artagnan.

Porthos allongea la main vers ses pistolets.

— Qu'y a-t-il? dit Mazarin.

— Monseigneur, je crois que nous sommes en mauvaise compagnie.

Un homme s'avança à la portière, tenant une espèce de faux à la main.

— Qui vive? demanda cet homme.

— Eh! drôle! dit d'Artagnan, ne reconnaissez-le carrosse de M. le prince?

— Prince ou non, dit cet homme, ouvrez! Nous avons la garde de la porte, et personne ne passera que nous ne sachions qui passe

— Que faut-il faire? demanda Porthos.

— Pardieu! passer, dit d'Artagnan.

— Mais, comment passer? dit Mazarin

— A travers, ou dessus. Cocher, au galop!

Le cocher leva son fouet.

— Pas un pas de plus, dit l'homme qui paraissait le chef, ou je coupe le jarret à vos chevaux.

— Pas un pas de plus, ou je coupe le jarret à vos chevaux.

— Peste! dit Porthos, ce serait dommage, des bêtes qui me coûtent cent pistoles pièce.

— Je vous les payerai deux cents, dit Mazarin.

— Oui, mais, quand ils auront les jarrets coupés, on nous coupera le cou à nous, dit d'Artagnan.

— Il en vient un de mon côté, dit Porthos; faut-il que je tue?

— Oui, d'un coup de poing, si vous pouvez; ne faisons feu qu'à la dernière extrémité.

— Je le puis, dit Porthos.

— Venez ouvrir alors, dit d'Artagnan à l'homme à la faux, en prenant un de ses pistolets par le canon et en s'apprêtant à frapper de la crosse.

Celui-ci s'approcha..

A mesure qu'il s'approchait, d'Artagnan, pour être plus libre de ses mouvements, sortait à demi par la portière; ses yeux s'arrêtèrent sur ceux du mendiant, qu'éclairait la lueur d'une lanterne

Sans doute cet homme reconnut le mousquetaire, car il devint fort pâle; sans doute d'Artagnan le reconnut, car ses cheveux se dressèrent sur sa tête.

— Monsieur d'Artagnan! s'écria-t-il en reculant d'un pas, monsieur d'Artagnan! laissez passer.

Peut-être d'Artagnan allait-il répondre de son côté, lorsqu'un coup pareil à celui d'une masse qui tombe sur la tête d'un bœuf retentit : c'était Porthos qui venait d'assommer son homme.,

J.A. BEAUCE.

D'Artagnan se retourna et vit le malheureux gisant à quatre pas de là.

— Ventre à terre, maintenant! cria-t-il au cocher. Pique, pique!

Le cocher enveloppa ses chevaux d'un large coup de fouet.

Les nobles animaux bondirent.

On entendit des cris comme ceux d'hommes qui sont renversés.

Puis, on sentit une double secousse : deux des roues venaient de passer sur un corps flexible et rond.

Il se fit un moment de silence.

La voiture franchit la porte.

— Au Cours-la-Reine! cria d'Artagnan au cocher.

Puis, se retournant vers Mazarin :

— Maintenant, monseigneur, lui dit-il, vous pouvez dire cinq *Pater* et cinq *Ave* pour remercier Dieu de votre délivrance. Vous êtes sauvé! vous êtes libre!

Mazarin ne répondit que par une espéce de gémissement; il ne pouvait croire à un pareil miracle.

Cinq minutes après, la voiture s'arrêta : elle était arrivée au Cours-la-Reine.

— Monseigneur est-il content de son escorte? demanda le mousquetaire.

— Enchanté, monsou, dit Mazarin en hasardant sa tête à l'une des portières; maintenant, faites-en autant pour la reine.

— Ce sera moins difficile, dit d'Artagnan en sautant à terre. Monsieur du Vallon, je vous recommande Son Eminence.

— Soyez tranquille, dit Porthos en étendant la main.

D'Artagnan prit la main de Porthos et la secoua.

— Aïe! fit Porthos.

D'Artagnan regarda son ami avec étonnement.

— Qu'avez-vous donc? demanda-t-il.

— Je crois que j'ai le poignet foulé, dit Porthos.

— Que diable, aussi, vous frappez comme un sourd!

— Il le fallait bien, mon homme allait me lâcher un coup de pistolet; mais vous, comment vous êtes-vous débarrassé du vôtre?

— Oh! le mien, dit d'Artagnan, ce n'était pas un homme.

— Qu'était-ce donc?

— C'était un spectre!

— Et?...

— Et je l'ai conjuré.

Sans autre explication, d'Artagnan prit les pistolets qui étaient sur la banquette de devant, les passa à sa ceinture, s'enveloppa dans son manteau, et, ne voulant pas rentrer par la même barrière qu'il était sorti, il s'achemina vers la porte Richelieu.

CHAPITRE X.

LE CARROSSE DE M. LE COADJUTEUR.

Au lieu de rentrer par la porte Saint-Honoré, d'Artagnan, qui avait du temps devant lui, fit le tour et rentra par la porte Richelieu.

On vint le reconnaître, et, quand on vit à son chapeau à plumes et à son manteau galonné qu'il était officier des mousquetaires, on l'entoura avec l'intention de lui faire crier à bas Mazarin!

Cette première démonstration ne laissa pas que de l'inquiéter d'abord.

Mais, quand il sut de quoi il était question, il cria d'une si belle voix, que les plus difficiles furent satisfaits.

Il suivit la rue Richelieu, rêvant à la façon dont il emmé

nerait à son tour la reine, car de l'emmener dans un carrosse aux armes de France, il n'y fallait pas songer, lorsqu'à a porte de l'hôtel de madame de Guéménée il aperçut un équipage.

Une idée subite l'illumina.

— Ah! pardieu! dit-il, ce serait de bonne guerre.

Et il s'approcha du carrosse, regarda les armes qui étaient sur les panneaux et la livrée du cocher qui était sur le siége.

Cet examen lui fut d'autant plus facile, que le cocher dormait les poings fermés.

— C'est bien le carrosse de M. le coadjuteur, dit-il ; sur ma parole, je commence à croire que la Providence est pour nous.

Il monta doucement dans le carrosse, et, tirant le fil de soie qui correspondait au petit doigt du cocher :

— Au Palais-Royal, dit-il.

Le cocher, réveillé en sursaut, se dirigea vers le point désigné, sans se douter que l'ordre vint d'un autre que de son maître.

Le suisse allait fermer les grilles; mais, en voyant ce magnifique équipage, il ne douta pas que ce ne fût une visite d'importance, et laissa passer le carrosse, qui s'arrêta sous le péristyle.

Là seulement, le cocher s'aperçut que les laquais n'étaient pas derrière la voiture.

Il crut que M. le coadjuteur en avait disposé, sauta à bas du siége sans lâcher les rênes et vint ouvrir.

D'Artagnan sauta à son tour à terre et, au moment où le cocher, effrayé en ne reconnaissant pas son maître, faisait un pas en arrière, il le saisit au collet de la main gauche, et de la droite lui mit un pistolet sur la gorge :

— Essaye de prononcer un seul mot, dit d'Artagnan, et tu es mort!

Le cocher vit à l'expression du visage de celui qui lui parlait qu'il était tombé dans quelque guet-apens, et il resta la bouche béante et les yeux démesurément ouverts.

Deux mousquetaires se promenaient dans la cour ; d'Artagnan les appela par leur nom.

— Monsieur de Bellièvre, dit-il à l'un, faites-moi le plaisir de prendre les rênes des mains de ce brave homme, de monter sur le siége de la voiture, de la conduire à la porte de l'escalier dérobé et de m'attendre là : c'est pour affaire d'importance et qui tient au service du roi.

Le mousquetaire, qui savait son lieutenant incapable de faire une mauvaise plaisanterie à l'endroit du service, obéit sans dire un mot, quoique l'ordre lui parût singulier.

Alors, se retournant vers le second mousquetaire :

— Monsieur du Verger, dit-il, aidez-moi à conduire cet homme en lieu de sûreté.

Le mousquetaire crut que son lieutenant venait d'arrêter quelque prince déguisé, s'inclina, et, tirant son épée, fit signe qu'il était prêt.

D'Artagnan monta l'escalier suivi de son prisonnier, qui était suivi lui-même du mousquetaire, traversa le vestibule et entra dans l'antichambre de Mazarin.

Bernouin attendait avec impatience des nouvelles de son maître.

— Eh bien! monsieur? dit-il.

— Tout va à merveille, mon cher monsieur Bernouin ; mais voici, s'il vous plaît, un homme qu'il vous faudrait mettre en lieu de sûreté.

— Où cela, monsieur ?

— Où vous voudrez, pourvu que l'endroit que vous choisirez ait des volets qui ferment au cadenas et une porte qui ferme à la clef.

— Nous avons cela, monsieur, dit Bernouin.

Et l'on conduisit le pauvre cocher dans un cabinet dont les fenêtres étaient grillées, et qui ressemblait fort à une prison.

— Maintenant, mon cher ami, je vous invite, dit d'Artagnan, à vous défaire en ma faveur de votre chapeau et de votre manteau.

Le cocher, comme on le comprend bien, ne fit aucune résistance ; d'ailleurs, il était si étonné de ce qui lui arrivait qu'il chancelait et balbutiait comme un homme ivre.

D'Artagnan mit le tout sous le bras du valet de chambre.

— Maintenant, monsieur du Verger, dit d'Artagnan, enfermez-vous avec cet homme jusqu'à ce que M. Bernouin vienne vous ouvrir la porte ; la faction sera passablement longue et fort peu amusante, je le sais, mais vous comprenez, ajouta-t-il gravement, service du roi...

— A vos ordres, mon lieutenant, répondit le mousquetaire, qui vit qu'il s'agissait de choses sérieuses.

— A propos, dit d'Artagnan, si cet homme essaye de fuir ou de crier, passez-lui votre épée au travers du corps.

Le mousquetaire fit un signe de tête qui voulait dire qu'il obéirait ponctuellement à la consigne...

D'Artagnan sortit, emmenant Bernouin avec lui.

Minuit sonnait.

— Menez-moi dans l'oratoire de la reine, dit-il; prévenez-la que j'y suis, et allez me mettre ce paquet-là, avec mon mousqueton bien chargé, sur le siége de la voiture qui attend au bas de l'escalier dérobé.

Bernouin introduisit d'Artagnan dans l'oratoire, où il s'assit tout pensif.

Tout avait été au Palais-Royal comme d'habitude.

A dix heures, ainsi que nous l'avons dit, presque tous les convives étaient retirés ; ceux qui devaient suivre la cour eurent le mot d'ordre, et chacun fut invité à se trouver de minuit à une heure au Cours-la-Reine.

A dix heures, Anne d'Autriche passa chez le roi ; on venait de coucher Monsieur, et le jeune Louis, resté le dernier, s'amusait à mettre en bataille des soldats de plomb, exercice qui le récréait fort.

Deux enfants d'honneur jouaient avec lui.

— Laporte, dit la reine, il serait temps de coucher Sa Majesté.

Le roi demanda à rester encore debout, n'ayant aucune envie de dormir, disait-il.

Mais la reine insista.

— Ne devez-vous pas aller demain matin à six heures vous baigner à Conflans, Louis? C'est vous qui l'avez demandé vous-même, ce me semble?

— Vous avez raison, madame, dit le roi, et je suis prêt à me retirer dans mon appartement quand vous aurez bien voulu m'embrasser. Laporte, donnez le bougeoir à M. le chevalier de Coislin.

La reine posa ses lèvres sur le front blanc et poli que l'auguste enfant lui tendait avec une gravité qui sentait déjà l'étiquette.

— Endormez-vous bien vite, Louis, dit la reine, car vous serez réveillé de bonne heure.

— Je ferai de mon mieux pour vous obéir, madame, dit le jeune Louis, mais je n'ai aucune envie de dormir.

— Laporte, dit tout bas Anne d'Autriche, cherchez quelque livre bien ennuyeux à lire à Sa Majesté, mais ne vous déshabillez pas.

Le roi sortit accompagné du chevalier de Coislin, qui lui portait le bougeoir.

L'autre enfant d'honneur fut reconduit chez lui.

Alors la reine rentra dans son appartement.

Ses femmes, c'est-à-dire madame de Brégy, mademoiselle de Beaumont, madame de Motteville, et Socratine, sa sœur, que l'on appelait ainsi à cause de sa sagesse, venaient de lui apporter dans la garde-robe des restes du dîner avec lesquels elle soupait selon son habitude.

La reine alors donna ses ordres comme d'ordinaire, parla d'un repas que lui offrait le surlendemain le marquis de Vil-lequier, désigna les personnes qu'elle admettait à l'honneur d'en être, annonça pour le lendemain encore une visite au

— A propos, dit d'Artagnan, si cet homme essaye de fuir ou de crier, passez-lui votre épée au travers du corps.— Page 55.

Val-de-Grâce, où elle avait l'intention de faire ses dévotions, et donna à Beringhen, son premier valet de chambre, ses ordres pour qu'il l'accompagnât.

Le souper des dames fini, la reine feignit une grande fatigue et passa dans sa chambre à coucher.

Madame de Motteville, qui était de service particulier ce soir-là, l'y suivit, puis l'aida à se dévêtir

La reine alors se mit au lit, lui parla affectueusement pendant quelques minutes et la congédia.

C'était en ce moment que d'Artagnan entrait dans la cour du Palais-Royal avec la voiture du coadjuteur...

Un instant après, les carrosses des dames d'honneur en sortaient et la grille se refermait derrière eux.

Minuit sonnait...

Cinq minutes après, Bernouin frappait à la chambre à coucher de la reine, venant par le passage secret du cardinal.

Anne d'Autriche alla ouvrir elle-même.

Elle était déjà habillée, c'est-à-dire qu'elle avait remis ses bas et s'était enveloppée d'un long peignoir

— C'est vous, Bernouin? dit-elle. M. d'Artagnan est-il là?

— Oui, madame, dans votre oratoire; il attend que Votre Majesté soit prête.

— Je le suis. Allez dire à Laporte d'éveiller et d'habiller le roi, puis, de là, passez chez le maréchal de Villeroy et prévenez-le de ma part.

— Mon fils, voici M. d'Artagnan; rappelez-vous bien son nom et regardez-le bien, pour ne pas oublier son visage, car ce soir il nous rendra un grand service. — Page 58.

Bernouin s'inclina et sortit...

La reine entra dans son oratoire, qu'éclairait une simple lampe en verroterie de Venise.

Elle vit d'Artagnan debout et qui l'attendait.

— C'est vous? lui dit-elle.

— Oui, madame.

— Vous êtes prêt?

— Je le suis.

— Et M. le cardinal?

— Est sorti sans accident; il attend Votre Majesté au Cours-la-Reine.

— Mais dans quelle voiture partons-nous?

— J'ai tout prévu, un carrosse attend en bas Votre Majesté.

— Passons chez le roi

D'Artagnan s'inclina et suivit la reine...

Le jeune Louis était déjà habillé, à l'exception des souliers et du pourpoint; il se laissait faire d'un air étonné, en accablant de questions Laporte, qui ne lui répondait que ces paroles :

— Sire, c'est par l'ordre de la reine.

Le lit était découvert, et l'on voyait les draps du roi tellement usés, qu'en certains endroits il y avait des trous.

C'était encore un des effets de la lésinerie de Mazarin.

La reine entra et d'Artagnan se tint sur le seuil.

L'enfant, en apercevant la reine, s'échappa des mains de Laporte et courut à elle.

La reine fit signe à d'Artagnan de s'approcher...

D'Artagnan obéit.

— Mon fils, dit Anne d'Autriche en lui montrant le mousquetaire calme, debout et découvert, voici M. d'Artagnan, qui est brave comme un de ces anciens preux dont vous aimez tant que mes femmes vous racontent l'histoire. Rappelez-vous bien son nom et regardez-le bien, pour ne pas oublier son visage; car ce soir il nous rendra un grand service.

Le jeune roi regarda l'officier de son grand œil fier et répéta :

— M. d'Artagnan.

— C'est cela, mon fils.

Le jeune roi leva lentement sa petite main et la tendit au mousquetaire; celui-ci mit un genou en terre et la baisa.

— M. d'Artagnan, répéta Louis; c'est bien, madame.

En ce moment, on entendit comme une rumeur qui s'approchait.

— Qu'est-ce que cela? dit la reine.

— Oh! oh! répondit d'Artagnan en tendant tout à la fois son oreille et son regard intelligent, c'est le bruit du peuple qui s'émeut.

— Il faut fuir, dit la reine.

— Votre Majesté m'a donné la direction de cette affaire; il faut rester et savoir ce qu'il veut.

— Monsieur d'Artagnan!

— Je réponds de tout.

Rien ne se communique plus rapidement que la confiance.

La reine, pleine de force et de courage, sentait au plus haut degré ces deux vertus chez les autres.

— Faites, dit-elle, je m'en rapporte à vous.

— Votre Majesté veut-elle me permettre dans toute cette affaire de donner des ordres en son nom?

— Ordonnez, monsieur.

— Que veut donc encore ce peuple! dit le roi.

— Nous allons le savoir, sire, dit d'Artagnan.

Et il sortit rapidement de la chambre.

Le tumulte allait croissant, il semblait envelopper le Palais-Royal tout entier.

On entendait de l'intérieur des cris dont on ne pouvait comprendre le sens; il était évident qu'il y avait clameur et sédition.

Le roi à moitié habillé, la reine et Laporte, restèrent chacun dans l'état et presque à la place où ils étaient, écoutant et attendant.

Comminges, qui était de garde cette nuit-là au Palais-Royal, accourut; il avait deux cents hommes à peu près dans les cours et dans les écuries, il les mettait à la disposition de la reine.

— Eh bien! demanda Anne d'Autriche en voyant reparaître d'Artagnan, qu'y a-t-il?

— Il y a, madame, que le bruit s'est répandu que la reine avait quitté le Palais-Royal en enlevant le roi, et que le peuple demande à avoir la preuve du contraire ou menace de démolir le Palais-Royal.

— Oh! cette fois, c'est trop fort, dit la reine, et je leur prouverai que je ne suis point partie.

D'Artagnan vit, à l'expression du visage de la reine, qu'elle allait donner quelque ordre violent.

Il s'approcha d'elle et lui dit tout bas :

— Votre Majesté a-t-elle toujours confiance en moi?

Cette voix la fit tressaillir.

— Oui, monsieur, toute confiance, dit-elle.

— La reine daignera-t-elle se conduire d'après mes avis?

— Dites.

— Que Votre Majesté veuille renvoyer M. de Comminges, en lui ordonnant de se renfermer, lui et ses hommes, dans le corps de garde et dans les écuries.

Comminges regarda d'Artagnan de ce regard envieux avec lequel tout courtisan voit poindre une fortune nouvelle.

— Vous avez entendu, Comminges? dit la reine.

D'Artagnan alla à lui.

Il avait reconnu avec sa sagacité ordinaire ce coup d'œil inquiet.

— Monsieur de Comminges, lui dit-il, pardonnez-moi; nous sommes tous deux serviteurs de la reine, n'est-ce pas? C'est mon tour de lui être utile, ne m'enviez donc pas ce bonheur.

Comminges s'inclina et sortit.

— Allons, se dit d'Artagnan, me voilà avec un ennemi de plus!

— Et maintenant, dit la reine en s'adressant à d'Artagnan, que faut-il faire? car, vous l'entendez, au lieu de se calmer, le bruit redouble.

— Madame, répondit d'Artagnan, le peuple veut voir le roi; il faut qu'il le voie.

— Comment, qu'il le voie! où cela? sur le balcon?

— Non pas, madame, mais ici, dans son lit, dormant.

— Oh! M. d'Artagnan a toute raison! s'écria Laporte.

La reine réfléchit, et sourit en femme à qui la duplicité n'est pas étrangère.

— Au fait, murmura-t-elle.

— Monsieur Laporte, dit d'Artagnan, allez à travers les grilles du Palais-Royal annoncer au peuple qu'il va être satisfait, et que, dans cinq minutes, non-seulement il verra le roi, mais encore qu'il le verra dans son lit; ajoutez que le roi dort et que la reine prie que l'on fasse silence pour ne point le réveiller.

— Mais pas tout le monde, dit la reine, une députation de deux ou quatre personnes.

— Tout le monde, madame.

— Mais ils nous tiendront jusqu'au jour, songez-y.

— Nous en aurons pour un quart d'heure. Je réponds de tout, madame; croyez-moi, je connais le peuple, c'est un grand enfant qu'il ne s'agit que de caresser; devant le roi endormi sera muet, doux et timide comme un agneau.

— Allez, Laporte, dit la reine.

Le jeune roi se rapprocha de sa mère.

— Pourquoi faire ce que ces gens demandent? dit-il.

— Il le faut, mon fils, dit Anne d'Autriche.

— Mais alors, si on me dit *il le faut*, je ne suis donc plus roi?

La reine resta muette.

— Sire, dit d'Artagnan, Votre Majesté me permettra-t-elle de lui faire une question?

Louis XIV se retourna, étonné qu'on osât lui adresser la parole.

La reine serra la main de l'enfant.

— Oui, monsieur, dit-il.

— Votre Majesté se rappelle-t-elle avoir, lorsqu'elle jouait dans le parc de Fontainebleau ou dans les cours du palais de Versailles, vu tout à coup le ciel se couvrir et entendu le bruit du tonnerre?

— Oui, sans doute.

— Eh bien! ce bruit du tonnerre, si bonne envie que Votre Majesté eût de jouer encore, lui disait : « Rentrez, sire, il le faut. »

— Sans doute, monsieur; mais aussi l'on m'a dit que le bruit du tonnerre, c'était la voix de Dieu.

— Eh bien! sire, dit d'Artagnan, écoutez le bruit du peuple, et vous verrez que cela ressemble beaucoup à celui du tonnerre.

En effet, en ce moment, une rumeur terrible passait emportée par la brise de la nuit...

Tout à coup elle cessa

— Tenez, sire, dit d'Artagnan, on vient de dire au peuple que vous dormiez; vous voyez bien que vous êtes toujours roi.

La reine regardait avec étonnement cet homme étrange que son courage éclatant faisait l'égal des plus braves, que son esprit fin et rusé faisait l'égal de tous.

Laporte rentra.

— Eh bien! Laporte? demanda la reine.

— Madame, répondit-il, la prédiction de M. d'Artagnan s'est accomplie, et ils se sont calmés comme par enchantement. On va leur ouvrir les portes, et dans cinq minutes ils seront ici.

— Laporte, dit la reine, si vous leur mettiez un de vos fils à la place du roi? nous partirions pendant ce temps.

— Si Sa Majesté l'ordonne, dit Laporte, mes fils, comme moi, sont au service de la reine.

— Non pas, dit d'Artagnan, car, si l'un d'eux connaissait Sa Majesté et s'apercevait du subterfuge, tout serait perdu.

— Vous avez raison, monsieur, toujours raison, dit Anne d'Autriche. Laporte, couchez le roi.

Laporte posa le roi tout vêtu comme il était dans son lit; puis il le recouvrit jusqu'aux épaules avec le drap.

La reine se courba sur lui et l'embrassa au front.

— Faites semblant de dormir, Louis, dit-elle.

— Oui, dit le roi, mais je ne veux pas qu'un seul de ces hommes me touche.

— Sire, je suis là, dit d'Artagnan, et je vous réponds que, si un seul avait cette audace, il le payerait de sa vie.

— Maintenant, que faut-il faire? demanda la reine, car je les entends.

— Monsieur Laporte, allez au-devant d'eux, et leur recommandez de nouveau le silence. Madame, attendez là à la porte. Moi, je suis au chevet du roi, tout prêt à mourir pour lui.

Laporte sortit.

La reine se tint debout près de la tapisserie.

D'Artagnan se glissa derrière les rideaux.

Puis on entendit la marche sourde et contenue d'une grande multitude d'hommes.

La reine souleva elle-même la tapisserie en mettant un doigt sur sa bouche...

En voyant la reine, ces hommes s'arrêtèrent dans l'attitude du respect.

— Entrez, messieurs, entrez, dit la reine.

Il y eut alors parmi tout ce peuple un mouvement d'hésitation qui ressemblait à de la honte.

Il s'attendait à la résistance, il s'attendait à être contrarié, à forcer les grilles et à renverser des gardes.

Les grilles s'étaient ouvertes toutes seules, et le roi, ostensiblement du moins, n'avait à son chevet d'autres gardes que sa mère.

Ceux qui étaient en tête balbutièrent et essayèrent de reculer.

— Entrez donc, messieurs, dit Laporte, puisque la reine le permet.

Alors, un plus hardi que les autres, se hasardant, dépassa le seuil de la porte et s'avança sur la pointe du pied.

Tous les autres l'imitèrent, et la chambre s'emplit silencieusement, comme si tous ces hommes eussent été les courtisans les plus humbles et les plus dévoués.

Bien au delà de la porte, on apercevait les têtes de ceux qui, n'ayant pas pu entrer, se haussaient sur la pointe des pieds.

D'Artagnan voyait tout à travers une ouverture qu'il avait faite au rideau.

Dans l'homme qui entra le premier, il reconnut Planchet.

— Monsieur, lui dit la reine, qui comprit qu'il était le chef de toute cette bande, vous avez désiré voir le roi, et j'ai voulu vous le montrer moi-même. Approchez, regardez-le, et dites si nous avons l'air de gens qui veulent s'échapper.

— Non, certes, répondit Planchet un peu étonné de l'honneur inattendu qu'il recevait.

— Vous direz donc à mes bons et fidèles Parisiens, reprit Anne d'Autriche avec un sourire à l'expression duquel d'Artagnan ne se trompa point, que vous avez vu le roi couché et dormant, ainsi que la reine prête à se mettre au lit à son tour.

— Je le dirai, madame, et ceux qui m'accompagnent le diront tous ainsi que moi, mais...

— Mais quoi? demanda Anne d'Autriche.

— Que Votre Majesté me pardonne, dit Planchet, mais est-ce bien le roi qui est couché dans ce lit?

Anne d'Autriche tressaillit.

— S'il y a quelqu'un parmi vous tous qui connaisse le roi, dit-elle, qu'il s'approche et qu'il dise si c'est bien Sa Majesté qui est là.

Un homme enveloppé d'un manteau, dont en se drapant il se cachait le visage, s'approcha, se pencha sur le lit et regarda.

Un instant, d'Artagnan crut que cet homme avait un mauvais dessein, et il porta la main à son épée; mais, dans le mouvement que fit en se baissant l'homme au manteau, il découvrit une portion de son visage, et d'Artagnan reconnut le coadjuteur.

— C'est bien le roi, dit cet homme en se relevant. Dieu bénisse Sa Majesté!

— Oui, dit à demi-voix le chef, oui, Dieu bénisse Sa Majesté!

Et tous ces hommes, qui étaient entrés furieux, passant de la colère à la pitié, bénirent à leur tour l'enfant royal.

— Maintenant, dit Planchet, remercions la reine, mes amis, et retirons-nous.

Tous s'inclinèrent et sortirent peu à peu et sans bruit, comme ils étaient entrés.

Planchet, entré le premier, sortait le dernier... La reine l'arrêta.

— Comment vous nommez-vous, mon ami? lui dit-elle.

Planchet se retourna, fort étonné de la question.

— Oui, dit la reine, je me tiens tout aussi honorée de

J.A. BEAUCE.   QUICRON

— Madame, répondit respectueusement Planchet, je m'appelle Dulaurier, pour vous servir.

vous avoir reçu ce soir que si vous étiez un prince, et je désire savoir votre nom.

— Oui, pensa Planchet, pour me traiter comme un prince; merci!

D'Artagnan frémit que Planchet, séduit comme le corbeau de la fable, ne dît son nom, et que la reine, sachant son nom, ne sût que Planchet lui avait appartenu.

— Madame, répondit respectueusement Planchet, je m'appelle Dulaurier, pour vous servir.

— Merci, monsieur Dulaurier, dit la reine. Et que faites-vous?

— Madame, je suis marchand drapier dans la rue des Bourdonnais.

— Voilà tout ce que je voulais savoir, dit la reine. Bien

obligé, mon cher monsieur Dulaurier, vous entendrez parler de moi.

— Allons, allons, murmura d'Artagnan en sortant de derrière son rideau, décidément maître Planchet n'est point un sot, et l'on voit bien qu'il a été élevé à bonne école.

Les différents acteurs de cette scène étrange restèrent un instant les uns en face des autres sans dire une seule parole.

La reine debout près de la porte.

D'Artagnan à moitié sorti de sa cachette.

Le roi soulevé sur son coude et prêt à retomber sur son lit au moindre bruit qui indiquerait le retour de toute cette multitude.

BEAUCE

— Indiscret! cria d'Artagnan, vous me ferez chasser. — Page 62.

Mais, au lieu de se rapprocher, le bruit s'éloigna de plus en plus et finit par s'éteindre tout à fait.

La reine respira.

D'Artagnan essuya son front humide.

Le roi se laissa glisser en bas de son lit en disant :

— Partons.

En ce moment Laporte reparut.

— Eh bien? demanda la reine.

— Eh bien! madame, répondit le valet de chambre, je les ai suivis jusqu'aux grilles; ils ont annoncé à tous leurs camarades qu'ils ont vu le roi et que la reine leur a parlé, de sorte qu'ils s'éloignent tout fiers et tout glorieux.

— Oh! les misérables! murmura la reine, ils payeront cher leur hardiesse, c'est moi qui le leur promets.

Puis se retournant vers d'Artagnan .

— Monsieur, dit-elle, vous m'avez donné ce soir les meilleurs conseils que j'aie reçus de ma vie. Continuez. Que devons-nous faire maintenant?

— Monsieur Laporte, dit d'Artagnan, achevez d'habiller Sa Majesté.

— Nous pouvons partir, alors? demanda la reine.

— Quand Votre Majesté voudra; elle n'a qu'à descendre par l'escalier dérobé, elle me trouvera à la porte.

— Allez, monsieur, dit la reine, je vous suis.

D'Artagnan descendit.

Le carrosse était à son poste; le mousquetaire se tenait sur le siége.

D'Artagnan prit le paquet qu'il avait chargé Bernouin de mettre aux pieds du mousquetaire.

C'étaient, on se le rappelle, le chapeau et le manteau du cocher de M. de Gondy.

Il mit le manteau sur ses épaules et le chapeau sur sa tête

Le mousquetaire descendit du siége.

— Monsieur, dit d'Artagnan, vous allez rendre la liberté à votre compagnon qui garde le cocher. Vous monterez sur vos chevaux, vous irez prendre rue Tiquetonne, hôtel de la Chevrette, mon cheval et celui de M. du Vallon, que vous sellerez et harnacherez en guerre, puis vous les sortirez de Paris en les conduisant en main, et vous vous rendrez au Cours-la-Reine. Si au Cours-la-Reine vous ne trouviez plus personne, vous pousseriez jusqu'à Saint-Germain. Service du roi.

Le mousquetaire porta la main à son chapeau et s'éloigna pour accomplir les ordres qu'il venait de recevoir.

D'Artagnan monta sur le siége.

Il avait une paire de pistolets à sa ceinture, un mousqueton sous ses pieds, son épée nue derrière lui.

La reine parut.

Derrière elle venaient le roi et M. le duc d'Anjou, son frère.

— Le carrosse de M. le coadjuteur! s'écria-t-elle en reculant d'un pas.

— Oui, madame, dit d'Artagnan; mais montez hardiment. C'est moi qui le conduis.

La reine poussa un cri de surprise et monta dans le carrosse.

Le roi et Monsieur montèrent après elle et s'assirent à ses côtés

— Venez, Laporte, dit la reine.

— Comment, madame! dit le valet de chambre, dans le même carrosse que Vos Majestés?

— Il ne s'agit pas ce soir de l'étiquette royale, mais du salut du roi. Montez, Laporte.

Laporte obéit.

— Fermez les mantelets, dit d'Artagnan.

— Mais cela n'inspirera-t-il pas de la défiance, monsieur? demanda la reine.

— Que Votre Majesté soit tranquille, dit d'Artagnan, j'ai ma réponse prête.

On ferma les mantelets et on partit au galop par la rue Richelieu.

En arrivant à la porte, le chef du poste s'avança à la tête d'une douzaine d'hommes et tenant une lanterne à la main.

D'Artagnan lui fit signe de s'approcher.

— Reconnaissez-vous la voiture? dit il au sergent.

— Non, répondit celui-ci.

— Regardez les armes.

Le sergent approcha sa lanterne du panneau.

— Ce sont celles de M. le coadjuteur, dit-il.

— Chut! il est en bonne fortune avec madame de Guéménée.

Le sergent se mit à rire.

— Ouvrez la porte, dit-il, je sais ce que c'est.

Puis s'approchant du mantelet baissé :

— Bien du plaisir, monseigneur, dit-il.

— Indiscret! cria d'Artagnan, vous me ferez chasser.

La barrière cria sur ses gonds, et d'Artagnan, voyant le chemin ouvert, fouetta vigoureusement ses chevaux, qui partirent au grand trot.

Cinq minutes après, on avait rejoint le carrosse du cardinal.

— Mousqueton, cria d'Artagnan, relevez les mantelets du carrosse de Sa Majesté.

— C'est lui! dit Porthos.

— En cocher! s'écria Mazarin.

— Et avec le carrosse du coadjuteur! dit la reine.

— Corpo di Dio! monsou d'Artagnan, dit Mazarin, vous valez votre pesant d'or!

CHAPITRE XI.

COMMENT D'ARTAGNAN ET PORTHOS GAGNÈRENT, L'UN DEUX CENT
DIX-NEUF, ET L'AUTRE DEUX CENT QUINZE LOUIS, A VENDRE
DE LA PAILLE.

Mazarin voulait partir à l'instant même pour Saint-Ger-
ain; mais la reine déclara qu'elle attendrait les personnes
auxquelles elle avait donné rendez-vous.

Seulement, elle offrit au cardinal la place de Laporte.

Le cardinal accepta, et passa d'une voiture dans l'autre.

Ce n'était pas sans raison que le bruit s'était répandu
que le roi devait quitter Paris dans la nuit; dix ou douze
personnes étaient dans le secret de cette fuite depuis six
heures du soir, et, si discrètes qu'elles eussent été, elles
n'avaient pu donner leurs ordres de départ sans que la
chose transpirât quelque peu.

D'ailleurs, chacune de ces personnes en avait deux auxquelles elle s'intéressait, et, comme on ne doutait point que
la reine ne quittât Paris avec de terribles projets de vengeance, chacun avait averti ses amis ou ses parents, de
sorte que la rumeur de ce départ courut comme une traînée
de poudre par les rues de la ville.

Le premier carrosse qui arriva après celui de la reine fut
le carrosse de M. le Prince.

Il contenait M. de Condé, madame la Princesse et madame la princesse douairière.

Toutes deux avaient été réveillées au milieu de la nuit et
ne savaient pas de quoi il était question.

Le second contenait M. le duc d'Orléans, madame la du-
chesse, la grande Mademoiselle et l'abbé de la Rivière, fa-
vori inséparable et conseiller intime du prince.

Le troisième contenait M. de Longueville et M. le prince
de Conti, frère et beau-frère de M. le Prince.

Ils mirent pied à terre, s'approchèrent du carrosse du
roi et de la reine et présentèrent leurs hommages à Sa Majesté.

La reine plongea son regard jusqu'au fond du carrosse, dont la portière était restée ouverte, et vit qu'il était
vide.

— Mais où donc est madame de Longueville? dit-
elle.

— En effet, où donc est ma sœur? demanda M. le
Prince.

— Madame de Longueville est souffrante, madame, répondit le duc, et elle m'a chargé de l'excuser près de Votre
Majesté.

Anne lança un coup d'œil rapide à Mazarin, qui répondit
par un signe imperceptible de tête.

— Qu'en dites-vous? demanda la reine.

— Je dis que c'est un otage pour les Parisiens, répondit
le cardinal.

— Pourquoi n'est-elle pas venue? demanda tout bas M. le
Prince à son frère.

— Silence! répondit celui-ci; sans doute elle a ses raisons.

— Elle nous perd! murmura le prince

— Elle nous sauve! dit Conti.

Les voitures arrivaient en foule.

Le maréchal de la Meilleraie, le maréchal de Villeroy,
Guitaut, Villequier, Commenges, vinrent à la file.

Les deux mousquetaires arrivèrent à leur tour tenant
les chevaux de d'Artagnan et de Porthos en main.

D'Artagnan et Porthos se mirent en selle.

Le cocher de Porthos remplaça d'Artagnan sur le siége
du carrosse royal.

Mousqueton remplaça le cocher, conduisant debout, pour
raisons à lui connues, et pareil à l'Automédon antique.

La reine, bien qu'occupée de mille détails, cherchait des
yeux d'Artagnan; mais le Gascon s'était déjà replongé dans
la foule avec sa prudence accoutumée.

— Faisons l'avant-garde, dit-il à Porthos, et ménageons-
nous de bons logements à Saint-Germain, car personne ne
songera à nous. Je me sens fort fatigué.

— Moi, dit Porthos, je tombe véritablement de sommeil.
Dire que nous n'avons pas eu la moindre bataille! Décidément, les Parisiens sont bien sots.

— Ne serait-ce pas plutôt que nous sommes bien habiles?
dit d'Artagnan.

— Peut-être.

— Et votre poignet, comment va-t-il?

— Mieux; mais croyez-vous que nous les tenons, cette
fois-ci?

— Quoi?

— Vous votre grade, et moi mon titre?

— Ma foi oui; je parierais presque. D'ailleurs, s'ils ne
se souviennent pas, je les ferai s'en souvenir.

— On entend la voix de la reine, dit Porthos. Je crois
qu'elle demande à monter à cheval.

— Oh! elle le voudrait bien, elle, mais...

— Mais quoi?

— Mais le cardinal ne veut pas, lui... Messieurs, continua d'Artagnan s'adressant aux deux mousquetaires, ac-
compagnez le carrosse de la reine et ne quittez pas les portières. Nous allons faire préparer les logis.

Et d'Artagnan piqua vers Saint-Germain, accompagné de
Porthos.

— Partons, messieurs, dit la reine.

Et le carrosse royal se mit en route, suivi de tous les autres carrosses et de plus de cinquante cavaliers...

On arriva à Saint-Germain sans accident.

En descendant du marchepied, la reine trouva M. le
Prince qui attendait debout et découvert pour lui offrir la
main.

— Quel réveil pour les Parisiens! dit Anne d'Autriche
radieuse.

— C'est la guerre! dit le prince.

— Eh bien! la guerre, soit. N'avons-nous pas avec nous
le vainqueur de Rocroy, de Nordlingen et de Lens?

Le prince s'inclina en signe de remerciment.

Il était trois heures du matin.

La reine entra la première dans le château; tout le monde
la suivit.

Deux cents personnes à peu près l'avaient accompagnée
dans sa fuite.

— Messieurs, dit la reine en riant, logez-vous dans le
château, il est vaste, et la place ne vous manquera point;
mais, comme on ne comptait pas y venir, on me prévient
qu'il n'y a en tout que trois lits: un pour le roi, un pour
moi...

— Et un pour Mazarin, dit tout bas M. le Prince.

— Et moi, je coucherai donc sur le plancher? dit Gaston
d'Orléans avec un sourire très-inquiet.

— Non, monseigneur, dit Mazarin, car le troisième lit est
destiné à Votre Altesse.

— Mais vous? demanda le prince.

— Moi, je ne me coucherai pas, dit Mazarin; j'ai à travailler.

Gaston se fit indiquer la chambre où était le lit, sans s'inquiéter de quelle façon se logeraient sa femme et sa fille.

. — Eh bien ! moi, je me coucherai, dit d'Artagnan. Venez avec moi, Porthos.

Porthos suivit d'Artagnan avec cette profonde confiance qu'il avait dans l'intellect de son ami...

Ils marchaient l'un à côté de l'autre sur la place du château, Porthos regardant avec des yeux ébahis d'Artagnan qui calculait sur ses doigts.

— Quatre cents, à une pistole la pièce, font quatre cents pistoles.

— Oui, disait Porthos, quatre cents pistoles; mais qu'est-ce qui fait quatre cents pistoles?

—Oui, ils sont deux cents, et il en faut au moins deux par personne

— Une pistole n'est pas assez, continua d'Artagnan; cela vaut un louis. Quatre cents, à un louis, font quatre cents louis.

— Quatre cents? dit Porthos.

— Oui, ils sont deux cents; et il en faut au moins deux par personne. A deux personnes, cela fait quatre cents.

— Mais quatre cents quoi?

— Écoutez, dit d'Artagnan.

Et, comme il y avait là toutes sortes de gens qui regardaient dans l'ébahissement l'arrivée de la cour, il acheva sa phrase tout bas à l'oreille de Porthos.

— Je comprends, dit Porthos, je comprends à merveille, par ma foi. Deux cents louis chacun, c'est joli, mais que dira-t-on?

— On dira ce qu'on voudra; d'ailleurs, saura-t-on que c'est nous?

— Mais qui se chargera de la distribution ?

— Mousqueton n'est-il pas là ?

— Et ma livrée ! dit Porthos. On reconnaîtra ma livrée !

— Il retournera son habit.

— Vous avez toujours raison, mon cher, s'écria Porthos ;

mais où diable puisez-vous donc toutes les idées que vous avez ?

D'Artagnan sourit..

Les deux amis prirent la première rue qu'ils rencontrèrent.

Porthos frappa à la porte de la maison de droite,

J. A. BEAUCE.   PISAN.

D'Artagnan, portant trois bottes de paille, s'en retourna au château. — PAGE 66.

tandis que d'Artagnan frappait à la porte de la maison de gauche.

— De la paille, dirent-ils.

— Monsieur, nous n'en avons pas, répondirent les gens qui vinrent ouvrir, mais adressez-vous au marchand de fourrages

— Et où est-il le marchand de fourrages ?

— La dernière grande porte de la rue.

— A droite ou à gauche ?

— A gauche.

— Et y a-t-il encore à Saint-Germain d'autres gens chez lesquels on en pourrait trouver ?

— Il y a l'auberge du Mouton couronné et Gros-Louis le fermier.

— Où demeurent-ils?

— Rue des Ursulines.

— Tous deux?

— Oui.

— Très-bien.

Les deux amis se firent indiquer la seconde et la troisième adresse aussi exactement qu'ils s'étaient fait indiquer la première, puis d'Artagnan se rendit chez le marchand de fourrages et traita avec lui de cent cinquante bottes de paille qu'il possédait, moyennant la somme de trois pistoles.

Il se rendit ensuite chez l'aubergiste, où il trouva Porthos qui venait de traiter de deux cents bottes pour une somme à peu près pareille.

Enfin le fermier Louis en mit cent quatre-vingts à leur disposition.

Cela faisait un total de quatre cent trente.

Saint-Germain n'en avait pas davantage.

Toute cette râfle ne leur prit pas plus d'une demi-heure.

Mousqueton, dûment éduqué, fut mis à la tête de ce commerce improvisé.

On lui recommanda de ne pas laisser sortir de ses mains un fétu de paille au-dessous d'un louis la botte; on lui en confiait pour quatre cent trente louis.

Mousqueton secouait la tête et ne comprenait rien à la spéculation des deux amis.

D'Artagnan, portant trois bottes de paille, s'en retourna au château, où chacun, grelottant de froid et tombant de sommeil, regardait envieusement le roi, la reine et Monsieur sur leurs lits de camp.

L'entrée de d'Artagnan dans la grande salle produisit un éclat de rire universel; mais d'Artagnan n'eut pas même l'air de s'apercevoir qu'il était l'objet de l'attention générale, et se mit à disposer avec tant d'habileté, d'adresse et de gaieté, sa couche de paille, que l'eau en venait à la bouche à tous ces pauvres endormis qui ne pouvaient dormir.

— De la paille! s'écrièrent-ils, de la paille! où trouve-t-on de la paille?

— Je vais vous conduire, dit Porthos.

Et il conduisit les amateurs à Mousqueton, qui distribuait généreusement les bottes à un louis la pièce.

On trouva bien que c'était un peu cher, mais, quand on a grande envie de dormir, qui est-ce qui ne payerait pas deux ou trois louis quelques heures d'un bon sommeil?

D'Artagnan cédait à chacun son lit, qu'il commença dix fois de suite. et, comme il était censé avoir payé comme les autres sa botte de paille un louis, il empocha ainsi une trentaine de louis dans moins d'une demi-heure.

A cinq heures du matin, la paille valait quatre-vingts livres la botte, et encore n'en trouvait-on plus.

D'Artagnan avait eu le soin d'en mettre quatre bottes de côté pour lui; il prit dans sa poche la clef du cabinet où il les avait cachées, et, accompagné de Porthos, s'en retourna compter avec Mousqueton, qui, naïvement et comme un digne intendant qu'il était, leur remit quatre cent trente louis et garda encore cent louis pour lui.

Mousqueton, qui ne savait rien de ce qui s'était passé au château, ne comprenait pas comment l'idée de vendre de la paille ne lui était pas venue plus tôt.

D'Artagnan mit l'or dans son chapeau, et tout en revenant fit son compte avec Porthos.

Il leur revenait à chacun deux cent quinze louis.

Porthos alors seulement s'aperçut qu'il n'avait pas de paille pour son compte.

Il retourna auprès de Mousqueton, mais Mousqueton avait vendu jusqu'à son dernier fétu, ne gardant rien pour lui-même.

Il revint alors trouver d'Artagnan, lequel, grâce à ses quatre bottes de paille, était en train de confectionner, et

en le savourant d'avance avec délice, un lit si moelleux, si bien rembourré à la tête, si bien couvert au-pied, que ce lit aurait fait envie au roi lui-même, si le roi n'eût pas si bien dormi dans le sien.

D'Artagnan à aucun prix ne voulut déranger son lit pour Porthos, mais, moyennant quatre louis que celui-ci lui compta, il consentit à ce que Porthos couchât avec lui.

Il rangea son épée à son chevet, posa ses pistolets à son côté, étendit son manteau à ses pieds, plaça son feutre sur son manteau et s'étendit voluptueusement sur la paille qui craquait.

Déjà il caressait les doux rêves qu'engendre la possession de deux cent dix-neuf louis gagnés en un quart d'heure, quand une voix retentit à la porte de la salle et le fit bondir.

— Monsieur d'Artagnan! criait-elle, monsieur d'Artagnan!

— Ici! dit Porthos, ici!

Porthos comprenait que, si d'Artagnan s'en allait, le lit lui resterait à lui tout seul.

Un officier s'approcha.

D'Artagnan se souleva sur son coude.

— C'est vous qui êtes monsieur d'Artagnan? dit-il.

— Oui, monsieur. Que me voulez-vous?

— Je viens vous chercher.

— De quelle part?

— De la part de Son Eminence.

— Dites à monseigneur que je vais dormir et que je lui conseille d'en faire autant.

— Son Eminence ne s'est pas couchée et ne se couchera pas, et elle vous demande à l'instant même.

— La peste étouffe le Mazarin, qui ne sait pas dormir à propos! murmura d'Artagnan. Que me veut-il? Est-ce pour me faire capitaine? en ce cas, je lui pardonne.

Et le mousquetaire se leva tout en grommelant, prit son épée, son chapeau, ses pistolets et son manteau, puis suivit l'officier, tandis que Porthos, resté seul et unique possesseur du lit, essayait d'imiter les belles dispositions de son ami.

— Monsou d'Artagnan, dit le cardinal en apercevant celui qu'il venait d'envoyer chercher si mal à propos, je n'ai point oublié avec quel zèle vous m'avez servi, et je vais vous en donner une preuve.

— Bon! pensa d'Artagnan, cela s'annonce bien.

Mazarin regardait le mousquetaire et vit sa figure s'épanouir.

— Ah! monseigneur...

— Monsieur d'Artagnan, dit-il, avez-vous bien envie d'être capitaine?

— Oui, monseigneur.

— Et votre ami, désire-t-il toujours être baron?

— En ce moment-ci, monseigneur, il rêve qu'il l'est!

— Alors, dit Mazarin tirant d'un portefeuille la lettre qu'il avait déjà montrée à d'Artagnan, prenez cette dépêche et portez-la en Angleterre.

D'Artagnan regarda l'enveloppe; il n'y avait point d'adresse.

— Ne puis-je savoir à qui je dois la remettre?

— En arrivant à Londres, vous le saurez; à Londres seulement vous déchirerez la double enveloppe.

— Et quelles sont mes instructions?

— D'obéir en tout point à celui à qui cette lettre est adressée.

D'Artagnan allait faire de nouvelles questions, lorsque Mazarin ajouta:

Vous partez pour Boulogne, vous trouverez, aux *Armes d'Angleterre,* un jeune gentilhomme nommé M. Mordaunt.

— Oui, monseigneur; et que dois-je faire de ce gentilhomme?

— Le suivre jusqu'où il vous mènera.

D'Artagnan regarda le cardinal d'un air stupéfait.

— Vous voilà renseigné, dit Mazarin, allez!

— Allez, c'est bien facile à dire, reprit d'Artagnan, mais pour aller il faut de l'argent, et je n'en ai pas.

— Ah! dit Mazarin en se grattant l'oreille, vous dites que vous n'avez pas d'argent?

— Non, monseigneur.

— Mais ce diamant que je vous donnai hier soir?

— Je désire le conserver comme un souvenir de Votre Eminence.

Mazarin soupira.

— Il fait cher vivre en Angleterre, monseigneur, et surtout comme envoyé extraordinaire.

— Hein! fit Mazarin, c'est un pays fort sobre et qui vit de simplicité depuis la révolution, mais n'importe.

Il ouvrit un tiroir et prit une bourse.

— Que dites-vous de ces mille écus?

D'Artagnan avança la lèvre inférieure d'une façon démesurée.

— Je dis, monseigneur, que c'est peu, car je ne partirai certainement pas seul.

— J'y compte bien, répondit Mazarin, M. du Vallon vous accompagnera, le digne gentilhomme; car après vous, mon cher monsou d'Artagnan, c'est bien certainement l'homme de France que j'aime et estime le plus.

— Alors, monseigneur, dit d'Artagnan en montrant la bourse que Mazarin n'avait point lâchée, alors, si vous l'aimez et l'estimez tant, vous comprenez...

— Soit! à sa considération, j'ajouterai deux cents écus.

— Ladre! murmura d'Artagnan. Mais à notre retour, au moins, ajouta-t-il tout haut, nous pourrons compter, n'est-ce pas, M. Porthos sur sa baronnie, et moi sur mon grade?

— Foi de Mazarin!

— J'aimerais mieux un autre serment, se dit tout bas d'Artagnan.

Puis tout haut:

— Ne puis-je, dit-il, presenter mes respects à Sa Majesté la reine?

— Sa Majeste dort, répondit vivement Mazarin, et il faut que vous partiez sans délai; allez donc, monsieur.

— Encore un mot, monseigneur; si l'on se bat où je vais, me battrai-je?

— Vous ferez tout ce que vous ordonnera la personne à laquelle je vous adresse.

— C'est bien, monseigneur, dit d'Artagnan en allongeant la main pour recevoir le sac, et je vous présente tous mes respects.

D'Artagnan mit lentement le sac dans sa large poche, et se retournant vers l'officier:

— Monsieur, lui dit-il, voulez-vous bien aller réveiller à son tour M. du Vallon de la part de Son Eminence, et lui dire que je l'attends aux écuries.

L'officier partit aussitôt avec un empressement qui parut à d'Artagnan avoir quelque chose d'intéressé.

Porthos venait de s'étendre à son tour dans son lit, et il commençait à ronfler harmonieusement, selon son habitude, lorsqu'il sentit qu'on lui frappait sur l'épaule.

Il crut que c'était d'Artagnan et ne bougea point.

— De la part du cardinal, dit l'officier.

— Hein! dit Porthos en ouvrant de grands yeux, que dites-vous?

— Je dis que Son Eminence vous envoie en Angleterre, et que M. d'Artagnan vous attend aux écuries.

Porthos poussa un profond soupir, se leva, prit son feutre, ses pistolets, son épée et son manteau, et sortit en jetant un regard de regret sur le lit dans lequel il s'était promis de si bien dormir.

A peine avait-il le dos tourné, que l'officier y était installé, et il n'avait point passé le seuil de la porte, que son successeur, à son tour, ronflait à tout rompre.

C'était bien naturel, il était le seul dans toute cette assemblée, avec le roi, la reine et monseigneur Gaston d'Orléans, qui dormit gratis.

CHAPITRE XII.

ON A DES NOUVELLES D'ATHOS ET D'ARAMIS.

D'Artagnan s'était rendu droit aux écuries.

Le jour venait de paraître; il reconnut son cheval et celui de Porthos attachés au râtelier, mais au râtelier vide.

Il eut pitié de ces pauvres animaux, et s'achemina vers un coin de l'écurie où il voyait reluire un peu de paille, échappée sans doute à la razzia de la nuit, mais en rassemblant cette paille avec le pied, le bout de sa botte rencontra un corps rond qui, touché sans doute à un endroit sensible, poussa un cri et se releva sur ses genoux en se frottant les yeux.

C'était Mousqueton qui, n'ayant plus de paille pour lui-même, s'était accommodé de celle des chevaux.

— Mousqueton, dit d'Artagnan, allons, en route! en route!

— Mousqueton, dit d'Artagnan, allons, en route! en route!

Mousqueton, en reconnaissant la voix de l'ami de son maître, se leva précipitamment, et, en se relevant, laissa choir quelques-uns des louis gagnés illégalement pendant la nuit.

— Oh! oh! dit d'Artagnan en ramassant un louis et en le flairant, voilà de l'or qui a une drôle d'odeur, il sent la paille.

Mousqueton rougit si honnêtement et parut si fort embarrassé, que le Gascon se mit à rire et lui dit.

— Porthos se mettrait en colère, mon cher monsieur Mouston, mais moi je vous pardonne; seulement, rappelons-nous que cet or doit nous servir de topique pour notre blessure, et soyons gai, allons !

Mousqueton prit à l'instant même une figure des plus hilares, sella avec activité le cheval de son maître et monta le sien sans trop faire la grimace.

Sur ces entrefaites, Porthos arriva avec une figure fort

maussade, et fut on ne peut pas plus étonné de trouver d'Artagnan résigné et Mousqueton presque joyeux.

— Ah çà ! dit-il, nous avons donc, vous votre grade, et moi ma baronnie ?

— Nous allons en chercher les brevets, dit d'Artagnan, et, à notre retour, maître Mazarini les signera.

Autour d'un carrosse brisé en morceaux, le peuple vociférait des imprécations.

— Et où allons-nous ? demanda Porthos.

— A Paris d'abord, répondit d'Artagnan, j'y veux régler quelques affaires.

— Allons à Paris, dit Porthos.

Et tous deux partirent pour Paris.

En arrivant aux portes, ils furent étonnés de voir l'attitude menaçante de la capitale.

Autour d'un carrosse brisé en morceaux, le peuple vociférait des imprécations, tandis que les personnes qui avaient voulu fuir étaient prisonnières.

C'étaient un vieillard et deux femmes.

Lorsqu'au contraire d'Artagnan et Porthos demandèrent l'entrée, il n'est sorte de caresses qu'on leur fit.

On les prenait pour des déserteurs du parti royaliste, et on voulait se les attacher.

— Que fait le roi? demanda-t-on

— Il dort.

— Et l'Espagnole?

— Elle rêve.

— Et l'Italien maudit

— Il veille. Ainsi, tenez-vous ferme; car, s'ils sont partis, c'est bien certainement pour quelque chose. Mais comme, au bout du compte, vous êtes les plus forts, continua d'Artagnan, ne vous acharnez pas après des femmes et des vieillards, laissez aller ces dames, et prenez-vous-en aux causes véritables.

Le peuple entendit ces paroles avec plaisir et laissa aller les dames, qui remercièrent d'Artagnan par un éloquent regard.

— Maintenant, en avant! dit d'Artagnan.

Et ils continuèrent leur chemin, traversant les barricades, enjambant les chaines, poussant, poussés, interrogés, interrogeant.

A la place du Palais-Royal, d'Artagnan vit un sergent qui faisait faire l'exercice à cinq ou six cents bourgeois.

C'était Planchet qui utilisait, au profit de la milice urbaine, ses souvenirs du régiment du Piémont.

En passant devant d'Artagnan, il reconnut son ancien maître.

— Bonjour, monsieur d'Artagnan, dit Planchet d'un air fier.

— Bonjour, monsieur Dulaurier, répondit d'Artagnan.

Planchet s'arrêta court, fixant sur d'Artagnan de grands yeux ébahis.

Le premier rang voyant son chef s'arrêter, s'arrêta à son tour, ainsi de suite jusqu'au dernier.

— Ces bourgeois sont affreusement ridicules! dit d'Artagnan à Porthos.

Et il continua son chemin.

Cinq minutes après, ils mettaient pied à terre à l'hôtel de la Chevrette.

La belle Madeleine se précipita au-devant de d'Artagnan.

— Ma chère madame Turquaine, dit d'Artagnan, si vous avez de l'argent, enfouissez-le vite; si vous avez des bijoux, cachez-les promptement; si vous avez des débiteurs, faites-vous payer; si vous avez des créanciers, ne les payez pas.

— Pourquoi cela? demanda Madeleine.

— Parce que Paris va être réduit en cendres, ni plus ni moins que Babylone, dont vous avez sans doute entendu parler.

— Et vous me quittez dans un pareil moment?

— A l'instant même, dit d'Artagnan.

— Et où allez-vous?

— Ah! si vous pouvez me le dire, vous me rendrez un véritable service.

— Ah! mon Dieu! mon Dieu!

— Avez-vous des lettres pour moi? demanda d'Artagnan en faisant signe de la main à son hôtesse qu'elle devait s'épargner des lamentations, attendu que les lamentations seraient superflues.

— Il y en a une qui vient justement d'arriver.

Et elle donna la lettre à d'Artagnan.

— D'Athos! s'écria d'Artagnan en reconnaissant l'écriture ferme et allongée de leur ami.

— Ah! fit Porthos, voyons un peu quelles choses il dit.

D'Artagnan ouvrit la lettre et lut:

« Cher d'Artagnan, cher du Vallon, mes bons amis, peut-être recevez-vous de mes nouvelles pour la dernière fois.

« Aramis et moi nous sommes bien malheureux; mais Dieu, notre courage et le souvenir de notre amitié nous soutiennent.

« Pensez bien à Raoul.

« Je vous recommande les papiers qui sont à Blois, et dans deux mois et demi, si vous n'avez pas reçu de nos nouvelles, prenez-en connaissance.

« Embrassez le vicomte de tout votre cœur pour votre ami dévoué.

« Athos. »

— Je le crois pardieu bien, que je l'embrasserai! dit d'Artagnan; avec cela qu'il est sur notre route, et, s'il a le malheur de perdre notre pauvre Athos, de ce jour il devient mon fils.

— Et moi, dit Porthos, je le fais mon légataire universel.

— Voyons, que dit encore Athos?

« Si vous rencontrez de par les routes un M. Mordaunt, défiez-vous-en.

« Je ne puis vous en dire davantage dans ma lettre. »

— M. Mordaunt! dit avec surprise d'Artagnan.

— M. Mordaunt! c'est bon, dit Porthos, on s'en souviendra. Mais, voyez donc, il y a un post-scriptum d'Aramis.

— En effet, dit d'Artagnan.

Et il lut:

« Nous vous cachons le lieu de notre séjour, chers amis, connaissant votre dévouement fraternel, et sachant bien que vous viendriez mourir avec nous. »

— Sacrebleu! interrompit Porthos avec une explosion de colère qui fit bondir Mousqueton à l'autre bout de la chambre, sont-ils donc en danger de mort?

D'Artagnan continua:

« Athos vous lègue Raoul, et moi je vous lègue une vengeance.

« Si vous mettez par bonheur la main sur un certain Mordaunt, dites à Porthos de l'emmener dans un coin et de lui tordre le cou.

« Je n'ose vous en dire davantage dans une lettre.

« Aramis. »

— Si ce n'est que cela, dit Porthos, c'est facile à faire.

— Au contraire, dit d'Artagnan d'un air sombre, c'est impossible.

— Et pourquoi cela?

— C'est justement ce M. Mordaunt que nous allons rejoindre à Boulogne, et avec lequel nous passons en Angleterre.

— Eh bien! si au lieu d'aller rejoindre ce M. Mordaunt, nous allions rejoindre nos amis? dit Porthos avec un geste capable d'épouvanter une armée.

— J'y ai bien pensé, dit d'Artagnan; mais la lettre n'a ni date ni timbre.

— C'est juste, dit Porthos.

Et il se mit à errer dans la chambre comme un homme égaré, gesticulant et tirant à tout moment son épée au tiers du fourreau.

Quant à d'Artagnan, il restait debout comme un homme consterné, et la plus profonde affliction se peignait sur son visage.

— Ah! c'est mal, disait-il; Athos nous insulte; il veut mourir seul, c'est mal.

Mousqueton, voyant ces deux grands désespoirs, fondait en larmes dans son coin.

— Allons, dit d'Artagnan, tout cela ne mène à rien. Partons, allons embrasser Raoul comme nous avons dit, et peut-être aura-t-il reçu des nouvelles d'Athos.

— Tiens, c'est une idée, dit Porthos; en vérité mon cher d'Artagnan, je ne sais pas comment vous faites, mais vous êtes plein d'idées. Allons embrasser Raoul.

— Gare à celui qui regarderait mon maître de travers en ce moment, dit Mousqueton, je ne donnerais pas un denier de sa peau.

On monta à cheval et l'on partit.

En arrivant à la rue Saint-Denis, les amis trouvèrent un grand concours de peuple.

C'était M. de Beaufort qui venait d'arriver du Vendômois, et que le coadjuteur montrait aux Parisiens émerveillés et joyeux.

Avec M. de Beaufort, ils se regardaient désormais comme invincibles.

Les deux amis prirent par une petite rue pour ne pas rencontrer le prince, et gagnèrent la barrière Saint-Denis.

— Est-il vrai, dirent les gardes aux deux cavaliers, que M. de Beaufort est arrivé dans Paris?

— Rien de plus vrai, dit d'Artagnan, et la preuve, c'est qu'il nous envoie au-devant de M. de Vendôme, son père, qui va arriver à son tour.

— Vive M. de Beaufort! crièrent les gardes.

Et ils s'écartèrent respectueusement pour laisser passer les envoyés du grand prince.

Une fois hors barrière, la route fut dévorée par ces gens qui ne connaissaient ni fatigue ni découragement; leurs chevaux volaient, et eux ne cessaient de parler d'Athos et d'Aramis.

Mousqueton souffrait tous les tourments imaginables, mais l'excellent serviteur se consolait en pensant que ses deux maîtres éprouvaient bien d'autres souffrances.

Car il était arrivé à regarder d'Artagnan comme son second maître, et il lui obéissait même plus promptement et plus correctement qu'à Porthos.

Le camp était entre Saint-Omer et Lambe.

Les deux amis firent un crochet jusqu'au camp, et apprirent en détail à l'armée la nouvelle de la fuite du roi et de la reine, qui était arrivée sourdement jusque-là.

Ils trouvèrent Raoul près de sa tente, couché sur une botte de foin dont son cheval tirait quelques bribes à la dérobée.

Le jeune homme avait les yeux rouges et semblait abattu.

Le maréchal de Grammont et le comte de Guiche étaient revenus à Paris, et le pauvre enfant se trouvait tout isolé.

Au bout d'un instant, Raoul leva les yeux et vit les deux cavaliers qui le regardaient; il les reconnut et courut à eux les bras ouverts.

— Oh! c'est vous, chers amis, s'écria-t-il, me venez-vous chercher? m'emmenez-vous avec vous? m'apportez-vous des nouvelles de mon tuteur?

— N'en avez-vous donc point reçu? demanda d'Artagnan au jeune homme.

— Hélas! non, monsieur, et je ne sais en vérité ce qu'il est devenu. De sorte, oh! de sorte que je suis inquiet à en pleurer.

Et effectivement, deux grosses larmes roulaient sur les joues brunies du jeune homme.

Porthos détourna la tête pour ne pas laisser voir sur sa bonne grosse figure ce qui se passait dans son cœur.

— Que diable! dit d'Artagnan plus remué qu'il ne l'avait été depuis bien longtemps, ne vous désespérez point, mon ami; si vous n'avez pas reçu de lettres du comte, nous avons reçu, nous... une...

— Oh! vraiment? s'écria Raoul.

— Et bien rassurante même, dit d'Artagnan en voyant la joie que cette nouvelle causait au jeune homme.

— L'avez-vous? demanda Raoul.

— Oui; c'est-à-dire je l'avais, dit d'Artagnan en faisant semblant de chercher; attendez, elle doit être là, dans ma poche; il me parle de son retour, n'est-ce pas, Porthos?

Tout Gascon qu'il était, d'Artagnan ne voulait pas prendre à lui seul le fardeau de ce mensonge.

— Oui, dit Porthos en toussant.

— Oh! donnez-la-moi, dit le jeune homme.

— Eh! je la lisais encore tantôt. Est-ce que je l'aurais perdue? Ah! pécaïre, ma poche est percée.

— Oh! oui, monsieur Raoul, dit Mousqueton, et la lettre était même très-consolante; ces messieurs me l'ont lue, et j'en ai pleuré de joie.

— Mais au moins, monsieur d'Artagnan, vous savez où il est? demanda Raoul à moitié rasséréné.

— Ah! voilà, dit d'Artagnan, certainement que je le sais, pardieu! mais c'est un mystère.

— Pas pour moi, j'espère.

— Non pas pour vous, aussi je vais vous dire où il est.

Porthos regardait d'Artagnan avec ses grands yeux étonnés.

— Où diable vais-je dire qu'il est pour qu'il n'essaye pas d'aller le rejoindre? murmurait d'Artagnan.

— Eh bien! où est-il, monsieur? demanda Raoul de sa voix douce et caressante.

— Il est à Constantinople!

— Chez les Turcs! s'écria Raoul effrayé. Bon Dieu! que me dites-vous là?

— Eh bien! cela vous fait peur? dit d'Artagnan. Bah! qu'est-ce que les Turcs pour des hommes comme le comte de la Fère et l'abbé d'Herblay!

— Ah! son ami est avec lui? dit Raoul; cela me rassure un peu.

— A-t-il de l'esprit, ce démon de d'Artagnan! disait Porthos tout émerveillé de la ruse de son ami.

— Maintenant, dit d'Artagnan, pressé de changer le sujet de la conversation, voilà cinquante pistoles que M. le comte vous envoyait par le même courrier. Je présume que vous n'avez plus d'argent et qu'elles sont les bienvenues.

— J'ai encore vingt pistoles, monsieur.

— Eh bien! prenez toujours, cela vous en fera soixante-dix.

— Et si vous en voulez davantage... dit Porthos mettant la main à son gousset.

— Merci, dit Raoul en rougissant, merci mille fois, monsieur.

En ce moment Olivain parut à l'horizon.

— A propos, dit d'Artagnan de manière à ce que le laquais l'entendît, êtes-vous content d'Olivain?

— Oui, assez comme cela.

Olivain fit semblant de n'avoir rien entendu et entra dans la tente.

— Que lui reprochez-vous, à ce drôle-là?
— Il est gourmand, dit Raoul.
— Oh! monsieur! fit Olivain reparaissant à cette accusation.

— Il est un peu voleur
— Oh! monsieur, oh!
— Et surtout il est fort poltron.
— Oh! oh! oh! monsieur, vous me déshonorez! dit Olivain.

— Peste! dit d'Artagnan, apprenez, maître Olivain, que

Ils trouvèrent Raoul, près de sa tente, couché sur une botte de foin, dont son cheval tirait quelques brins à la dérobée.—PAGE 71.

des gens tels que nous ne se font pas servir par des poltrons. Volez votre maître, mangez ses confitures et buvez son vin; mais, cap de Diou! ne soyez pas poltron, ou je vous coupe les oreilles. Regardez M. Mouston, dites-lui de vous montrer les blessures honorables qu'il a reçues, et voyez ce que sa bravoure habituelle a mis de dignité sur son visage.

Mousqueton était au troisième ciel et eût embrassé d'Ar-

tagnan s'il l'eût osé; en attendant, il se promettait de se faire tuer pour lui si l'occasion se présentait jamais.

— Renvoyez ce drôle, Raoul, dit d'Artagnan, car, s'il est poltron, il se déshonorera quelque jour.

— Monsieur dit que je suis poltron, s'écria Olivain, parce qu'il a voulu se battre l'autre jour avec un cornette du régiment de Grammont, et que j'ai refusé de l'accompagner.

— Monsieur Olivain, un laquais ne doit jamais désobéir, dit sévèrement d'Artagnan.

Et le tirant à l'écart :

— Tu as bien fait, dit-il, si ton maître avait tort, et voici un écu pour toi ; mais s'il est jamais insulté et que tu ne te fasses pas couper en quartier près de lui, je te coupe la langue et je t'en balaye la figure. Retiens bien ceci.

Olivain s'inclina et mit l'écu dans sa poche.

— Et maintenant, ami Raoul, dit d'Artagnan, nous partons, M. du Vallon et moi, comme ambassadeurs. Je ne puis

— Monsieur Olivain, un laquais ne doit jamais désobéir, dit sévèrement d'Artagnan.

vous dire dans quel but, je n'en sais rien moi-même ; mais, si vous avez besoin de quelque chose, écrivez à madame Madelon Turquaine, à la Chevrette, rue Tiquetonne, et tirez sur cette caisse comme sur celle d'un banquier, avec ménagement toutefois, car je vous préviens qu'elle n'est pas tout à fait si bien garnie que celle de M. d'Emery.

Et, ayant embrassé son pupille par intérim, il le passa aux robustes bras de Porthos, qui l'enlevèrent de terre et le tinrent un moment suspendu sur le noble cœur du redoutable géant.

— Allons, dit d'Artagnan, en route !

Et ils repartirent pour Boulogne, où vers le soir ils arrêtèrent leurs chevaux trempés de sueur et blancs d'écume.

A dix pas de l'endroit où ils faisaient halte avant d'en

trer en ville, était un jeune homme vêtu de noir qui paraissait attendre quelqu'un, et qui, du moment où il les avait vus paraître, n'avait point cessé d'avoir les yeux fixés sur eux.

D'Artagnan s'approcha de lui, et voyant que son regard ne le quittait pas :

— Hé, dit-il, l'ami, je n'aime pas qu'on me toise.

— Monsieur, dit le jeune homme sans répondre à l'interpellation de d'Artagnan, ne venez-vous pas de Paris, s'il vous plaît ?

D'Artagnan pensa que c'était un curieux qui désirait avoir des nouvelles de la capitale.

— Oui, monsieur, dit-il d'un ton plus radouci.

— Ne devez-vous pas loger aux Armes d'Angleterre ?

— Oui, monsieur.

— N'êtes-vous pas chargé d'une mission de la part de Son Eminence M. le cardinal de Mazarin ?

— Oui, monsieur.

— En ce cas, dit le jeune homme, c'est à moi que vous avez affaire, je suis M. Mordaunt.

— Ah ! dit tout bas d'Artagnan, celui dont Athos me dit de me défier.

— Ah ! murmura Porthos, celui qu'Aramis veut que j'étrangle.

Tous deux regardèrent attentivement le jeune homme. Celui-ci se trompa à l'expression de leur regard.

— Douteriez-vous de ma parole ? dit-il ; en ce cas, je suis prêt à vous donner toute preuve.

— Non, monsieur, dit d'Artagnan, et nous nous mettons à votre disposition.

— Eh bien ! messieurs, dit Mordaunt, nous partirons sans retard. Car c'est aujourd'hui le dernier jour de délai que m'avait demandé le cardinal. Mon bâtiment est prêt, et, si vous n'étiez venus, j'allais partir sans vous, car le général Olivier Cromwell doit attendre mon retour avec impatience.

— Ah ! ah ! dit d'Artagnan, c'est donc au général Olivier Cromwell que nous sommes dépêchés ?

— N'avez-vous donc pas une lettre pour lui ? demanda le jeune homme.

— J'ai une lettre dont je ne devais rompre la double enveloppe qu'à Londres ; mais, puisque vous me dites à qui elle est adressée, il est inutile que j'attende jusque-là.

D'Artagnan déchira l'enveloppe de la lettre

Elle était en effet adressée :

« A monsieur Olivier Cromwell, général des troupes de la nation anglaise. »

— Ah ! fit d'Artagnan, singulière commission !

— Qu'est-ce que ce M. Olivier Cromwell ? demanda tout bas Porthos.

— Un ancien brasseur, répondit d'Artagnan.

— Est-ce que le Mazarin voudrait faire une spéculation sur la bière comme nous en avons fait une sur la paille ? demanda Porthos.

— Allons, allons, messieurs, dit Mordaunt impatient, partons.

— Oh ! oh ! dit Porthos, sans souper ? Est-ce que M. Cromwell ne peut pas bien attendre un peu ?

— Oui, mais moi, dit Mordaunt.

— Eh bien ! vous, dit Porthos, après ?

— Moi, je suis pressé.

— Oh ! si c'est pour vous, dit Porthos, la chose ne me regarde pas, et je souperai avec votre permission ou sans votre permission.

Le regard vague du jeune homme s'enflamma et parut prêt à jeter un éclair, mais il se contint.

— Monsieur, continua d'Artagnan, il faut excuser des voyageurs affamés. D'ailleurs, notre souper ne vous retardera pas beaucoup. Nous allons piquer jusqu'à l'auberge, allez à pied jusqu'au port, nous mangeons un morceau et nous y sommes en même temps que vous.

— Tout ce qu'il vous plaira, messieurs, pourvu que nous partions, dit Mordaunt.

— C'est bien heureux ! murmura Porthos.

— Le nom du bâtiment ? demanda d'Artagnan

— Le *Standard*.

— C'est bien. Dans une demi-heure nous serons à bord.

Et tous deux donnant de l'éperon à leurs chevaux, piquèrent vers l'hôtel des Armes d'Angleterre.

— Que dites-vous de ce jeune homme ? demanda d'Artagnan tout en courant.

— Je dis qu'il ne me revient pas du tout, dit Porthos, et que je me suis senti une rude démangeaison de suivre le conseil d'Aramis.

— Gardez-vous-en, mon cher Porthos ; cet homme est un envoyé du général Cromwell, et ce serait une façon de nous faire pauvrement recevoir, je crois, que de lui annoncer que nous avons tordu le cou à son confident.

— C'est égal, dit Porthos, j'ai toujours remarqué qu'Aramis était homme de bon conseil.

— Ecoutez, dit d'Artagnan, quand notre ambassade sera finie...

— Après ?

— S'il nous reconduit en France..

— Eh bien ?

— Eh bien ! nous verrons.

Les deux amis arrivèrent sur ce à l'hôtel des Armes d'Angleterre, où ils soupèrent de grand appétit, puis incontinent ils se rendirent sur le port.

Un brick était prêt à mettre à la voile, et, sur le pont de ce brick, ils reconnurent Mordaunt, qui se promenait avec impatience.

— C'est incroyable, disait d'Artagnan, tandis que la barque le conduisait à bord du *Standard*, c'est étonnant comme ce jeune homme ressemble à quelqu'un que j'ai connu, mais je ne puis dire à qui.

Ils arrivèrent à l'escalier, et un instant après ils furent embarqués.

Mais l'embarquement des chevaux fut plus long que celui des hommes, et le brick ne put lever l'ancre qu'à huit heures du soir.

Le jeune homme trépignait d'impatience et commandait que l'on couvrît les mâts de voiles.

Porthos, éreinté de trois nuits sans sommeil et d'une route de soixante-dix lieues faites à cheval, s'était retiré dans sa cabine et dormait.

D'Artagnan, surmontant sa répugnance pour Mordaunt, se promenait avec lui sur le pont et faisait cent contes pour le forcer à parler.

Mousqueton avait le mal de mer.

CHAPITRE XIII.

L'ÉCOSSAIS, PARJURE A SA FOI,

POUR UN DENIER VENDIT SON ROI.

Et maintenant, il faut que nos lecteurs laissent voguer tranquillement le *Standard*, non pas vers Londres, où d'Artagnan et Porthos croient aller, mais vers Durham, où des lettres reçues d'Angleterre pendant son séjour à Boulogne avaient ordonné à Mordaunt de se rendre, et nous suivre au camp royaliste, situé en deçà de la Tyne, auprès de la ville de Newcastle.

C'est là, placées entre deux rivières, sur la frontière d'Ecosse, mais sur le sol d'Angleterre, que s'étalent les tentes d'une petite armée.

Il est minuit.

Des hommes qu'on peut reconnaître, à leurs jambes nues, à leurs jupes courtes, à leurs plaids bariolés et à la plume qui décore leur bonnet, pour des higlanders, veillent nonchalamment.

La lune, qui glisse entre de gros nuages, éclaire à chaque intervalle qu'elle trouve sur sa route les mousquets des sentinelles, et découpe en vigueur les murailles, les toits et les clochers de la ville que Charles Ier vient de rendre aux troupes du parlement, ainsi qu'Oxfort et Neward, qui tenaient encore pour lui dans l'espoir d'un accommodement.

A l'une des extrémités de ce camp, près d'une tente immense, pleine d'officiers écossais tenant une espèce de conseil présidé par le vieux comte Lewen, leur chef, un homme vêtu en cavalier dort couché sur le gazon et la main droite étendue sur son épée.

A cinquante pas de là, un autre homme, vêtu aussi en cavalier, cause avec une sentinelle écossaise; et grâce à l'habitude qu'il paraît avoir, quoique étranger, de la langue anglaise, il parvient à comprendre les réponses que son interlocuteur lui fait dans le patois du comté de Perth.

Comme une heure du matin sonnait à la ville de Newcastle, le dormeur s'éveilla, et, après avoir fait tous les gestes d'un homme qui ouvre les yeux au sortir d'un profond sommeil, il regarda attentivement autour de lui, et, voyant qu'il était seul, se leva, puis, faisant un détour, alla passer près du cavalier qui causait avec la sentinelle.

Celui-ci avait sans doute fini ses interrogations, car après un instant il prit congé de cet homme et suivit avec affectation la même route que le premier cavalier que nous avons vu passer.

A l'ombre d'une tente placée sur le chemin, l'autre l'attendait.

— Eh bien! mon cher ami? lui dit-il dans le plus pur français qui ait jamais été parlé de Rouen à Tours.

— Eh bien! mon ami, il n'y a pas de temps à perdre, et il faut prévenir le roi.

— Que se passe-t-il donc?

— Ce serait trop long à vous dire. D'ailleurs vous l'entendrez tout à l'heure. Puis le moindre mot prononcé ici peut tout perdre. Allons trouver milord de Winter.

Et tous deux s'acheminèrent vers l'extrémité opposée du camp; mais, comme le camp ne couvrait pas une surface de cinq cents pas carrés, ils furent bientôt arrivés à la tente de celui qu'ils cherchaient.

— Votre maître dort-il, Tomy? dit en anglais l'un des deux cavaliers à un domestique couché dans un premier compartiment qui servait d'antichambre.

— Non, monsieur le comte, répondit le laquais, je ne crois pas, ou ce serait depuis bien peu de temps, car il a marché pendant plus de deux heures après avoir quitté le

roi, et le bruit de ses pas a cessé à peine depuis dix minutes; d'ailleurs, ajouta le laquais en levant la portière de la tente, vous pouvez voir.

En effet, de Winter était assis devant une ouverture pratiquée comme une fenêtre, qui laissait pénétrer l'air de la nuit, et à travers laquelle il suivait mélancoliquement des yeux la lune, perdue, comme nous l'avons dit tout à l'heure, au milieu de gros nuages noirs.

Les deux amis s'approchèrent de de Winter, qui, la tête appuyée sur sa main, regardait le ciel; il ne les entendit pas venir et resta dans la même attitude jusqu'au moment où il sentit qu'on lui posait la main sur l'épaule.

Alors il se retourna, reconnut Athos et Aramis, et leur tendit la main.

— Avez-vous remarqué, leur dit-il, comme la lune est couleur de sang?

— Non, dit Athos, elle m'a semblé comme à l'ordinaire.

— Regardez, chevalier, dit de Winter.

— Je vous avoue, dit Aramis, que je suis comme le comte de la Fère, et que je n'y vois rien de particulier.

— Comte, dit Athos, dans une position aussi précaire que la nôtre, c'est la terre qu'il faut étudier et non le ciel. Avez-vous étudié nos Ecossais et en êtes-vous sûr?

— Les Ecossais? demanda de Winter; quels Ecossais?

— Eh! les nôtres, pardieu! dit Athos; ceux auxquels le roi s'est confié, les Ecossais du comte de Lewen.

— Non, dit de Winter.

Puis il ajouta:

— Ainsi, dites-moi, vous ne voyez pas comme moi cette teinte rougeâtre qui couvre le ciel?

— Pas le moins du monde, dirent ensemble Athos et Aramis.

— Dites-moi, continua de Winter toujours préoccupé de la même idée, n'est-ce pas une tradition en France que, la veille du jour où il fut assassiné, Henri IV, qui jouait aux échecs avec M. de Bassompierre, vit des taches de sang sur l'échiquier?

— Oui, dit Athos, et le maréchal me l'a raconté maintes fois à moi-même.

— C'est cela, murmura de Winter, et le lendemain Henri IV fut tué.

— Mais quel rapport cette vision de Henri IV a-t-elle avec vous, comte? demanda Aramis.

— Aucune, messieurs, et en vérité je suis fou de vous entretenir de pareilles choses quand votre entrée à cette heure dans ma tente m'annonce que vous êtes porteurs de quelque nouvelle importante.

— Oui, milord, dit Athos, je voudrais parler au roi.

— Au roi? mais le roi dort.

— J'ai à lui révéler des choses de conséquence.

— Ces choses ne peuvent être remises à demain?

— Il faut qu'il les sache à l'instant même, et peut-être est-il déjà trop tard.

— Entrons, messieurs, dit de Winter.

La tente de de Winter était posée à côté de la tente royale; une espèce de corridor communiquait de l'une à l'autre.

Ce corridor était gardé, non par une sentinelle, mais par un valet de chambre de confiance de Charles Ier, afin qu'en cas urgent le roi pût à l'instant même communiquer avec son fidèle serviteur.

— Ces messieurs sont avec moi, dit de Winter.

Le laquais s'inclina et laissa passer.

En effet, sur un lit de camp, vêtu de son pourpoint noir, chaussé de ses bottes longues, la ceinture lâche et son feutre près de lui, le roi Charles, cédant à un besoin irrésistible de sommeil, s'était endormi.

Les trois hommes s'avancèrent, et Athos, qui marchait le premier, considéra un instant en silence cette noble figure si pâle, encadrée de ses longs cheveux noirs que collait à ses tempes la sueur d'un mauvais sommeil, et que mar-

braient de grosses veines bleues, qui semblaient gonflées de larmes sous ses yeux fatigués.

Athos poussa un profond soupir.

Ce soupir réveilla le roi, tant il dormait d'un faible sommeil.

Il ouvrit les yeux.

Laporte.

— Ah! dit-il en se soulevant sur son coude, c'est vous, comte de la Fère?

— Oui, sire, répondit Athos.

— Vous veillez tandis que je dors, et vous venez m'apporter quelque nouvelle.

— Hélas! sire, répondit Athos, Votre Majesté a deviné juste.

— Alors la nouvelle est mauvaise, dit le roi en souriant avec mélancolie.

— Oui, sire.

— N'importe, le messager est le bienvenu, et vous ne pouvez entrer chez moi sans me faire toujours plaisir, vous dont le dévouement ne connaît ni patrie ni malheur, vous qui m'êtes envoyé par Henriette; quelle que soit la nouvelle que vous m'apportez, parlez donc avec assurance.

— Sire, M. Cromwell est arrivé cette nuit à New-castle.

— Ah! fit le roi, pour me combattre?

— Non, sire, pour vous acheter.

— Que dites-vous?

— Je dis, sire, qu'il est dû à l'armée écossaise quatre cent mille livres sterling.

— Pour solde arriérée; oui, je le sais. Depuis près d'un an, mes braves et fidèles Ecossais se battent pour l'honneur.

Athos sourit.

— Eh bien! sire, quoique l'honneur soit une belle chose, ils se sont lassés de se battre pour lui, et, cette nuit, ils

J.A. BEAUCE   PREDHOMME

— Eh bien! sire, ils vous ont vendu pour deux cent mille livres.

vous ont vendu pour deux cent mille livres, c'est-à-dire pour la moitié de ce qui leur était dû.

— Impossible! s'écria le roi; les Ecossais vendre leur roi pour deux cent mille livres!

— Les Juifs ont bien vendu leur Dieu pour trente deniers.

— Et quel est le Judas qui a fait ce marché infâme?

— Le comte de Lewen.

— En êtes-vous sûr, monsieur?

— Je l'ai entendu de mes propres oreilles.

Le roi poussa un soupir profond, comme si son cœur se brisait, et laissa tomber sa tête entre ses mains.

— Oh! les Ecossais! dit-il, les Ecossais! que j'appelais

mes fidèles ; les Ecossais ! à qui je m'étais confié quand je pouvais fuir à Oxfort ; les Ecossais ! mes compatriotes ; les Ecossais ! mes frères ! Mais en êtes-vous sûr, monsieur ?

— Couché derrière la tente du comte de Lewen, dont j'avais soulevé la toile, j'ai tout vu, tout entendu.

— Et quand doit se consommer cet odieux marché ?

— Aujourd'hui, dans la matinée. Comme le voit Votre Majesté, il n'y a donc pas de temps à perdre.

— Pour quoi faire, puisque vous dites que je suis vendu ?

— Pour traverser la Tyne, pour gagner l'Ecosse, pour rejoindre lord Montrose, qui ne vous vendra pas, lui.

— Et que ferais-je, en Ecosse ? une guerre de partisans ? Une pareille guerre est indigne d'un roi.

— L'exemple de Robert Bruce est là pour vous absoudre, sire.

— Non ! non ! il y a trop longtemps que je lutte ; s'ils m'ont vendu, qu'ils me livrent, et que la honte éternelle de leur trahison retombe sur eux.

— Sire, dit Athos, peut-être est-ce ainsi que doit agir un roi, mais ce n'est point ainsi que doit agir un époux et un père. Je suis venu au nom de votre femme et de votre fille, et, au nom de votre femme et de votre fille et des deux autres enfants que vous avez encore à Londres, je vous dis : Vivez, sire, Dieu le veut !

Le roi se leva, resserra sa ceinture, receignit son épée, et essuyant d'un mouchoir son front mouillé de sueur :

— Eh bien ! dit-il, que faut-il faire ?

— Sire, avez-vous dans toute l'armée un régiment sur lequel vous puissiez compter ?

— De Winter, dit le roi, croyez-vous à la fidélité du vôtre ?

— Sire, ce ne sont que des hommes, et les hommes sont devenus bien faibles ou bien méchants. Je crois à leur fidélité, mais je n'en réponds pas ; je leur confierais ma vie, mais j'hésite à leur confier celle de Votre Majesté.

— Eh bien ! dit Athos, à défaut de régiment, nous sommes trois hommes dévoués, nous suffirons. Que Votre Majesté monte à cheval, qu'elle se place au milieu de nous, nous traversons la Tyne, nous gagnons l'Ecosse et nous sommes sauvés.

— Est-ce votre avis, de Winter ? demanda le roi.

— Oui, sire.

— Est-ce le vôtre, monsieur d'Herblay ?

— Oui, sire.

— Qu'il soit donc fait ainsi que vous le voulez. De Winter, donnez les ordres.

De Winter sortit.

Pendant ce temps le roi acheva sa toilette.

Les premiers rayons du jour commençaient à filtrer à travers les ouvertures de la tente lorsque de Winter rentra.

— Tout est prêt, sire, dit-il.

— Et nous ? demanda Athos

— Grimaud et Blaisois vous tiennent vos chevaux tout sellés.

— En ce cas, dit Athos, ne perdons pas un instant et partons.

— Partons, répondit le roi.

— Sire, dit Aramis, Votre Majesté ne prévient-elle pas ses amis ?

— Mes amis ! dit Charles Ier en secouant tristement la tête, je n'en ai plus d'autres que vous trois. Un ami de vingt ans qui ne m'a jamais oublié, deux amis de huit jours que je n'oublierai jamais. Venez, messieurs, venez.

Le roi sortit de sa tente et trouva effectivement son cheval prêt.

C'était un cheval isabelle qu'il montait depuis trois ans et qu'il affectionnait beaucoup.

Le cheval, en le voyant, hennit de plaisir.

— Ah ! dit le roi, j'étais injuste, et voilà encore, sinon un ami, du moins un être qui m'aime. Toi, tu me seras fidèle, n'est-ce pas, Arthus ?

Et, comme s'il eût entendu ces paroles, le cheval approcha ses naseaux fumants du visage du roi, en relevant ses lèvres et en montrant joyeusement ses dents blanches.

— Oui, oui, dit le roi en le flattant de la main ; oui, c'est bien, Arthus, et je suis content de toi

Et, avec cette légèreté qui faisait du roi un des meilleurs cavaliers de l'Europe, Charles se mit en selle, et se tournant vers Athos, Aramis et de Winter :

— Eh bien ! messieurs, dit-il, je vous attends.

Mais Athos était debout, immobile, les yeux fixés et la main tendue vers une ligne noire qui suivait la ligne de la Tyne et qui s'étendait dans une longueur double de celle du camp.

— Qu'est-ce que cette ligne ? dit Athos, auquel les dernières ténèbres de la nuit, luttant avec les premiers rayons du jour, ne permettaient pas de bien distinguer encore. Qu'est-ce que cette ligne ? je ne l'ai pas vue hier.

— C'est sans doute le brouillard qui s'élève de la rivière, dit le roi.

— Sire, c'est quelque chose de plus compacte qu'une vapeur.

— En effet, je vois comme une barrière, dit de Winter.

— C'est l'ennemi qui sort de Newcastle et qui nous enveloppe, s'écria Athos.

— L'ennemi ! dit le roi.

— Oui, l'ennemi. Il est trop tard. Tenez ! tenez ! sous ce rayon de soleil, là, du côté de la ville, voyez-vous reluire les côtes de fer ?

On appelait ainsi les cuirassiers dont Cromwell avait fait ses gardes.

— Ah ! dit le roi, nous allons savoir s'il est vrai que les Ecossais me trahissent.

— Qu'allez-vous faire, sire ? s'écria Athos

— Leur donner l'ordre de charger et passer avec eux sur le ventre de ces misérables rebelles.

Et le roi, piquant son cheval, s'élança vers la tente du comte de Lewen.

— Suivons-le, dit Athos.

— Allons, dit Aramis.

— Est-ce que le roi serait blessé ? dit de Winter. Je vois à terre des taches de sang.

Et il s'élança sur la trace des deux amis.

Athos l'arrête.

— Allez rassembler votre régiment, dit-il, je prévois que nous en aurons besoin tout à l'heure.

De Winter tourna bride, et les deux amis continuèrent leur route.

En deux secondes, le roi était arrivé à la tente du général en chef de l'armée écossaise.

Il sauta à terre et entra.

Le général était au milieu des principaux chefs.

— Le roi ! s'écrièrent-ils en se levant et en se regardant avec stupéfaction.

En effet, Charles était debout devant eux, le chapeau sur la tête, les sourcils froncés, et fouettant sa botte avec sa cravache.

— Oui, messieurs, dit-il, le roi en personne; le roi qui vient vous demander compte de ce qui se passe.

— Qu'y a-t-il donc, sire? demanda le comte de Lewen.

— Il y a, monsieur, dit le roi se laissant emporter par la colère, que le général Cromwell est arrivé cette nuit à Newcastle, que vous le saviez et que je n'en suis pas averti; il y a que l'ennemi sort de la ville et nous ferme le passage de la Tyne; que vos sentinelles ont dû voir ce mouvement, et que je n'en suis pas averti; il y a que vous m'avez, par un traité infâme, vendu deux cent mille livres sterling au parlement; mais que de ce traité au moins j'en suis averti. Voici ce qu'il y a, messieurs, répondez et disculpez-vous, car je vous accuse.

— Sire, balbutia le comte de Lewen, sire, Votre Majesté aura été trompée par quelque faux rapport.

— J'ai vu de mes yeux l'armée ennemie s'étendre entre moi et l'Ecosse, dit Charles, et je puis presque dire : J'ai entendu de mes propres oreilles débattre les clauses du marché.

Les chefs écossais se regardèrent en fronçant le sourcil à leur tour.

— Sire, murmura le comte de Lewen courbé sous le poids de la honte, sire, nous sommes prêts à vous donner toutes preuves.

— Je n'en demande qu'une seule, dit le roi. Mettez l'armée en bataille et marchons à l'ennemi.

— Cela ne se peut pas, sire, dit le comte.

— Comment! cela ne se peut pas! et qui empêche que cela se puisse? s'écria Charles Ier.

— Votre Majesté sait bien qu'il y a trêve entre nous et l'armée anglaise, répondit le comte.

— S'il y a trêve, l'armée anglaise l'a rompue en sortant de la ville contre les conventions qui l'y tenaient enfermée; or, je vous le dis, il faut passer avec moi à travers cette armée, et rentrer en Ecosse, et, si vous ne le faites pas, eh bien! choisissez entre les deux noms qui font les hommes en mépris et en exécration aux autres hommes : ou vous êtes des lâches, ou vous êtes des traîtres!

Les yeux des Ecossais flamboyèrent, et, comme cela arrive souvent en pareille occasion, ils passèrent de l'extrême honte à l'extrême impudence, et deux chefs de clans s'avancèrent de chaque côté du roi.

— Eh bien! oui, dirent-ils, nous avons promis de délivrer l'Ecosse et l'Angleterre de celui qui depuis vingt-cinq ans boit le sang et l'or de l'Angleterre et de l'Ecosse. Nous avons promis et nous tenons notre promesse. Roi Charles Stuart, vous êtes notre prisonnier.

— Et tous étendirent en même temps la main pour saisir le roi.

Mais, avant que le bout de leurs doigts pût toucher sa personne, tous deux étaient tombés, l'un évanoui et l'autre mort.

Athos avait assommé l'un avec le pommeau de son pistolet, et Aramis avait passé son épée au travers du corps de l'autre.

Puis, comme le comte de Lewen et les autres chefs reculaient épouvantés devant ce secours inattendu qui semblait tomber du ciel à celui qu'ils croyaient déjà leur prisonnier, Athos et Aramis entraînèrent le roi hors de la tente parjure, où il s'était si imprudemment aventuré, et, sautant sur les chevaux que les laquais tenaient préparés, tous trois reprirent au galop le chemin de la tente royale.

En passant, ils aperçurent de Winter qui accourait à la tête de son régiment.

Le roi lui fit signe de les accompagner.

CHAPITRE XIV.

LE VENGEUR.

Tous quatre entrèrent dans la tente.

Il n'y avait pas de plan de fait, il fallait en arrêter un...

Le roi se laissa tomber sur un fauteuil

— Je suis perdu, dit-il.

— Non, sire, répondit Athos ; vous êtes seulement trahi.

Le roi poussa un profond soupir.

— Trahi ! trahi par les Ecossais, au milieu desquels je

J. A. BEAUCÉ.   PISAN

Le comte de Lowen.

suis né, que j'ai toujours préférés aux Anglais ! Oh ! les misérables !

— Sire, dit Athos, ce n'est point l'heure des récriminations, mais le moment de montrer que vous êtes roi et gentilhomme. Debout, sire, debout ! car vous avez du moins ici trois hommes qui ne vous trahiront pas, vous pouvez être tranquille. Ah ! si seulement nous étions cinq ! murmura Athos en pensant à d'Artagnan et à Porthos.

— Que dites-vous ? demanda Charles en se levant.

— Je dis, sire, qu'il n'y a plus qu'un moyen. Milord de Winter répond de son régiment ou à peu près, ne chicanons pas sur les mots ; il se met à la tête de ses hommes, nous nous mettons, nous, aux côtés de Sa Majesté, nous faisons une trouée dans l'armée de Cromwell et nous gagnons l'Ecosse.

— Il y a encore un moyen, dit Aramis, c'est que l'un

de nous prenne le costume et le cheval du roi. Tandis qu'on s'acharnerait après celui-là, le roi passerait peut-être.

— L'avis est bon, dit Athos, et si Sa Majesté veut faire à l'un de nous cet honneur, nous lui en serons bien reconnaissants

— Que pensez-vous de ce conseil, de Winter? dit le roi, regardant avec admiration ces deux hommes, dont l'unique préoccupation était d'amasser sur leur tête les dangers qui le menaçaient.

— Je pense, sire, que, s'il y a un moyen de sauver Votre Majesté, M. d'Herblay vient de le proposer. Je supplie donc bien humblement Votre Majesté de faire promptement son choix, car nous n'avons pas de temps à perdre

BEAUCE.

POUGET.

Le roi détacha le cordon du Saint-Esprit, qu'il portait, et le passa au cou de de Winter.

— Mais si j'accepte, c'est la mort, c'est tout au moins la prison pour celui qui prendra ma place.

— C'est l'honneur d'avoir sauvé son roi! s'écria de Winter.

Le roi regarda son vieil ami les larmes aux yeux, détacha le cordon du Saint-Esprit, qu'il portait pour faire honneur aux deux Français qui l'accompagnaient, et le passa au cou de de Winter, qui reçut à genoux cette terrible marque de l'amitié et de la confiance de son souverain.

— C'est juste, dit Athos; il y a plus longtemps qu'il le sert que nous.

Le roi entendit ces mots et se retourna les larmes aux yeux:

— Messieurs, dit-il, attendez un instant, j'ai aussi un cordon à donner à chacun de vous.

Puis il alla à une armoire où étaient renfermés ses propres ordres, et prit deux cordons de la Jarretière.

— Ces ordres ne peuvent être pour nous, dit Athos.

— Et pourquoi cela, monsieur? demanda Charles.

— Ces ordres sont presque royaux, et nous ne sommes que de simples gentilshommes.

— Passez-moi en revue tous les trônes de la terre, dit le roi, et trouvez-moi plus grands cœurs que les vôtres. Non, non, vous ne vous rendez pas justice, messieurs, mais je suis là pour vous la rendre, moi. A genoux, comte.

Athos s'agenouilla, le roi lui passa le cordon de gauche à droite, comme d'habitude, et levant son épée, au lieu de la formule habituelle :

« Je vous fais chevalier; soyez brave, fidèle et loyal. »

Il dit :

— Vous êtes brave, fidèle et loyal, je vous fais chevalier, monsieur le comte.

Puis se tournant vers Aramis :

— A votre tour, monsieur le chevalier, dit-il.

Et la même cérémonie recommença avec les mêmes paroles, tandis que de Winter, aidé des écuyers, détachait sa cuirasse de cuivre pour être mieux pris pour le roi.

Puis, lorsque Charles en eut fini avec Aramis comme il avait fini avec Athos, il les embrassa tous deux.

— Sire, dit de Winter, qui, en face d'un grand dévouement, avait repris toute sa force et tout son courage, nous sommes prêts.

Le roi regarda les trois gentilshommes

— Ainsi donc il faut fuir? dit-il.

— Fuir à travers une armée, sire, dit Athos, dans tous les pays du monde cela s'appelle charger.

— Je mourrai donc l'épée à la main, dit Charles. Monsieur le comte, monsieur le chevalier, si jamais je suis roi...

— Sire, vous nous avez déjà honorés plus qu'il n'appartenait à de simples gentilshommes; ainsi, la reconnaissance vient de nous. Mais ne perdons pas de temps, car nous n'en avons déjà que trop perdu.

— Le roi leur tendit une dernière fois la main à tous les trois, échangea son chapeau avec celui de de Winter et sortit.

Le régiment de de Winter était rangé sur une plate-forme qui dominait le camp; le roi, suivi des trois amis, se dirigea vers la plate-forme.

Le camp écossais semblait être éveillé enfin; les hommes étaient sortis de leurs tentes et avaient pris leur rang comme pour la bataille.

— Voyez-vous, dit le roi, peut-être se repentent-ils et sont-ils prêts à marcher?

— S'ils se repentent, sire, répondit Athos, ils nous suivront.

— Bien! dit le roi, que faisons-nous?

— Examinons l'armée ennemie, dit Athos.

Les yeux du petit groupe se fixèrent à l'instant même sur cette ligne qu'à l'aube du jour on avait prise pour du brouillard, et que les premiers rayons du soleil dénonçaient maintenant pour une armée rangée en bataille.

L'air était pur et limpide comme il est d'ordinaire à cette heure de la matinée.

On distinguait parfaitement les régiments, les étendards et jusqu'à la couleur des uniformes et des chevaux.

Alors on vit sur une petite colline, un peu en avant du front ennemi, apparaître un homme petit, trapu et lourd; cet homme était entouré de quelques officiers.

Il dirigea une lunette sur le groupe dont le roi faisait partie.

— Cet homme connait-il personnellement Votre Majesté? demanda Aramis.

Charles sourit.

— Cet homme, c'est Cromwell, dit-il.

— Alors abaissez votre chapeau, sire, qu'il ne s'aperçoive pas de la substitution.

— Ah! dit Athos, nous avons perdu bien du temps.

— Alors, dit le roi, l'ordre et partons.

— Le donnez-vous, sire? demanda Athos.

— Non, je vous nomme mon lieutenant général, dit le roi.

— Ecoutez alors, milord de Winter, dit Athos; éloignez-vous, sire, je vous prie; ce que nous allons dire ne regarde pas Votre Majesté.

Le roi fit en souriant trois pas en arrière.

— Voici ce que je propose, continua Athos : Nous divisons votre régiment en deux escadrons; vous vous mettez à la tête du premier; Sa Majesté et nous à la tête du second; si rien ne vient nous barrer le passage, nous chargeons tous ensemble pour forcer la ligne ennemie et nous jeter dans la Tyne, que nous traversons, soit à gué, soit à la nage; si au contraire on nous pousse quelque obstacle sur le chemin, vous et vos hommes vous vous faites tuer jusqu'au dernier, nous et le roi nous continuons notre route; une fois arrivés au bord de la rivière, fussent-ils sur trois rangs d'épaisseur, si votre escadron fait son devoir, cela nous regarde.

— A cheval! dit de Winter.

— A cheval! dit Athos, tout est prévu et décidé.

— Alors, messieurs, dit le roi, en avant! et rallions-nous à l'ancien cri de France : Montjoie et saint Denis! Le cri de l'Angleterre est répété maintenant par trop de traîtres.

On monta à cheval, le roi sur le cheval de de Winter, de Winter sur le cheval du roi; puis de Winter se mit au premier rang du premier escadron, ayant Athos à sa droite et Aramis à sa gauche, aux premiers rangs du second...

Toute l'armée écossaise regardait ces préparatifs avec l'immobilité et le silence de la honte.

On vit quelques chefs sortir des rangs et briser leurs épées.

— Allons, dit le roi, cela me console, ils ne sont pas tous des traîtres.

En ce moment la voix de de Winter retentit.

— En avant! s'écriait-il.

Le premier escadron s'ébranla, le second le suivit et descendit de la plate-forme.

Un régiment de cuirassiers à peu près égal en nombre se développait derrière la colline et venait ventre à terre au-devant de lui...

Le roi montra à Athos et à Aramis ce qui se passait.

— Sire, dit Athos, le cas est prévu, et si les hommes de de Winter font leur devoir, cet événement nous sauve au lieu de nous perdre.

En ce moment on entendit, par-dessus tout le bruit que faisaient les chevaux galopant et hennissant, de Winter qui criait :

— Sabre en main!

Tous les sabres, à ce commandement, sortirent du fourreau et parurent comme des éclairs.

— Allons, messieurs, cria le roi à son tour, enivré par le bruit et par la vue, allons, messieurs, sabre en main!

Mais à ce commandement, dont le roi donna l'exemple, Athos et Aramis seuls obéirent.

— Nous sommes trahis, dit tout bas le roi.

— Attendons encore, dit Athos; peut-être n'ont-ils pas reconnu la voix de Votre Majesté et attendent-ils l'ordre de leur chef d'escadron.

— N'ont-ils pas entendu celui de leur colonel? Mais voyez! voyez! s'écria le roi, arrêtant son cheval d'une secousse qui le fit plier sur ses jarrets, et saisissant la bride du cheval d'Athos.

— Ah! lâches! ah! misérables! ah! traîtres! criait de Winter, dont on entendait la voix, tandis que ses hommes, quittant leurs rangs, s'éparpillaient dans la plaine.

Une quinzaine d'hommes à peine étaient groupés autour de lui et attendaient la charge des cuirassiers de Cromwell.

— Allons mourir avec eux! dit le roi.

— Allons mourir! dirent Athos et Aramis.

— A moi les cœurs fidèles! cria de Winter.

Cette voix arriva jusqu'aux deux amis, qui partirent au galop.

— Pas de quartier! cria en français, et répondant à la voix de de Winter, une voix qui les fit tressaillir.

Quant à de Winter, au son de cette voix, il demeura pâle et comme pétrifié.

Cette voix, c'était celle d'un cavalier monté sur un magnifique cheval noir, et qui chargeait en tête d'un régiment anglais, que, dans son ardeur, il devançait de dix pas.

— C'est lui! murmura de Winter les yeux fixes et laissant pendre son épée à ses côtés.

— Le roi! le roi! crièrent plusieurs voix, se trompant au cordon bleu et au cheval isabelle de de Winter; prenez-le vivant!

— Non, ce n'est pas le roi! s'écria le cavalier; ne vous y trompez pas, milord de Winter, que vous n'êtes pas le roi? N'est-ce pas que vous êtes mon oncle?

Et en même temps, Mordaunt, car c'était lui, dirigea le canon d'un pistolet vers de Winter.

Le coup partit; la balle traversa la poitrine du vieux gentilhomme, qui fit un bond sur sa selle et retomba entre les bras d'Athos en murmurant:

— Le vengeur!

— Souviens-toi de ma mère, hurla Mordaunt en passant outre, emporté qu'il était par le galop furieux de son cheval.

— Misérable! cria Aramis en lui lâchant un coup de pistolet presque à bout portant et comme il passait à côté de lui.

Mais l'amorce seule prit feu et le coup ne partit point.

En ce moment le régiment tout entier tomba sur les quelques hommes qui avaient tenu, et les deux Français furent entourés, pressés, enveloppés.

Athos, après s'être assuré que de Winter était mort, lâcha le cadavre, et tirant son épée:

— Allons, Aramis, pour l'honneur de la France!

Et les deux Anglais qui se trouvaient les plus proches des deux gentilshommes tombèrent tous deux frappés mortellement.

Au même moment un hourra terrible retentit, et trente lames étincelèrent au-dessus de leurs têtes.

Tout à coup un homme s'élance du milieu des rangs anglais, qu'il bouleverse, bondit sur Athos, l'enlace de ses bras nerveux, lui arrache son épée en lui disant à l'oreille:

— Silence! rendez-vous. Vous rendre à moi, ce n'est pas vous rendre.

Un géant a saisi aussi les deux poignets d'Aramis, qui essaye en vain de se soustraire à sa formidable étreinte.

— Rendez-vous! lui dit-il en le regardant fixement.

Aramis lève la tête
Athos se retourne...

— D'Art...., s'écria Athos, dont le Gascon ferma la bouche avec la main.

— Je me rends, dit Aramis en tendant son épée à Porthos.

— Feu! feu! criait Mordaunt en revenant sur le groupe où étaient les deux amis.

— Et pourquoi, feu? dit le colonel, tout le monde s'est rendu.

— C'est le fils de milady, dit Athos à d'Artagnan.

— Je l'ai reconnu.

— C'est le moine, dit Porthos à Aramis.

— Je le sais.

En même temps les rangs commencèrent à s'ouvrir.

D'Artagnan tenait la bride du cheval d'Athos.

Chacun d'eux essayait d'entraîner son prisonnier loin du champ de bataille.

Ce mouvement découvrit l'endroit où était tombé le corps de de Winter.

Avec l'instinct de la haine, Mordaunt l'avait retrouvé et le regardait, penché sur son cheval, avec un sourire hideux...

Athos, tout calme qu'il était, mit la main à ses fontes encore garnies de ses pistolets.

— Que faites-vous? dit d'Artagnan.

— Laissez-moi le tuer.

— Pas un geste qui puisse faire croire que vous le connaissez, ou nous sommes perdus tous quatre.

Puis se retournant vers le jeune homme:

— Bonne prise! s'écria-t-il, bonne prise! ami Mordaunt. Nous avons chacun le nôtre, M. du Vallon et moi: des chevaliers de la Jarretière, rien que cela!

— Mais, s'écria Mordaunt, regardant Athos et Aramis avec des yeux sanglants, mais ce sont des Français, ce me semble?

— Je n'en sais, ma foi, rien! Etes-vous Français, monsieur? demanda-t-il à Athos.

— Je le suis, répondit gravement celui-ci.

— Eh bien! mon cher monsieur, vous voilà prisonnier d'un compatriote.

— Mais le roi? dit Athos avec angoisse, le roi?

D'Artagnan serra vigoureusement la main de son prisonnier et lui dit:

— Eh! nous le tenons, le roi!

— Oui, dit Aramis, par une trahison infâme.

Porthos broya le poignet de son ami, et lui dit avec un sourire:

— Eh ! monsieur, la guerre se fait autant par l'adresse que par la force : regardez.

En effet, on vit en ce moment l'escadron qui devait protéger la retraite de Charles s'avancer à la rencontre du régiment anglais, enveloppant le roi, qui marchait seul et à pied dans un grand espace vide.

Le prince était calme en apparence, mais on voyait ce qu'il devait souffrir pour paraître calme ; ainsi, la sueur coulait de son front, et il s'essuyait les tempes et les lèvres avec un mouchoir qui chaque fois s'éloigna de sa bouche teint de sang.

— Voilà Nabuchodonosor ! s'écria un des cuirassiers de

La balle traversa la poitrine du vieux gentilhomme. — Page 83.

Cromwell, vieux puritain dont les yeux s'enflammèrent à l'aspect de celui qu'on appelait le tyran.

— Que dites-vous donc, Nabuchodonosor ? dit Mordaunt avec un sourire effrayant. Non, c'est le roi Charles Ier, le bon roi Charles, qui dépouille ses sujets pour en hériter.

Charles leva les yeux vers l'insolent qui parlait ainsi, mais il ne le reconnut point.

Cependant la majesté calme et religieuse de son visage fit baisser le regard de Mordaunt.

— Bonjour, messieurs, dit le roi aux deux gentilshommes, qu'il vit, l'un aux mains de d'Artagnan, l'autre aux mains de Porthos. La journée a été malheureuse, mais ce n'est pas votre faute, Dieu merci ! Où est mon vieux de Winter ?

Les deux gentilshommes détournèrent la tête et gardèrent le silence.

— Cherche où est Straffort, dit la voix stridente de Mordaunt.

Charles tressaillit.

Le démon avait frappé juste; Straffort, c'était son remords éternel, l'ombre de ses jours, le fantôme de ses nuits.

Le roi regarda autour de lui et vit un cadavre à ses pieds.

C'était celui de de Winter

Charles ne jeta pas un cri, ne versa pas une larme; seulement, une pâleur plus livide s'étendit sur son visage; il

— Colonel Thomlison, dit Charles, le roi ne se rend point; l'homme cède à la force, voilà tout.

mit un genou en terre, souleva la tête de de Winter, l'embrassa au front, et, reprenant le cordon du Saint-Esprit qu'il lui avait passé au cou, il le mit religieusement sur sa poitrine.

— De Winter est donc tué? demanda d'Artagnan en fixant ses yeux sur le cadavre.

— Oui, dit Athos, et par son neveu.

— Allons! c'est le premier de nous qui s'en va, murmura d'Artagnan; qu'il dorme en paix, c'était un brave.

— Charles Stuart, dit alors le colonel du régiment anglais en s'avançant vers le roi, qui venait de reprendre les insignes de la royauté, vous rendez-vous notre prisonnier?

— Colonel Thomlison, dit Charles, le roi ne se rend point; l'homme cède à la force, voilà tout.

— Votre épée.

Le roi tira son épée et la brisa sur son genou.

En ce moment un cheval sans cavalier, ruisselant d'écume, l'œil en flamme, les naseaux ouverts, accourut, et, reconnaissant son maître, s'arrêta près de lui en hennissant de joie.

C'était Arthus.

Le roi sourit, le flatta de la main et se mit légèrement en selle.

— Allons, messieurs, dit-il, conduisez-moi où vous voudrez.

Puis se retournant vivement.

— Attendez, dit-il, il m'a semblé voir remuer de Winter; s'il vit encore, par ce que vous avez de plus sacré, n'abandonnez pas ce noble gentilhomme.

— Oh! soyez tranquille, roi Charles, dit Mordaunt, la balle a traversé le cœur.

— Ne soufflez pas un mot, ne faites pas un geste, ne risquez pas un regard pour moi ni Porthos, dit d'Artagnan à Athos et à Aramis, car milady n'est pas morte, et son âme vit dans le corps de ce démon!

Et le détachement s'achemina vers la ville, emmenant sa royale capture.

Mais, à moitié chemin, un aide de camp du général Cromwell apporta l'ordre au colonel Thomlison de conduire le roi à Holdenby-Castle.

En même temps, les courriers partaient dans toutes les directions pour annoncer à l'Angleterre et à toute l'Europe que le roi Charles Stuart était prisonnier du général Olivier Cromwell.

Les Ecossais regardaient tout cela le mousquet au pied et la claymore au fourreau.

CHAPITRE XV.

OLIVIER CROMWELL.

— Venez-vous chez le général? dit Mordaunt à d'Artagnan et à Porthos, vous savez qu'il vous a mandés après l'action.

— Nous allons d'abord mettre nos prisonniers en lieu de sûreté, dit d'Artagnan à Mordaunt. Savez-vous, monsieur, que ces gentilshommes valent chacun plus de quinze cents pistoles?

— Oh! soyez tranquilles, dit Mordaunt en les regardant d'un œil dont il essayait en vain de réprimer la férocité,

mes cavaliers les garderont, et les garderont bien; je vous réponds d'eux.

— Je les garderai encore mieux moi-même, reprit d'Artagnan; d'ailleurs, que faut-il? une bonne chambre avec des sentinelles, ou leur simple parole qu'ils ne chercheront pas à fuir. Je vais mettre ordre à cela, puis nous aurons l'honneur de nous présenter chez le général et de lui demander ses ordres pour Son Eminence.

— Vous comptez donc partir bientôt? demanda Mordaunt.

— Notre mission est finie, et rien ne nous retient plus en Angleterre, que le bon plaisir du grand homme près duquel nous avons été envoyés.

Le jeune homme se mordit les lèvres, et, se penchant à l'oreille du sergent:

— Vous suivrez ces hommes, lui dit-il, vous ne les perdrez pas de vue, et, quand vous saurez où ils sont logés, vous reviendrez m'attendre à la porte de la ville.

Le sergent fit signe qu'il serait obéi.

Alors, au lieu de suivre le gros des prisonniers qu'on ramenait dans la ville, Mordaunt se dirigea vers la colline d'où Cromwell avait regardé la bataille et où il venait de faire dresser sa tente.

Cromwell avait défendu qu'on laissât pénétrer personne près de lui; mais la sentinelle, qui connaissait Mordaunt pour un des confidents les plus intimes du général, pensa que la défense ne regardait point le jeune homme.

Mordaunt écarta donc la toile de la tente, et vit Cromwell assis devant une table, la tête cachée entre ses deux mains; en outre, il lui tournait le dos.

Soit qu'il entendît ou non le bruit que fit Mordaunt en entrant, Cromwell ne se retourna point.

Mordaunt resta debout près de la porte.

Enfin, au bout d'un instant, Cromwell releva son front appesanti, et, comme s'il eût senti instinctivement que quelqu'un était là, il tourna lentement la tête.

— J'avais dit que je voulais être seul! s'écria-t-il en voyant le jeune homme.

— On n'a pas cru que cette défense me regardât, monsieur, dit Mordaunt; cependant, si vous l'ordonnez, je suis prêt à sortir.

— Ah! c'est vous, Mordaunt? dit Cromwell, éclaircissant, comme par la force de sa volonté, le voile qui couvrait ses yeux; puisque vous voilà, c'est bien, restez.

— Je vous apporte mes félicitations

— Vos félicitations! et de quoi?

— De la prise de Charles Stuart. Vous êtes le maître de l'Angleterre, maintenant.

— Je l'étais bien mieux il y a deux heures, dit Cromwell.

— Comment cela, général?

— L'Angleterre avait besoin de moi pour prendre le tyran, maintenant le tyran est pris. L'avez-vous vu?

— Oui, monsieur, dit Mordaunt.

— Quelle attitude a-t-il?

Mordaunt hésita, mais la vérité sembla sortir de force de ses lèvres.

— Calme et digne, dit-il.

— Qu'a-t-il dit?

— Quelques paroles d'adieu à ses amis.

— A ses amis! murmura Cromwell; il a donc des amis, lui?

Puis tout haut:

— S'est-il défendu?

— Non, monsieur, il a été abandonné de tous, excepté de trois ou quatre hommes; il n'y avait donc pas moyen de se défendre.

— A qui a-t-il rendu son épée?

— Il ne l'a pas rendue, il l'a brisée.

— Il a bien fait; mais, au lieu de la briser, il eût mieux fait encore de s'en servir avec plus d'avantage.

Il y eut un instant de silence.

— Le colonel du régiment qui servait d'escorte au roi, à Charles, a été tué, ce me semble? dit Cromwell en regardant fixement Mordaunt.

— Oui, monsieur.

— Par qui? demanda Cromwell.

— Par moi.

— Comment se nommait-il?

— Lord de Winter.

— Votre oncle! s'écria Cromwell.

— Mon oncle! reprit Mordaunt; les traîtres à l'Angleterre ne sont pas de ma famille.

Cromwell resta un instant pensif, regardant ce jeune homme.

Puis, avec cette profonde mélancolie que peint si bien Shakspeare:

— Mordaunt, lui dit-il, vous êtes un terrible serviteur.

— Quand le Seigneur ordonne, dit Mordaunt, il n'y a pas à marchander avec ses ordres. Abraham a levé le couteau sur Isaac, et Isaac était son fils.

— Oui, dit Cromwell, mais le Seigneur n'a pas laissé s'accomplir le sacrifice.

— J'ai regardé autour de moi, dit Mordaunt, et je n'ai vu ni bouc ni chevreau arrêté dans les buissons de la plaine.

Cromwell s'inclina

— Vous êtes fort parmi les forts, Mordaunt, dit-il. Et les Français, comment se sont-ils conduits?

— En gens de cœur, monsieur, dit Mordaunt.

— Oui, oui, murmura Cromwell, les Français se battent, et, en effet, si ma lunette est bonne, il me semble que je les ai vus au premier rang.

— Ils y étaient, dit Mordaunt.

— Après vous, cependant, dit Cromwell.

— C'est la faute de leurs chevaux et non la leur.

Il se fit encore un moment de silence.

— Et les Ecossais? demanda Cromwell.

— Ils ont tenu leur parole, dit Mordaunt, et n'ont bougé.

— Les misérables! murmura Cromwell.

— Leurs officiers demandent à vous voir, monsieur.

— Je n'ai pas le temps. Les a-t-on payés?

— Cette nuit.

— Qu'ils partent, alors, qu'ils retournent dans leurs montagnes, qu'ils y cachent leur honte, si leurs montagnes sont assez hautes pour cela; je n'ai plus affaire à eux, ni eux à moi. Et maintenant, allez, Mordaunt.

— Avant de m'en aller, dit Mordaunt, j'ai quelques questions à vous adresser, monsieur, et une demande à vous faire, mon maître.

— A moi?

Mordaunt s'inclina.

— Je viens à vous, mon héros, mon protecteur, mon père, et je vous dis: Maître, êtes-vous content de moi?

Cromwell le regarda avec étonnement.

Le jeune homme demeura impassible.

— Oui, dit Cromwell, vous avez fait, depuis que je vous connais, non-seulement votre devoir, mais encore plus que votre devoir, vous avez été fidèle ami, adroit négociateur, bon soldat.

— Avez-vous souvenir, monsieur, que c'est moi qui ai eu la première idée de traiter avec les Ecossais de leur roi?

— Oui, la pensée vient de vous, c'est vrai; je ne poussais pas encore le mépris des hommes jusque-là.

— Ai-je été bon ambassadeur en France?

— Oui, et vous avez obtenu de Mazarin ce que je demandais.

— Ai-je combattu toujours ardemment pour votre gloire et vos intérêts?

— Trop ardemment peut-être, c'est ce que je vous reprochais tout à l'heure. Mais où voulez-vous en venir, avec toutes vos questions?

— A vous dire, milord, que le moment est venu ou vous pouvez d'un mot récompenser tous mes services.

'— Ah! fit Olivier avec un léger mouvement de dédain, c'est vrai, j'oubliais que tout service mérite sa récompense,

que vous m'avez servi et que vous n'êtes pas encore récompensé.

— Monsieur, je puis l'être à l'instant même, et au delà de mes souhaits.

— Comment cela?

— J'ai le prix sous la main, je le tiens presque.

— Et quel est ce prix? demanda Cromwell, vous a-t-on

Mordaunt, lui dit-il, vous êtes un terrible serviteur.

offert de l'or? Demandez-vous un grade? Désirez-vous un gouvernement?

— Monsieur, m'accorderez-vous ma demande?

— Voyons ce qu'elle est d'abord.

— Monsieur, lorsque vous m'avez dit: Vous allez accomplir un ordre, vous ai-je jamais répondu: Voyons cet ordre?

— Si cependant votre désir était impossible à réaliser?

— Lorsque vous avez eu un désir et que vous m'avez chargé de son accomplissement, vous ai-je jamais répondu C'est impossible?

— Mais une demande formulée avec tant de préparation...

— Ah! soyez tranquille, monsieur, dit Mordaunt avec une sombre expression, elle ne vous ruinera pas.

— Eh bien! donc, dit Cromwell, je vous promets de faire droit à votre demande autant que la chose sera en mon pouvoir; demandez.

— Monsieur, répondit Mordaunt, on a fait ce matin deux prisonniers, je vous les demande.

— Ils ont donc offert une rançon considérable? dit Cromwell.

— Je les crois pauvres au contraire, monsieur.

— Mais ce sont donc des amis à vous?

— Oui, monsieur, s'écria Mordaunt, ce sont des amis à moi, de chers amis, et je donnerais ma vie pour la leur

Et Mordaunt se jeta aux genoux de Cromwell.

— Bien, Mordaunt, dit Cromwell, reprenant, avec un certain mouvement de joie, meilleure opinion du jeune homme; bien, je te les donne, je ne veux pas même savoir qui ils sont; fais-en ce que tu voudras.

— Merci, monsieur, s'écria Mordaunt, merci! ma vie est désormais à vous, et, en la perdant, je vous serai encore redevable; merci, vous venez de me payer magnifiquement mes services.

Et il se jeta aux genoux de Cromwell, et, malgré les efforts du général puritain, qui ne voulait pas ou qui faisait semblant de ne pas vouloir se laisser rendre cet hommage presque royal, il prit sa main, qu'il baisa.

— Quoi! dit Cromwell l'arrêtant à son tour au moment où il se relevait, pas d'autres récompenses? pas d'or? pas de grades?

— Vous m'avez donné tout ce que vous pouviez me donner, milord, et, de ce jour, je vous tiens quitte du reste.

Et Mordaunt s'élança hors de la tente du général avec une joie qui débordait de son cœur et de ses yeux.

— Cromwell le suivit du regard.

— Il a tué son oncle! murmura-t-il; hélas! quels sont donc mes serviteurs? Peut-être celui-ci, qui ne me réclame rien, ou qui semble ne me rien réclamer, a-t-il plus demandé devant Dieu que ceux qui viendront réclamer l'or des provinces et le pain des malheureux; personne ne me sert pour rien. Charles, qui est mon prisonnier, a peut-être encore des amis, et moi je n'en ai pas.

Et il reprit en soupirant sa rêverie interrompue par Mordaunt.

⚬⚬⚬

CHAPITRE XVI.

LES GENTILSHOMMES

Pendant que Mordaunt s'acheminait vers la tente de Cromwell, d'Artagnan et Porthos ramenaient leurs prisonniers dans la maison qui leur avait été assignée pour logement à Newcastle.

La recommandation faite par Mordaunt au sergent n'avait point échappée au Gascon; aussi, avait-il recommandé de l'œil à Athos et à Aramis la plus sévère prudence.

Aramis et Athos avaient en conséquence marché silencieux près de leurs vainqueurs, ce qui ne leur avait pas été difficile, chacun ayant assez à faire de répondre à ses propres pensées.

Si jamais homme fut étonné, ce fut Mousqueton, lorsque, du seuil de la porte, il vit s'avancer les quatre amis suivis du sergent et d'une dizaine d'hommes.

Il se frotta les yeux, ne pouvant se décider à reconnaître Athos et Aramis; mais enfin force lui fut de se rendre à l'évidence.

Aussi allait-il se confondre en exclamations, lorsque Porthos lui imposa silence d'un de ces coups d'œil qui n'admettent pas de discussion.

Mousqueton resta collé le long de la porte, attendant l'explication d'une chose si étrange.

Ce qui le bouleversait surtout, c'est que les quatre amis avaient l'air de ne plus se connaître.

La maison dans laquelle d'Artagnan et Porthos conduisirent Athos et Aramis était celle qu'ils habitaient depuis la veille, et qui leur avait été donnée par le général Cromwell.

Elle faisait l'angle d'une rue, avait une espèce de jardin et des écuries en retour sur la rue voisine.

Les fenêtres du rez-de-chaussée, comme cela arrive souvent dans les petites villes de province, étaient grillées, de sorte qu'elles ressemblaient fort à celles d'une prison.

Les deux amis firent entrer les prisonniers devant eux et se tinrent sur le seuil, après avoir ordonné à Mousqueton de conduire les quatre chevaux à l'écurie.

— Pourquoi n'entrons-nous pas avec eux? dit Porthos.

— Parce qu'auparavant, répondit d'Artagnan, il faut voir ce que nous veulent le sergent et les huit ou dix hommes qui l'accompagnent.

Le sergent et les huit ou dix hommes s'établirent dans le petit jardin.

D'Artagnan leur demanda ce qu'ils désiraient et pourquoi ils se tenaient là.

— Nous avons reçu l'ordre, dit le sergent, de vous aider à garder vos prisonniers.

Il n'y avait rien à dire à cela, c'était au contraire une attention délicate dont il fallait avoir l'air de savoir gré à celui qui l'avait eue.

D'Artagnan remercia le sergent et lui donna une couronne pour boire à la santé du général Cromwell.

Le sergent lui répondit que les puritains ne buvaient point et mit la couronne dans sa poche.

— Ah! dit Porthos, quelle affreuse journée, mon cher d'Artagnan!

— Que dites-vous là, Porthos? vous appelez une affreuse journée celle dans laquelle nous avons retrouvé nos amis!

— Oui, mais dans quelle circonstance?

— Il est vrai que la conjoncture est embarrassante, dit d'Artagnan; mais n'importe, entrons chez eux, et tâchons de voir un peu clair dans notre position.

— Elle est fort embrouillée, dit Porthos, et je comprends maintenant pourquoi Aramis me recommandait si fort d'étrangler cet affreux Mordaunt.

— Silence donc, dit d'Artagnan, ne prononcez pas ce nom.

— Mais, dit Porthos, puisque je parle français et qu'ils sont Anglais!

D'Artagnan regarda Porthos avec cet air d'admiration qu'un homme raisonnable ne peut refuser aux énormités de tout genre.

Puis, comme Porthos, de son côté, le regardait sans rien comprendre à son étonnement, d'Artagnan le poussa en lui disant:

— Entrons.

Porthos entra le premier, d'Artagnan le second.

D'Artagnan referma soigneusement la porte et serra successivement les deux amis dans ses bras...

Athos était d'une tristesse mortelle.

Aramis regardait alternativement Porthos et d'Artagnan sans rien dire, mais son regard était si expressif, que d'Artagnan le comprit.

— Vous voulez savoir comment il se fait que nous sommes ici? Eh! mon Dieu! c'est bien facile à deviner. Mazarin nous a chargés d'apporter une lettre au général Cromwell.

— Mais comment vous trouvez-vous à côté de Mordaunt? dit Athos, de Mordaunt dont je vous avais dit de vous défier, d'Artagnan?

— Et que je vous avais recommandé d'étrangler, Porthos, dit Aramis.

— Toujours Mazarin. Cromwell l'avait envoyé à Mazarin; Mazarin nous a envoyés à Cromwell. Il y a de la fatalité dans tout cela.

— Oui, vous avez raison, d'Artagnan, une fatalité qui nous divise et qui nous perd. Ainsi, mon cher Aramis, n'en parlons plus, et préparons-nous à subir notre sort.

— Sang-Dieu! parlons-en, au contraire, car il a été convenu une fois pour toutes que nous sommes toujours ensemble, quoique dans des causes opposées.

— Oh! oui, bien opposées, dit en souriant Athos; car ici, je vous le demande, quelle cause servez-vous? Ah! d'Artagnan, voyez à quoi le misérable Mazarin vous emploie. Savez-vous de quel crime vous vous êtes rendu coupable aujourd'hui? de la prise du roi, de son ignominie, de sa mort.

— Oh! oh! dit Porthos, croyez-vous?

— Vous exagérez, Athos, dit d'Artagnan, nous n'en sommes pas là.

— Eh! mon Dieu! nous y touchons, au contraire. Pourquoi arrête-t-on un roi? Quand on veut le respecter comme un maître, on ne l'achète pas comme un esclave. Croyez-vous que ce soit pour le remettre sur le trône que Cromwell l'a payé deux cent mille livres sterling? Amis, ils le tueront, soyez-en sûrs, et c'est encore le moindre crime qu'ils puissent commettre. Mieux vaut décapiter que souffleter son roi.

— Je ne vous dis pas non, et c'est possible après tout, dit d'Artagnan; mais que nous fait tout cela? Je suis ici, moi, parce que je suis soldat, parce que je sers mes maîtres, c'est-à-dire ceux qui me payent ma solde. J'ai fait serment d'obéir et j'obéis; mais vous, qui n'avez pas fait de serments, pourquoi êtes-vous ici, et quelle cause et servez-vous?

— La cause la plus sacrée qu'il y ait au monde, dit Athos, celle du malheur, de la royauté et de la religion. Un ami, une épouse, une fille, nous ont fait l'honneur de nous appeler à leur aide. Nous les avons servis selon nos faibles moyens, et Dieu nous tiendra compte de la volonté à défaut du pouvoir. Vous pouvez penser d'une autre façon, d'Artagnan, envisager les choses d'une autre manière, mon ami, je ne vous en détourne pas, mais je vous blâme.

— Oh! oh! dit d'Artagnan, et que me fait au bout du compte que M. Cromwell, qui est Anglais, se révolte contre son roi, qui est Écossais? Je suis Français, moi, toutes ces choses ne me regardent pas; pourquoi donc voudriez-vous m'en rendre responsable?

— Au fait! dit Porthos.

— Parce que tous les gentilshommes sont frères, parce que vous êtes gentilhomme, parce que les rois de tous les pays sont les premiers entre les gentilshommes, parce que la plèbe aveugle, ingrate et bête, prend toujours plaisir à abaisser ce qui lui est supérieur, et c'est vous, vous, d'Artagnan, l'homme de la vieille seigneurie, l'homme au beau nom, l'homme à la bonne épée, qui avez contribué à livrer un roi à des marchands de bière, à des tailleurs, à des charretiers! Ah! d'Artagnan, comme soldat, peut-être avez-vous fait votre devoir, mais, comme gentilhomme, vous êtes coupable, je vous le dis.

D'Artagnan mâchonnait une tige de fleur, ne répondait pas et se sentait mal à l'aise; car, lorsqu'il détournait son regard de celui d'Athos, il rencontrait celui d'Aramis.

— Et vous, Porthos, continua le comte comme s'il eût eu pitié de l'embarras de d'Artagnan, vous, le meilleur cœur, le meilleur ami, le meilleur soldat que je connaisse; vous, que votre âme faisait digne de naître sur les degrés d'un trône, et qui tôt ou tard serez récompensé par un roi intelligent; vous, mon cher Porthos, vous, gentilhomme par les mœurs, par les goûts et par le courage, vous êtes aussi coupable que d'Artagnan.

Porthos rougit, mais de plaisir plutôt que de confusion, et cependant, baissant la tête comme s'il était fort humilié:

— Oui, oui, dit-il, je crois que vous avez raison, mon cher comte.

Athos se leva.

— Allons, dit-il en marchant à d'Artagnan et en lui tendant la main; allons, ne boudez pas, mon cher fils, car tout ce que je vous ai dit, je vous l'ai dit sinon avec la voix, du moins avec le cœur d'un père. Il m'eût été plus facile, croyez-moi, de vous remercier de m'avoir sauvé la vie et de ne pas vous toucher un seul mot de mes sentiments.

— Sans doute, sans doute, Athos, répondit d'Artagnan en lui serrant la main à son tour; mais c'est qu'aussi vous avez de diables de sentiments que tout le monde ne peut avoir. Qui va s'imaginer qu'un homme raisonnable va quitter sa maison, la France, son pupille, un jeune homme charmant, car nous l'avons vu au camp, pour courir, où? au secours d'une royauté pourrie et vermoulue qui va crouler un de ces matins comme un vieille baraque? Le sentiment que vous dites est beau, sans doute, si beau qu'il est sur-humain

— Quel qu'il soit, d'Artagnan, répondit Athos sans donner dans le piége, qu'avec son adresse gasconne son ami tendait à son affection paternelle pour Raoul, quel qu'il

soit, vous savez bien au fond du cœur qu'il est juste; mais j'ai tort de discuter avec mon maitre. D'Artagnan, je suis votre prisonnier, traitez-moi donc comme tel.

— Ah! pardieu! dit d'Artagnan, vous savez bien que vous ne le serez pas longtemps, mon prisonnier.

— Non, dit Aramis, car on nous traitera sans doute comme ceux qui furent faits à Philipghauts.

— Eh bien! vous passerez par cette porte quand vous voudrez; car, à partir de ce moment, vous et Aramis vous êtes libres comme l'air.

— Et comment les a-t-on traités? demanda d'Artagnan.

— Mais, dit Aramis, on en a pendu une moitié et l'on a fusillé l'autre.

— Eh bien! moi, dit d'Artagnan, je vous réponds que, tant qu'il me restera une goutte de sang dans les veines, vous ne serez ni pendus ni fusillés. Sang-Diou! qu'ils y viennent! D'ailleurs, voyez-vous cette porte, Athos?

— Eh bien?

— Eh bien! vous passerez par cette porte quand vous voudrez; car, à partir de ce moment, vous et Aramis vous êtes libres comme l'air.

— Je vous reconnais bien là, mon brave d'Artagnan, répondit Athos, mais vous n'êtes plus maitre de nous : cette porte est gardée, d'Artagnan, vous le savez bien.

— Eh bien! vous la forcerez, dit Porthos. Qu'y a-t-il là? dix hommes tout au plus.

— Ce ne serait rien pour nous quatre, c'est trop pour nous deux. Non, tenez, divisés comme nous le sommes maintenant, il faut que nous périssions. Voyez l'exemple fatal : sur la tombe du Vendômois, d'Artagnan, vous si brave, Porthos, vous si vaillant et si fort, vous avez été battus ; aujourd'hui, Aramis et moi nous le sommes, c'est notre tour. Or, jamais cela ne nous est arrivé lorsque nous étions tous quatre réunis ; mourons donc comme est mort de Winter, quant à moi, je le déclare, je ne consens à fuir que tous quatre ensemble.

— Impossible, dit d'Artagnan, nous sommes sous les ordres de Mazarin.

— Je le sais et ne vous presse point davantage ; mes rai-

— Permettez, permettez, mon jeune monsieur, dit d'Artagnan, vous faites erreur, ce me semble : les prisonniers sont d'habitude à ceux qui les ont pris et non à ceux qui les ont regardé prendre — PAGE 94.

sonnements n'ont rien produit ; sans doute ils étaient mauvais, puisqu'ils n'ont point eu d'empire sur des esprits aussi justes que les vôtres.

— D'ailleurs, eussent-ils fait effet, dit Aramis, le meilleur est de ne pas compromettre deux excellents amis comme sont d'Artagnan et Porthos. Soyez tranquilles, messieurs, nous vous ferons honneur en mourant ; quant à moi, je me sens tout fier d'aller au-devant des balles et même de la

corde avec vous, Athos, car vous ne m'avez jamais paru si grand qu'aujourd'hui.

D'Artagnan ne disait rien, mais, après avoir rongé la tige de sa fleur, il se rongeait les doigts.

— Vous figurez-vous, reprit-il enfin, que l'on va vous tuer ? Et pourquoi faire ? qui a intérêt à votre mort ? D'ailleurs, vous êtes nos prisonniers

— Fou, triple fou! dit Aramis, ne connais-tu donc pas Mordaunt? Eh bien! moi je n'ai échangé qu'un regard avec lui, et j'ai vu dans ce regard que nous étions condamnés.

— Le fait est que je suis fâché de ne pas l'avoir étranglé, comme vous me l'aviez dit, Aramis, reprit Porthos.

— Eh! je me moque pas mal de Mordaunt! s'écria d'Artagnan; cap de Diou! s'il me chatouille de trop près, je l'écraserai, cet insecte! Ne vous sauvez donc pas, c'est inutile, car, je vous le jure, vous êtes ici aussi en sûreté que vous l'étiez, il y a vingt ans, vous, Athos, dans la rue Férou, et vous, Aramis, rue de Vaugirard.

— Tenez, dit Athos en étendant la main vers une des deux fenêtres grillées qui éclairaient la chambre, vous saurez tout à l'heure à quoi vous en tenir, car le voilà qui accourt.

— Qui?

— Mordaunt.

En effet, en suivant la direction qu'indiquait la main d'Athos, d'Artagnan vit un cavalier qui accourait au galop.

C'était en effet Mordaunt.

D'Artagnan s'élança hors de la chambre.

Porthos voulut le suivre.

— Restez, dit d'Artagnan, et ne venez que lorsque vous m'entendrez battre le tambour avec les doigts contre la porte.

CHAPITRE XVII.

JÉSUS SEIGNEUR.

Lorsque Mordaunt arriva en face de la maison, il vit d'Artagnan sur le seuil et les soldats couchés çà et là avec leurs armes sur le gazon du jardin.

— Holà! cria-t-il d'une voix étranglée par la précipitation de sa course, les prisonniers sont-ils toujours là?

— Oui, monsieur, dit le sergent en se levant vivement, ainsi que ses hommes, qui portèrent vivement, comme lui, la main à leur chapeau.

— Bien. Quatre hommes pour les prendre et les mener à l'instant même à mon logement.

Quatre hommes s'apprêtèrent.

— Plaît-il? dit d'Artagnan avec cet air goguenard que nos lecteurs ont dû lui voir bien des fois depuis qu'ils le connaissent. Qu'y a-t-il, s'il vous plaît?

— Il y a monsieur, dit Mordaunt, que j'ordonnais à quatre hommes de prendre les prisonniers que nous avons faits ce matin et de les conduire à mon logement.

— Et pourquoi cela? demanda d'Artagnan. Pardon de la curiosité; mais vous comprenez que je désire être édifié à ce sujet.

— Parce que les prisonniers sont à moi maintenant, répondit Mordaunt avec hauteur, et que j'en dispose à ma fantaisie.

— Permettez, permettez, mon jeune monsieur, dit d'Artagnan, vous faites erreur, ce me semble : les prisonniers sont d'habitude à ceux qui les ont pris, et non à ceux qui les ont regardé prendre; vous pouviez prendre milord de Winter, qui était votre oncle, à ce que l'on dit : vous avez préféré le tuer, c'est bien; nous pouvions, M. du Vallon et moi, tuer ces deux gentilshommes, nous avons préféré les prendre, chacun son goût.

Les lèvres de Mordaunt devinrent blanches.

D'Artagnan comprit que les choses ne tarderaient pas à se gâter, et se mit à tambouriner la marche des gardes sur la porte.

A la première mesure, Porthos sortit et vint se placer de l'autre côté de la porte, dont ses pieds touchaient le seuil et son front le faîte.

La manœuvre n'échappa point à Mordaunt.

— Monsieur, dit-il avec une colère qui commençait à poindre, vous ferez une résistance inutile; ces prisonniers viennent de m'être donnés à l'instant même par le général en chef mon illustre patron, par M. Olivier Cromwell.

D'Artagnan fut frappé de ces paroles comme d'un coup de foudre.

Le sang lui monta aux tempes, un nuage passa devant ses yeux, il comprit l'espérance féroce du jeune homme, et sa main descendit par un mouvement instinctif à la garde de son épée.

Quant à Porthos, il regardait d'Artagnan pour savoir ce qu'il devait faire et régler ses mouvements sur les siens.

Ce regard de Porthos inquiéta plus qu'il ne rassura d'Artagnan, et il commença à se reprocher d'avoir appelé la force brutale de Porthos dans une affaire qui lui semblait surtout devoir être menée par la ruse.

— La violence, se disait-il tout bas, nous perdrait tous : d'Artagnan, mon ami, prouve à ce jeune serpenteau que tu es non-seulement plus fort, mais encore plus fin que lui.

— Ah! dit-il en faisant un profond salut, que ne commenciez-vous par dire cela, monsieur Mordaunt? Comment! vous venez de la part de M. Olivier Cromwell, le plus illustre capitaine de ces temps-ci?

— Je le quitte, monsieur, dit Mordaunt en mettant pied à terre et en donnant son cheval à tenir à l'un de ses soldats, je le quitte à l'instant même.

— Que ne disiez-vous donc cela tout de suite, mon cher monsieur? continua d'Artagnan; toute l'Angleterre est à M. Cromwell, et, puisque vous venez me demander mes prisonniers en son nom, je m'incline, monsieur, ils sont à vous, prenez-les.

Mordaunt s'avança radieux, et Porthos, anéanti et regardant d'Artagnan avec une stupeur profonde, ouvrait la bouche pour parler.

D'Artagnan marcha sur la botte de Porthos, qui comprit alors que c'était un jeu que son ami jouait.

Mordaunt posa le pied sur le premier degré de la porte, et, le chapeau à la main, s'apprêta à passer entre les deux amis, en faisant signe à ses quatre hommes de le suivre.

— Mais, pardon, dit d'Artagnan avec le plus charmant sourire et en posant la main sur l'épaule du jeune homme, si l'illustre général Olivier Cromwell a disposé de nos prisonniers en votre faveur, il vous a sans doute fait par écrit cet acte de donation?

Mordaunt s'arrêta court.

— Il vous a donné quelque petite lettre pour moi, le moindre chiffon de papier, enfin, qui atteste que vous venez en son nom. Veuillez me confier ce chiffon, pour que j'excuse au moins par un prétexte l'abandon de mes compatriotes. Autrement, vous comprenez, quoique je sois sûr que le général Olivier Cromwell ne peut leur vouloir de mal, ce serait d'un mauvais effet.

Mordaunt recula, et, sentant le coup, lança un terrible regard à d'Artagnan; mais celui-ci répondit par la mine la plus aimable et la plus amicale qui ait jamais épanoui un visage.

— Lorsque je vous dis une chose, monsieur, dit Mordaunt, me faites-vous l'injure d'en douter?

— Moi! s'écria d'Artagnan, moi! douter de ce que vous dites! Dieu m'en préserve, mon cher monsieur Mordaunt! je vous tiens au contraire pour un digne et accompli gentilhomme, suivant les apparences; et puis, monsieur, voulez-vous que je vous parle franc? continua d'Artagnan avec sa mine ouverte.

— Parlez, monsieur, dit Mordaunt.

— Monsieur du Vallon, que voilà, est riche, il a quarante mille livres de rentes, et par conséquent ne tient point à l'argent; je ne parle donc pas pour lui, mais pour moi.

— Après, monsieur?

— Eh bien! moi, je ne suis pas riche; en Gascogne ce n'est point un déshonneur, monsieur; personne ne l'est, et Henri IV, de glorieuse mémoire, qui était le roi des Gascons, comme Sa Majesté Philippe IV est le roi de toutes les Espagnes, n'avait jamais le sou dans sa poche.

— Achevez, monsieur, dit Mordaunt; je vois où vous voulez en venir, et, si c'est ce que je pense qui vous retient, on pourra lever cette difficulté-là.

— Ah! je savais bien, dit d'Artagnan, que vous étiez un garçon d'esprit. Eh bien! voilà le fait, voilà où le bât me blesse, comme nous disons, nous autres Français. Je suis un officier de fortune, pas autre chose. Je n'ai que ce que me rapporte mon épée, c'est-à-dire plus de coups que de bank-notes. Or, en prenant ce matin deux Français qui me paraissent de grande naissance, deux chevaliers de la Jarretière, enfin, je me disais : Ma fortune est faite. Je dis deux, parce que, en pareille circonstance, M. du Vallon, qui est riche, me cède toujours ses prisonniers.

Mordaunt, complètement abusé par la verbeuse bonhomie de d'Artagnan, sourit en homme qui comprend à merveille les raisons qu'on lui donne, et répondit avec douceur :

— J'aurai l'ordre signé tout à l'heure, monsieur, et, avec cet ordre, deux mille pistoles; mais, en attendant, monsieur, laissez-moi emmener ces hommes.

— Non, dit d'Artagnan, que vous importe un retard d'une demi-heure? Je suis homme d'ordre, monsieur, faisons les choses dans les règles.

— Cependant, reprit Mordaunt, je pourrais vous forcer, monsieur, je commande ici!

— Ah! monsieur, dit d'Artagnan en souriant agréablement, on voit bien que, quoique nous ayons eu l'honneur de voyager, M. du Vallon et moi, en votre compagnie, vous ne nous connaissez pas. Nous sommes gentilshommes, nous sommes Français, nous sommes capables, à nous deux, de vous tuer, vous et vos huit hommes; pour Dieu! monsieur Mordaunt, ne faites pas l'obstiné, car, lorsque l'on s'obstine, je m'obstine aussi, et alors je deviens d'un entêtement féroce, et voilà monsieur, continua d'Artagnan, qui est comme moi, qui est bien plus entêté encore et bien plus féroce que moi : sans compter que nous sommes envoyés par M. le cardinal Mazarin, lequel représente le roi de France; il en résulte que, dans ce moment-ci, nous représentons le roi et le cardinal, ce qui fait qu'en notre qualité d'ambassadeurs nous sommes inviolables, chose que M. Olivier Cromwell, aussi grand politique certainement qu'il est grand général, est tout à fait homme à comprendre. Demandez-lui donc l'ordre écrit. Qu'est-ce que cela vous coûte, mon cher monsieur Mordaunt?

— Oui, l'ordre écrit, dit Porthos, qui commençait à comprendre l'intention de d'Artagnan; on ne vous demande que cela.

Si bonne envie que Mordaunt eût d'avoir recours à la violence, il était homme à très-bien reconnaître pour bonnes les raisons que lui donnait d'Artagnan.

D'ailleurs sa réputation lui imposait, et ce qu'il lui avait vu faire le matin venant en aide à sa réputation, il réfléchit.

De plus, ignorant complètement les relations de profonde amitié qui existaient entre les quatre Français, toutes ses inquiétudes avaient disparu devant le motif fort plausible d'ailleurs de la rançon.

Il résolut donc d'aller non-seulement chercher l'ordre, mais encore les deux mille pistoles auxquelles il avait estimé lui-même les deux prisonniers.

Mordaunt remonta donc à cheval, et, après avoir recommandé au sergent de faire bonne garde, il tourna bride et disparut.

— Bon! dit d'Artagnan, un quart d'heure pour aller à la tente, un quart d'heure pour revenir, c'est plus qu'il ne nous en faut.

Puis, revenant à Porthos sans que son visage exprimât le moindre changement, de sorte que ceux qui l'épiaient eussent pu croire qu'il continuait la même conversation ·

— Ami Porthos, lui dit-il en le regardant en face, écoutez bien ceci. D'abord, pas un seul mot à nos amis de ce que

— Eh bien! faites-moi le plaisir d'y prendre ma bourse, que j'ai laissée sur la cheminée.

vous venez d'entendre; il est inutile qu'ils sachent le service que nous leur rendons.

— Bien, dit Porthos, je comprends.

— Allez-vous-en à l'écurie, vous y trouverez Mousqueton, vous sellerez les chevaux, vous leur mettrez les pistolets dans les fontes, vous les ferez sortir, et vous les conduirez dans la rue d'en bas, afin qu'il n'y ait plus qu'à monter dessus; le reste me regarde.

Porthos ne fit point la moindre observation, et obéit avec cette sublime confiance qu'il avait en son ami.

— J'y vais, dit-il; seulement, entrerai-je dans la chambre où sont ces messieurs?

— Non, c'est inutile.

— Eh bien! faites-moi le plaisir d'y prendre ma bourse, que j'ai laissée sur la cheminée.

— Soyez tranquille

Porthos s'achemina de son pas calme et tranquille vers l'écurie, et passa au milieu des soldats, qui ne purent, tout Français qu'il était, s'empêcher d'admirer sa haute taille et ses membres vigoureux

A l'angle de la rue, il rencontra Mousqueton, qu'il emmena avec lui.

Alors d'Artagnan rentra tout en sifflotant un petit air qu' avait commencé au départ de Porthos.

— Mon cher Athos, je viens de réfléchir à vos raisonne-

Jésus Seigneur! — Page 98.

ments, et ils m'ont convaincu; décidément, je regrette de m'être trouvé à toute cette affaire. Vous l'avez dit, Mazarin est un cuistre. Je suis donc résolu de fuir avec vous; pas de réflexions, tenez-vous prêts; vos deux épées sont dans le coin, ne les oubliez pas, c'est un outil qui, dans les circonstances où nous nous trouvons, peut être fort utile; cela me rappelle la bourse de Porthos. Bon! la voilà.

Et d'Artagnan mit la bourse dans sa poche.

Les deux amis le regardaient faire avec stupéfaction.

— Eh bien! qu'y a-t-il donc d'étonnant? dit d'Artagnan, je vous le demande. J'étais aveugle; Athos m'a fait voir clair, voilà tout. Venez ici.

2

Les deux amis s'approchèrent.

— Voyez-vous cette rue? dit d'Artagnan, c'est là que seront les chevaux; vous sortirez par la porte, vous tournerez à gauche, vous sauterez en selle, et tout sera dit; ne vous inquiétez de rien que de bien écouter le signal. Ce signal sera quand je crierai : Jésus Seigneur !

— Mais vous, votre parole que vous viendrez, d'Artagnan? dit Athos.

— Sur Dieu, je vous le jure.

— C'est dit, s'écria Aramis. Au cri de : Jésus Seigneur ! nous sortons, nous renversons tout ce qui s'oppose à notre passage, nous courons à nos chevaux, nous sautons en selle, et nous piquons; est-ce cela?

— A merveille !

— Voyez, Aramis, dit Athos, je vous le dis toujours, d'Artagnan est le meilleur de nous tous

— Bon! dit d'Artagnan, des compliments, je me sauve. Adieu.

— Et vous fuyez avec nous, n'est-ce pas?

— Je le crois bien. N'oubliez pas le signal · Jésus Seigneur !

Et il sortit du même pas qu'il était entré, en reprenant l'air qu'il sifflotait en entrant à l'endroit où il l'avait interrompu.

Les soldats jouaient ou dormaient, deux chantaient faux dans un coin le psaume : *Super flumina Babylonis.*

D'Artagnan appela le sergent.

— Mon cher monsieur, lui dit-il, le général Cromwell m'a fait demander par M. Mordaunt; veillez bien, je vous prie, sur les prisonniers.

Le sergent fit signe qu'il ne comprenait pas le français.

Alors d'Artagnan essaya de faire comprendre par gestes ce qu'il n'avait pu faire comprendre par paroles.

Le sergent fit signe que c'était bien.

D'Artagnan descendit vers l'écurie.

Il trouva les cinq chevaux sellés, le sien comme les autres.

— Prenez chacun un cheval en main, dit-il à Porthos et à Mousqueton, tournez à gauche de façon qu'Athos et Aramis nous voient bien de leur fenêtre.

— Ils vont venir alors? dit Porthos.

— Dans un instant.

— Vous n'avez pas oublié ma bourse?

— Non, soyez tranquille.

— Bon.

Porthos et Mousqueton, tenant chacun un cheval en main, se rendirent à leur poste.

Alors d'Artagnan, resté seul, battit le briquet, alluma un morceau d'amadou deux fois grand comme une lentille, monta à cheval, et vint s'arrêter tout au milieu des soldats, en face de la porte.

Là, tout en flattant l'animal de la main, il lui introduisit le petit morceau d'amadou brûlant dans l'oreille.

Il fallait être aussi bon cavalier que l'était d'Artagnan pour risquer un pareil moyen, car, à peine l'animal eut-il senti la brûlure ardente, qu'il jeta un cri de douleur, se cabra et bondit comme s'il devenait fou.

Les soldats, qu'il menaçait d'écraser, s'éloignèrent précipitamment.

— A moi! à moi! criait d'Artagnan. Arrêtez! arrêtez! mon cheval a le vertige !

En effet, en un instant, le sang parut lui sortir des yeux et il devint blanc d'écume

— A moi! criait toujours d'Artagnan, sans que les soldats osassent venir à son aide. A moi! me laisserez-vous tuer? Jésus Seigneur !

A peine d'Artagnan avait-il poussé ce cri, que la porte s'ouvrit, et qu'Athos et Aramis, l'épée à la main, s'élancèrent.

Mais, grâce à la ruse de d'Artagnan, le chemin était libre.

— Les prisonniers qui se sauvent! les prisonniers qui se sauvent! cria le sergent.

— Arrête! arrête! cria d'Artagnan en lâchant la bride à son cheval furieux, qui s'élança en renversant deux ou trois hommes.

— Stop! stop! crièrent les soldats en courant à leurs armes.

Mais les prisonniers étaient déjà en selle; et, une fois en selle, ils ne perdirent pas de temps, s'élançant vers la porte la plus prochaine.

Au milieu de la rue, ils aperçurent Grimaud et Blaisois, qui revenaient cherchant leurs maîtres.

D'un signe Athos fit tout comprendre à Grimaud, lequel se mit à la suite de la petite troupe, qui semblait un tourbillon, et que d'Artagnan, qui venait par derrière, aiguillonnait encore de la voix.

Ils passèrent sous la porte comme des ombres, sans que les gardiens songeassent seulement à les arrêter, et se trouvèrent en rase campagne.

Pendant ce temps, les soldats criaient toujours :

— Stop! stop !

Et le sergent, qui commençait à s'apercevoir qu'il avait été dupe d'une ruse, s'arrachait les cheveux.

Sur ces entrefaites, on vit arriver un cavalier au galop et tenant un papier à la main.

C'était Mordaunt qui revenait avec l'ordre.

— Les prisonniers! cria-t-il en sautant à bas de son cheval.

Le sergent n'eut pas la force de lui répondre, il lui montra la porte béante et la chambre vide.

Mordaunt s'élança vers les degrés, comprit tout, poussa un cri comme si on lui eût déchiré les entrailles, et tomba évanoui sur la pierre.

CHAPITRE XVIII.

OU IL EST PROUVÉ QUE, DANS LES POSITIONS LES PLUS DIFFI-
CILES, LES GRANDS COEURS NE PERDENT JAMAIS LE COURAGE,
NI LES BONS ESTOMACS L'APPÉTIT.

La petite troupe, sans échanger une parole, sans regarder en arrière, courut ainsi au grand galop, traversant à pied une petite rivière dont personne ne savait le nom, et laissant à sa gauche une ville qu'Athos prétendit être Durham.

Enfin on aperçut un petit bois, et l'on donna un dernier coup d'éperon aux chevaux en les dirigeant de ce côté.

Dès qu'ils eurent disparu derrière un rideau de verdure assez épais pour les dérober aux regards de ceux qui pouvaient les poursuivre, ils s'arrêtèrent pour tenir conseil.

On donna les chevaux à tenir à deux des laquais, afin qu'ils soufflassent sans être dessellés ni débridés, et l'on plaça Grimaud en sentinelle.

— Venez d'abord, que je vous embrasse, mon ami, dit Athos à d'Artagnan, vous, notre sauveur, vous qui êtes le vrai héros parmi nous.

— Athos a raison, et je vous admire, dit à son tour Aramis en le serrant dans ses bras; à quoi ne devriez-vous pas prétendre avec un maître intelligent, œil infaillible, bras d'acier, esprit vainqueur!

— Maintenant, dit le Gascon, ça va bien, j'accepte tout pour moi et pour Porthos, embrassades et remerciments; nous avons du temps à perdre, allez, allez!

Les deux amis, rappelés par d'Artagnan à ce qu'ils devaient aussi à Porthos, lui serrèrent à son tour la main.

— Maintenant, dit Athos, il s'agirait de ne point courir au hasard et comme des insensés, mais d'arrêter un plan. Qu'allons-nous faire?

— Ce que nous allons faire, mordiou? Ce n'est point difficile à dire.

— Dites donc alors, d'Artagnan.

— Nous allons gagner le port de mer le plus proche, réunir toutes nos petites ressources, fréter un bâtiment et passer en France. Quant à moi, j'y mettrai jusqu'à mon dernier sou. Le premier trésor, c'est la vie, et la nôtre, il faut le dire, ne tient qu'à un fil.

— Qu'en dites-vous, du Vallon? demanda Athos.

— Moi, dit Porthos, je suis absolument de l'avis de d'Artagnan; c'est un vilain pays, que cette Angleterre.

— Vous êtes bien décidé à la quitter, alors? demanda Athos à d'Artagnan.

— Sang-Diou! dit d'Artagnan, je ne vois pas ce qui m'y retiendrait.

Athos échangea un regard avec Aramis.

— Allez donc, mes amis, dit-il en soupirant.

— Comment, allez! dit d'Artagnan. Allons, ce me semble!

— Non, mon ami, dit Athos. Il faut nous quitter.

— Vous quitter! dit d'Artagnan tout étourdi de cette nouvelle inattendue.

— Bah! fit Porthos, pourquoi donc nous quitter, puisque nous sommes ensemble?

— Parce que votre mission est accomplie, à vous, et que vous pouvez, que vous devez même retourner en France; mais la nôtre ne l'est pas, à nous.

— Votre mission n'est pas accomplie? dit d'Artagnan en regardant Athos avec surprise.

— Non, mon ami, répondit Athos de sa voix si douce et si ferme à la fois. Nous sommes venus ici pour défendre le roi Charles, nous l'avons mal défendu, il nous reste à le sauver.

— Sauver le roi! fit d'Artagnan en regardant Aramis comme il avait regardé Athos.

Aramis se contenta de faire un signe de tête.

Le visage de d'Artagnan prit un air de profonde compassion; il commença à croire qu'il avait affaire à deux insensés.

— Il ne se peut pas que vous parliez sérieusement, Athos, dit d'Artagnan; le roi est au milieu d'une armée qui le conduit à Londres. Cette armée est commandée par un boucher, ou un fils de boucher, peu importe, le colonel Harrison. Le procès va être fait à Sa Majesté, à son arrivée à Londres, je vous en réponds; j'en ai entendu sortir assez sur ce sujet de la bouche de M. Olivier Cromwell pour savoir à quoi m'en tenir.

Athos et Aramis échangèrent un second regard.

— Et, son procès fait, le jugement ne tardera pas à être mis à exécution, continua d'Artagnan. Oh! ce sont des gens qui vont vite en besogne, que messieurs les puritains.

— Et à quelle peine pensez-vous que le roi soit condamné? demanda Athos.

— Je crains bien que ce ne soit à la peine de mort; ils en ont trop fait contre lui pour qu'il leur pardonne; ils n'ont plus qu'un moyen, c'est de le tuer. Ne connaissez-vous donc pas le mot de M. Olivier Cromwell quand il est venu à Paris et qu'on lui a montré le donjon de Vincennes, où était enfermé M. de Vendôme?

— Quel est ce mot? demanda Porthos.

— Il ne faut toucher les princes qu'à la tête.

— Je le connaissais, dit Athos.

— Et vous croyez qu'il ne mettra point sa maxime à exécution, maintenant qu'il tient le roi?

— Si fait, j'en suis sûr même, mais raison de plus pour ne point abandonner l'auguste tête menacée.

— Athos, vous devenez fou.

— Non, mon ami, répondit doucement le gentilhomme, mais de Winter est venu nous chercher en France, il nous a conduits à madame Henriette. Sa Majesté nous a fait l'honneur, à M. d'Herblay et à moi, de nous demander notre aide pour son époux; nous lui avons engagé notre parole, le notre parole renfermait tout. C'était notre force, c'était notre intelligence, c'était notre vie, enfin, que nous lui engagions; il nous reste à tenir notre parole. Est-ce votre avis, d'Herblay?

— Oui, dit Aramis, nous avons promis.

— Puis, continua Athos, nous avons une autre raison, et la voici, écoutez bien : tout est pauvre et mesquin en France en ce moment. Nous avons un roi de dix ans qui ne sait pas encore ce qu'il veut; nous avons une reine qu'une passion tardive rend aveugle; nous avons un ministre qui régit la France comme il ferait d'une vaste ferme, c'est-à-dire ne se préoccupant que de ce qu'il y peut pousser d'or en la labourant avec l'intrigue et l'astuce italiennes; nous avons des princes qui font de l'opposition personnelle et égoïste, qui n'arriveront à rien qu'à tirer des mains de Mazarin quelques lingots d'or, quelques bribes de puissance. Je les ai servis, non par enthousiasme (Dieu sait que je les estime ce qu'ils valent, et qu'ils ne sont pas bien haut dans mon estime), mais par principe. Aujourd'hui, c'est autre chose; aujourd'hui, je rencontre sur ma route une haute infortune, une infortune royale, une infortune européenne : je m'y attache. Si nous parvenons à sauver le roi, ce sera beau; si nous mourons pour lui, ce sera grand!

— Ainsi, d'avance, vous savez que vous y périrez? dit d'Artagnan.

— Nous le craignons, et notre seule douleur est de mourir loin de vous.

— Qu'allez-vous faire dans un pays étranger, ennemi?

— Jeune, j'ai voyagé en Angleterre, je parle anglais comme un Anglais, et, de son côté, Aramis a quelque connaissance de la langue. Ah! si nous vous avions, mes amis! Avec vous, d'Artagnan, avec vous, Porthos, tous quatre, et réunis pour la première fois depuis vingt ans, nous tiendrions tête non-seulement à l'Angleterre, mais aux trois royaumes!

— Et avez-vous promis à cette reine, reprit d'Artagnan avec humeur, de forcer la Tour de Londres, de tuer cent mille soldats, de lutter victorieusement contre le vœu d'une nation et l'ambition d'un homme, quand cet homme s'ap

— Venez d'abord que je vous embrasse, mon ami, dit Athos à d'Artagnan, vous, notre sauveur. — Page 99.

pelle Cromwell? Vous ne l'avez pas vu, cet homme, vous, Athos, vous, Aramis. Eh bien! c'est un homme de génie, qui m'a fort rappelé notre cardinal, l'autre, le grand! vous savez bien. Ne vous exagérez donc pas vos devoirs. Au nom du ciel, mon cher Athos, ne faites pas du dévouement inutile. Quand je vous regarde, en vérité il me semble que je vois un homme raisonnable; quand vous me répondez, il me semble que j'ai affaire à un fou. Voyons, Porthos, joignez-vous donc à moi. Que pensez-vous de cette affaire, dites, franchement?

— Rien de bon, répondit Porthos.

— Voyons, continua d'Artagnan, impatienté de ce qu'au lieu de l'écouter, Athos semblait écouter une voix qui parlait en lui-même. Jamais vous ne vous êtes trouvé mal de mes conseils. Eh bien! croyez-moi, Athos, votre mission est ter minée, terminée noblement ; revenez en France avec nous.

— Ami, dit Athos, notre résolution est inébranlable.

— Mais vous avez donc quelque autre motif que nous ne connaissons pas ?

Athos sourit.

D'Artagnan frappa sa cuisse avec colère et murmura les raisons les plus convaincantes qu'il put trouver ; mais à toutes ces raisons Athos se contenta de répondre par un sourire calme et doux, et Aramis par des signes de tête.

— Eh bien ! s'écria enfin d'Artagnan furieux ; eh bien

— Eh bien ! s'écria enfin d'Artagnan furieux ; eh bien ! puisque vous le voulez, laissons donc nos os dans ce grodin de pays.

puisque vous le voulez, laissons donc nos os dans ce gredin de pays, où il fait froid toujours, où le beau temps est du brouillard, le brouillard de la pluie, la pluie du déluge ; où le soleil ressemble à la lune, et la lune à un fromage à la crème. Au fait, mourir là ou ailleurs, puisqu'il faut mourir, peu nous importe !

— Seulement, songez-y, dit Athos, cher ami, c'est mourir plus tôt.

— Bah ! un peu plus tôt, un peu plus tard, cela ne vaut pas la peine de chicaner.

— Si je m'étonne de quelque chose, dit sentencieusement Porthos, c'est que ce ne soit pas déjà fait.

— Oh ! cela se fera, soyez tranquille, Porthos, dit d'Artagnan. Ainsi, c'est convenu, continua le Gascon ; et si Porthos ne s'y oppose pas...

— Moi, s'écria Porthos, je ferai ce que vous voudrez

D'ailleurs, je trouve très-beau ce qu'a dit tout à l'heure le comte de la Fère.

— Mais votre avenir, d'Artagnan? Vos ambitions, Porthos?

— Notre avenir, nos ambitions? dit d'Artagnan avec une volubilité fiévreuse; avons-nous besoin de nous occuper de cela, puisque nous sauvons le roi? Le roi sauvé, nous rassemblons ses amis, nous battons les puritains, nous reconquérons l'Angleterre, nous rentrons dans Londres avec lui, nous le reposons bien carrément sur son trône.

— Et il nous fait ducs et pairs, ajouta Porthos, dont les yeux étincelaient de joie, même en voyant cet avenir à travers une fable.

— Ou il nous oublie, observa d'Artagnan.

— Oh! fit Porthos.

— Dame, cela s'est vu, ami Porthos, et il me semble que nous avons autrefois rendu à la reine Anne d'Autriche un service qui ne le cédait pas de beaucoup à celui que nous voulons rendre aujourd'hui à Charles Ier, ce qui n'a point empêché la reine Anne d'Autriche de nous oublier pendant vingt ans.

— Eh bien! malgré cela, d'Artagnan, reprit Athos, êtes-vous fâché de le lui avoir rendu, ce service?

— Non, ma foi, répondit d'Artagnan, et j'avoue même que, dans mes moments de plus mauvaise humeur, eh bien! j'ai trouvé une consolation dans ce souvenir.

— Vous voyez bien, d'Artagnan, que les princes sont ingrats souvent, mais que Dieu ne l'est jamais.

— Tenez, Athos, dit d'Artagnan, je crois que, si vous rencontriez le diable sur la terre, vous feriez si bien, que vous le ramèneriez vous au ciel.

— Ainsi donc... dit Athos en tendant la main à d'Artagnan.

— Ainsi donc, c'est convenu, continua d'Artagnan, je trouve l'Angleterre un pays charmant, et j'y reste, mais à une condition.

— Laquelle?

— C'est qu'on ne me forcera pas d'apprendre l'anglais.

— Eh bien! maintenant, dit Athos triomphant, je vous le jure, mon ami, par ce Dieu qui nous entend, par mon nom que je crois sans tache, je crois qu'il y a une puissance qui veille sur nous, et j'ai l'espoir que nous reverrons tous quatre la France.

— Soit, dit d'Artagnan, mais moi j'avoue que j'ai la conviction toute contraire.

— Ce cher d'Artagnan, observa Aramis, il représente au milieu de nous l'opposition des parlements, qui disent toujours non et qui font toujours oui.

— Oui, mais qui en attendant sauvent la patrie, ajouta Athos.

— Eh bien! maintenant que tout est arrêté, dit Porthos en se frottant les mains, si nous pensions à dîner? Il me semble que, dans les situations les plus critiques de notre vie, nous avons dîné toujours.

— Ah! oui, dit Aramis, parlez donc de dîner dans un pays où l'on mange pour tout festin du mouton cuit à l'eau, et où, pour tout régal, on boit de la bière! Comment, diable! êtes-vous venu dans un pareil pays, Athos? Ah! pardon, ajouta-t-il en souriant, j'oubliais que vous n'êtes plus Athos. Mais, n'importe, voyons votre plan pour dîner, Porthos.

— Mon plan?

— Oui, avez-vous un plan?

— Non, j'ai faim, voilà tout.

— Pardieu, si ce n'est que cela, moi aussi, j'ai faim, mais ce n'est pas le tout que d'avoir faim, il faut trouver à manger, et, à moins de brouter l'herbe comme nos chevaux...

— Ah! fit Aramis, qui n'était pas tout à fait si détaché des choses de la terre qu'Athos, quand nous étions au Parpaillot, vous rappelez-vous les belles huîtres que nous mangions?

— Et ces gigots de mouton des marais salants! fit Porthos en passant sa langue sur ses lèvres.

— Mais, dit d'Artagnan, n'avons-nous pas notre ami Mousqueton, qui vous faisait si bien vivre à Chantilly, Porthos?

— En effet, dit Porthos, nous avons Mousqueton; mais, depuis qu'il est intendant, il s'est fort alourdi; n'importe, appelons-le.

Et pour être sûr qu'il répondît agréablement:

— Eh! Mouston? fit Porthos.

Mouston parut; il avait la figure fort piteuse.

— Qu'avez-vous donc, mon cher monsieur Mouston? d'Artagnan; seriez-vous malade?

— Monsieur, j'ai très-faim, répondit Mousqueton.

— Eh bien! c'est justement pour cela que nous vous faisons venir, mon cher monsieur Mouston. Ne pourriez-vous donc pas vous procurer au collet quelques-uns de ces gentils lapins et quelques-unes de ces charmantes perdrix dont vous faisiez des gibelottes et des salmis à l'hôtel de... ma foi, je ne me rappelle plus le nom de l'hôtel; et au laço quelques-unes de ces bouteilles de vieux vin de Bourgogne qui ont si vivement guéri votre maître de sa foulure?

— Hélas! monsieur, dit Mousqueton, je crains bien que tout ce que vous demandez là ne soit fort rare dans cet affreux pays, et je crois que nous ferions mieux d'aller demander l'hospitalité au maître d'une petite maison que l'on aperçoit de la lisière du bois.

— Comment! il y a une maison aux environs? demanda d'Artagnan.

— Oui, monsieur, répondit Mouston.

— Eh bien! comme vous le dites, mon ami, allons demander à dîner au maître de cette maison. Messieurs, qu'en pensez-vous, et le conseil de M. Mouston ne vous paraît-il pas plein de sens?

— Eh! eh! dit Aramis, si le maître est puritain?

— Tant mieux, mordioux! s'il est puritain, nous lui apprendrons la prise du roi, et, en l'honneur de cette nouvelle, il nous donnera ses poules blanches.

— Mais s'il est cavalier? dit Porthos.

— Dans ce cas, nous prendrons un air de deuil et nous plumerons ses poules noires.

— Vous êtes bien heureux, dit Athos en souriant malgré lui de la saillie de l'indomptable Gascon, car vous voyez toutes choses en riant.

— Que voulez-vous? dit d'Artagnan, je suis d'un pays où il n'y a pas un nuage au ciel.

— Ce n'est pas comme dans celui-ci, dit Porthos en étendant la main pour s'assurer si un sentiment de fraîcheur qu'il venait de ressentir sur sa joue était bien réellement causé par une goutte de pluie.

— Allons, allons, dit d'Artagnan, raison de plus pour nous mettre en route... Holà, Grimaud?

Grimaud apparut.

— Eh bien! Grimaud, mon ami, avez-vous vu quelque chose? demanda d'Artagnan.

— Rien, répondit Grimaud.

— Ces imbéciles, dit Porthos, ils ne nous ont même pas poursuivis. Oh! si nous eussions été à leur place!

— Eh! ils ont eu tort, dit d'Artagnan, je dirais volontiers deux mots au Mordaunt dans cette petite thébaïde. Voyez la jolie place pour coucher proprement un homme à terre!

— Décidément, dit Aramis, je crois, messieurs, que le fils n'est pas de la force de la mère.

— Eh! cher ami, répondit Athos, attendez donc, nous le quittons depuis deux heures à peine, il ne sait pas encore de quel côté nous nous dirigeons, il ignore où nous sommes. Nous dirons qu'il est moins fort que sa mère en mettant le pied sur la terre de France, si d'ici là nous ne sommes ni tués ni empoisonnés.

— Dinons toujours en attendant, dit Porthos

— Ma foi oui, dit d'Artagnan.

Et les quatre amis, conduits par Mousqueton, s'acheminèrent vers la maison, déjà presque rendus à leur insouciance première, car ils étaient maintenant tous les quatre réunis et d'accord, comme l'avait dit Athos.

CHAPITRE XIX.

SALUT A LA MAJESTÉ TOMBÉE.

A mesure qu'ils approchaient de la maison, nos fugitifs voyaient la terre écorchée, comme si une troupe considérable de cavaliers les eût précédés ; devant la porte, les traces étaient encore plus visibles.

Cette troupe, quelle qu'elle fût, avait fait là une halte.

— Pardieu ! dit d'Artagnan, la chose est claire, le roi et son escorte ont passé par ici.

— Diable ! dit Porthos, en ce cas, ils auront tout dévoré.

— Bah ! dit d'Artagnan, ils auront bien laissé une poule.

Et il sauta à bas de son cheval et frappa à la porte, mais personne ne répondit.

Il poussa la porte, qui n'était pas fermée, et vit que la première chambre était vide et déserte.

— Eh bien ? demanda Porthos.

— Je ne vois personne, dit d'Artagnan... Ah ! ah !

— Quoi ?

— Du sang !

A ce mot, les trois amis sautèrent à bas de leurs chevaux et entrèrent dans la première chambre ; mais d'Artagnan avait déjà poussé la porte de la seconde, et, à l'expression de son visage, il était clair qu'il y voyait quelque objet extraordinaire.

Les trois amis s'approchèrent et aperçurent un homme encore jeune étendu à terre et baigné dans une mare de sang.

On voyait qu'il avait voulu gagner son lit, mais il n'en avait pas eu la force, il était tombé auparavant.

Athos fut le premier qui s'approcha de ce malheureux ; il avait cru lui voir faire un mouvement.

— Eh bien ? demanda d'Artagnan.

— Eh bien ! s'il est mort, dit Athos, il n'y a pas longtemps, car il est chaud encore. Mais non, son cœur bat. Eh ! mon ami ?

Le blessé poussa un soupir.

D'Artagnan prit de l'eau dans le creux de sa main et la lui jeta au visage.

L'homme rouvrit les yeux, fit un mouvement pour relever sa tête et retomba.

Athos alors essaya de le lui porter sur son genou, mais il s'aperçut que la blessure était un peu au-dessus du cervelet et lui fendait le crâne ; le sang s'en échappait avec abondance.

Aramis trempa une serviette dans l'eau et l'appliqua sur

la plaie ; la fraicheur rappela le blessé à lui, il rouvrit une seconde fois les yeux.

Il regarda avec etonnement ces hommes qui paraissaient le plaindre, et qui, autant qu'il était en leur pouvoir, essayaient de lui porter secours

— Vous êtes avec des amis, dit Athos en anglais, rassurez-vous donc, et, si vous en avez la force, racontez-nous ce qui est arrivé.

— Le roi, murmura le blessé, le roi est prisonnier.

— Vous l'avez vu? demanda Aramis dans la même langue.

L'homme ne répondit pas

— Soyez tranquille, reprit Athos, nous sommes de fidèles serviteurs de Sa Majesté.

— Est-ce vrai, ce que vous me dites là? demanda le blesse.

— Sur notre honneur de gentilshommes.

— Alors, je puis donc tout vous dire.

— Dites.

— Je suis le frère de Parry, le valet de chambre de Sa Majesté.

Athos et Aramis se rappelèrent que c'était de ce nom que de Winter avait appelé le laquais qu'ils avaient trouvé dans le corridor de la tente royale.

A hos fut le premier qui s'approcha de ce malheureux. — Page 103.

— Nous le connaissons, dit Athos ; il ne quittait jamais le roi.

— Oui, c'est cela, dit le blessé. Eh bien! voyant le roi pris, il songea à moi; on passait devant la maison, il demanda au nom du roi à ce qu'on s'y arrêtât. La demande fut accordée. Le roi, disait-on, avait faim ; on le fit entrer dans la chambre où je suis, afin qu'il y prit son repas, et l'on plaça des sentinelles aux portes et aux fenêtres. Parry connaissait cette chambre, car plusieurs fois, tandis que Sa Majesté était à Newcastle, il était venu me voir. Il savait que dans cette chambre il y avait une trappe, que cette trappe conduisait à la cave, et que de cette cave on pouvait gagner le verger. Il me fit un signe. Je compris. Mais sans doute ce signe fut intercepté par les gardiens du roi et les mit en défiance. Ignorant qu'on se doutât de quelque chose, je n'eus plus qu'un désir, celui de sauver Sa Majesté. Je fis donc semblant de sortir pour aller chercher du bois, en pensant qu'il n'y avait pas de temps à perdre. J'entrai dans le passage souterrain qui conduisait à la cave à laquelle cette trappe correspondait. Je levai la planche avec ma tête; et, tandis que Parry poussait doucement le verrou de la porte, je fis signe au roi de me suivre. Hélas! il ne le voulait pas; on eût dit que cette fuite lui répugnait. Mais Parry joignit les mains en le suppliant; je l'implorai aussi de mon côté pour qu'il ne perdit pas une pareille occasion. Enfin il se décida à me suivre. Je marchai devant, par bonheur; le roi venait à quelques pas derrière moi, lorsque tout à coup, dans le passage souterrain, je vis se dresser comme une grande ombre. Je voulus crier pour avertir le roi, mais je n'en eus pas le temps. Je sentis un coup comme si la maison s'écroulait sur ma tête, et je tombai évanoui.

— Bon et loyal Anglais ! fidèle serviteur! dit Athos.

— Quand je revins à moi, j'étais étendu à la même place.

Je me traînai jusque dans la cour : le roi et son escorte étaient partis. Je mis une heure peut-être à venir de la cour ici; mais ici les forces me manquèrent, et je m'évanouis pour la seconde fois.

— Et à cette heure, comment vous sentez-vous?

— Bien mal. dit le blessé.

— Pouvons-nous quelque chose pour vous? demanda Athos.

— Aidez-moi à me mettre sur le lit; cela me soulagera, il me semble.

— Aurez-vous quelqu'un qui vous porte secours?

— Ma femme est à Durham, et va revenir d'un moment à

Le colonel Harrison.

l'autre. Mais, vous-mêmes, n'avez-vous besoin de rien? ne désirez-vous rien?

— Nous étions venus dans l'intention de vous demander à manger.

— Hélas! ils ont tout pris, et il ne reste pas un morceau de pain dans la maison.

— Vous entendez, d'Artagnan? dit Athos, il nous faut aller chercher notre dîner ailleurs.

— Cela m'est bien égal, maintenant, dit d'Artagnan; je n'ai plus faim.

— Ma foi, ni moi non plus, dit Porthos.

Et ils transportèrent l'homme sur son lit.
On fit venir Grimaud, qui pansa sa blessure.
Grimaud avait, au service des quatre amis, eu tant de fois

l'occasion de faire de la charpie et des compresses, qu'il avait pris une certaine teinte de chirurgie.

Pendant ce temps, les fugitifs étaient revenus dans la première chambre et tenaient conseil.

— Maintenant, dit Aramis, nous savons à quoi nous en tenir : c'est bien le roi et son escorte qui sont passés par ici ; il faut prendre du côté opposé. Est-ce votre avis, Athos ?

Athos ne répondit pas, il réfléchissait.

— Oui, dit Porthos, prenons du côté opposé. Si nous suivons l'escorte, nous trouverons tout dévoré, et nous finirons par mourir de faim ; quel maudit pays que cette Angleterre ! c'est la première fois que j'aurai manqué à dîner. Le dîner est mon meilleur repas, à moi.

— Que pensez-vous, d'Artagnan ? dit Athos ; êtes-vous de l'avis d'Aramis ?

— Non point, dit d'Artagnan, je suis au contraire de l'avis tout opposé.

— Comment, vous voulez suivre l'escorte ? dit Porthos effrayé.

— Non, mais faire route avec elle.

Les yeux d'Athos brillèrent de joie.

— Faire route avec l'escorte ! s'écria Aramis.

— Laissez dire d'Artagnan, vous savez que c'est l'homme aux bons conseils, dit Athos.

— Sans doute, reprit d'Artagnan, il faut aller où l'on ne nous cherchera pas. Or, on se gardera bien de nous chercher parmi les puritains, allons donc parmi les puritains.

— Bien, ami, bien, excellent conseil, dit Athos, j'allais le donner quand vous m'avez devancé.

— C'est donc aussi votre avis ? demanda Aramis.

— Oui. On croira que nous voulons quitter l'Angleterre, on nous cherchera dans les ports ; pendant ce temps, nous arrivons à Londres avec le roi ; une fois à Londres, nous sommes introuvables : au milieu d'un million d'hommes, il n'est pas difficile de se cacher, sans compter, continua Athos en jetant un regard à Aramis, les chances que nous offre ce voyage.

— Oui, dit Aramis, je comprends.

— Moi, je ne comprends pas, dit Porthos, mais n'importe, puisque cet avis est à la fois celui de d'Artagnan et d'Athos, ce doit être le meilleur.

— Mais, observa Aramis, ne paraîtrons-nous point suspects au colonel Harrison ?

— Eh ! mordioux ! dit d'Artagnan, c'est justement sur lui que je compte : le colonel Harrison est de nos amis ; nous l'avons vu deux fois chez le général Cromwell ; il sait que nous lui avons été envoyés de France par mons Mazarini, il nous regardera comme des frères. D'ailleurs, n'est-ce pas le fils d'un boucher ? Oui, n'est-ce pas ! Eh bien ! Porthos lui montrera comment on assomme un bœuf d'un coup de poing, et moi, comment on renverse un taureau en le prenant par les cornes ; cela captera sa confiance.

Athos sourit.

— Vous êtes le meilleur compagnon que je connaisse, d'Artagnan, dit-il en tendant la main au Gascon, et je suis bien heureux de vous avoir retrouvé, mon cher fils.

C'était, comme on le sait, le nom qu'Athos donnait à d'Artagnan dans ses grandes effusions de cœur.

En ce moment Grimaud sortit de la chambre.

Le blessé était pansé et se trouvait mieux.

Les quatre amis prirent congé de lui et lui demandèrent s'il n'avait pas quelque commission à leur donner pour son frère.

— Dites-lui, répondit le brave homme, qu'il fasse savoir

au roi qu'ils ne m'ont pas tué tout à fait ; si peu que je sois, je suis sûr que Sa Majesté me regrette et se reproche ma mort.

— Soyez tranquille, dit d'Artagnan, il le saura avant ce soir.

La petite troupe se remit en marche ; il n'y avait point à se tromper de chemin.

Celui qu'elle voulait suivre était visiblement tracé à travers la plaine.

Au bout de deux heures de marche silencieuse, d'Artagnan, qui tenait la tête, s'arrêta au tournant d'un chemin.

— Ah ! ah ! dit-il, voici nos gens.

En effet, une troupe considérable de cavaliers apparaissait à une demi-lieue de là environ.

— Mes chers amis, dit d'Artagnan, donnez vos épées à M. Mouston, qui vous les remettra en temps et lieu, et n'oubliez point que vous êtes nos prisonniers.

Puis on mit au trot les chevaux, qui commençaient à se fatiguer, et l'on eut bientôt rejoint l'escorte.

Le roi, placé en tête, entouré d'une partie du régiment du colonel Harrison, cheminait impassible, toujours digne et avec une sorte de bonne volonté.

En apercevant Athos et Aramis, auxquels on ne lui avait pas laissé le temps de dire adieu, et en lisant dans les regards des deux gentilshommes qu'il avait encore des amis à quelques pas de lui, quoiqu'il crût ces amis prisonniers, une rougeur de plaisir monta aux joues pâlies du roi.

D'Artagnan gagna la tête de la colonne, et, laissant ses amis sous la garde de Porthos, il alla droit à Harrison, qui le reconnut effectivement pour l'avoir vu chez Cromwell, et qui l'accueillit aussi poliment qu'un homme de cette condition et de ce caractère pouvait accueillir quelqu'un.

Ce qu'avait prévu d'Artagnan arriva.

Le colonel n'avait et ne pouvait avoir aucun soupçon.

On s'arrêta ; c'était à cette halte que devait dîner le roi.

Seulement, cette fois, les précautions furent prises pour qu'il ne tentât pas de s'échapper.

Dans la grande chambre de l'hôtellerie, une petite table fut placée pour lui, et une grande table pour les officiers.

— Dînez-vous avec moi ? demanda Harrison a d'Artagnan.

— Diable ! dit d'Artagnan, cela me ferait grand plaisir, mais j'ai mon compagnon, M. du Vallon, et mes deux prisonniers, que je ne puis quitter, et qui encombreraient votre table. Mais faisons mieux : faites dresser une table dans un coin, et envoyez-nous ce que bon vous semblera de la vôtre, car sans cela nous courons grand risque de mourir de faim. Ce sera toujours dîner ensemble, puisque nous dînerons dans la même chambre.

— Soit, dit Harrison.

La chose fut arrangée comme le désirait d'Artagnan, et, lorsqu'il revint près du colonel, il trouva le roi déjà assis à sa petite table et servi par Parry, Harrison et ses officiers attablés en communauté, et, dans un coin, les places réservées pour lui et ses compagnons.

La table à laquelle étaient assis les officiers puritains était ronde, et, soit hasard, soit grossier calcul, Harrison tournait le dos au roi.

Le roi vit entrer les quatre gentilshommes, mais il ne parut faire aucune attention à eux.

Ils allèrent s'asseoir à la table qui leur était réservée, et se placèrent pour ne tourner le dos à personne.

Ils avaient en face d'eux la table des officiers et celle du roi.

Harrison, pour faire honneur à ses hôtes, leur envoyait les meilleurs plats de sa table.

Malheureusement pour les quatre amis, le vin manquait.

La chose paraissait complétement indifférente à Athos, mais d'Artagnan, Porthos et Aramis faisaient la grimace chaque fois qu'il leur fallait avaler la bière, cette boisson puritaine.

— Ma foi, colonel, dit d'Artagnan, nous vous sommes bien reconnaissants de votre gracieuse invitation, car sans vous nous courions le risque de nous passer de dîner, comme nous nous sommes passés de déjeuner, et voilà mon ami M. du Vallon qui partage ma reconnaissance, car il avait grand'faim.

— J'ai faim encore, dit Porthos en saluant le colonel Harrison.

— Et comment ce grave événement vous est-il donc arrivé, de vous passer de déjeuner? demanda le colonel en riant.

— Par une raison bien simple, colonel, dit d'Artagnan. J'avais hâte de vous rejoindre, et, pour arriver à ce résultat, j'avais pris la même route que vous, ce que n'aurait pas dû faire un vieux fourrier comme moi, qui doit savoir que là où a passé un bon et brave régiment comme le vôtre, il ne reste rien à glaner. Aussi, vous comprenez notre déception lorsqu'en arrivant à une jolie petite maison située à la lisière d'un bois, et qui de loin, avec son toit rouge et ses contrevents verts, avait un petit air de fête qui faisait plaisir à voir, au lieu d'y trouver les poules que nous nous apprêtions à faire rôtir, et les jambons que nous comptions faire griller, nous ne vîmes qu'un pauvre diable baigné... Ah! mordioux! colonel, faites mon compliment à celui de vos officiers qui a donné ce coup-là : il était bien donné, si bien donné, qu'il a fait l'admiration de M. du Vallon, mon ami, qui les donne gentiment aussi, les coups.

— Oui, dit Harrison en riant et en s'adressant des yeux à un officier assis à sa table, quand Groslow se charge de cette besogne, il n'y a pas besoin d'y revenir après lui.

— Ah! c'est monsieur, dit d'Artagnan en saluant l'officier; je regrette que monsieur ne parle pas français, pour lui faire mon compliment.

— Je suis prêt à le recevoir et à vous le rendre, monsieur, dit l'officier en assez bon français, car j'ai habité trois ans Paris.

— Eh bien! monsieur, je m'empresse de vous dire, continua d'Artagnan, que le coup était si bien appliqué, que vous avez presque tué votre homme.

— Je croyais l'avoir tué tout à fait, dit Groslow.

— Non. Il ne s'en est pas fallu de grand'chose, c'est vrai, mais il n'est pas mort.

Et, en disant ces mots, d'Artagnan lança un regard sur Parry, qui se tenait debout devant le roi, la pâleur de la mort au front, pour lui indiquer que cette nouvelle était à son adresse.

Quant au roi, il avait écouté toute cette conversation le cœur serré d'une indicible angoisse, car il ne savait pas où l'officier français en voulait venir, et ces détails cruels, cachés sous une apparence insoucieuse, le révoltaient.

Aux derniers mots que d'Artagnan prononça seulement, il respira avec liberté.

— Ah diable! dit Groslow, je croyais avoir mieux réussi. S'il n'y avait pas si loin d'ici à la maison de ce misérable, je retournerais pour l'achever.

— Et vous feriez bien, si vous avez peur qu'il en revienne, dit d'Artagnan; car, vous le savez, quand les blessures à la tête ne tuent pas sur le coup, au bout de huit jours elles sont guéries.

Et d'Artagnan lança un second regard à Parry, sur la figure duquel se répandit une telle expression de joie, que Charles lui tendit la main en souriant.

Parry s'inclina sur la main de son maître et la baisa avec respect.

— En vérité, d'Artagnan, dit Athos, vous êtes à la fois homme de parole et d'esprit. Mais que dites-vous du roi?

— Sa physionomie me revient tout à fait, dit d'Artagnan : il a l'air à la fois noble et bon.

— Oui, mais il se laisse prendre, dit Porthos, c'est un tort...

— J'ai bien envie de boire à la santé du roi, interrompit Athos.

— Alors, laissez-moi porter la santé, dit d'Artagnan.

— Faites, dit Aramis.

Porthos regardait d'Artagnan, tout étourdi des ressources que son esprit gascon fournissait incessamment à son camarade. D'Artagnan prit son gobelet d'étain, l'emplit et se leva.

— Messieurs, dit-il à ses compagnons, buvons, s'il vous plaît, à celui qui préside le repas. A notre colonel, et qu'il sache que nous sommes bien à son service jusqu'à Londres et au delà.

Et comme, en disant ces paroles, d'Artagnan regardait Harrison, Harrison crut que le toast était pour lui, se leva et salua les quatre amis, qui, les yeux attachés sur le roi Charles, burent ensemble, tandis que Harrison, de son côté, vidait son verre sans aucune défiance.

Charles à son tour, tendit son verre à Parry, qui y versa quelques gouttes de bière, car le roi était au régime de tout le monde, et, le portant à ses lèvres en regardant à son tour les quatre gentilshommes, il but avec un sourire plein de noblesse et de reconnaissance.

— Allons, messieurs, s'écria Harrison en reposant son verre et sans aucun égard pour l'illustre prisonnier qu'il conduisait, en route!

— Où couchons-nous, colonel?

— A Tirsk, répondit Harrison.

— Parry, dit le roi en se levant à son tour et en se retournant vers son valet, mon cheval. Je veux aller à Tirsk.

— Ma foi, dit d'Artagnan à Athos, votre roi m'a véritablement séduit, et je suis tout à fait à son service.

— Si ce que vous me dites là est sincère, répondit Athos, il n'arrivera pas jusqu'à Londres.

— Comment cela?

— Oui, car avant ce moment nous l'aurons enlevé.

— Ah! pour cette fois, Athos, dit d'Artagnan, ma parole d'honneur, vous êtes fou.

— Avez-vous donc quelque projet arrêté? demanda Aramis.

— Eh! dit Porthos, la chose ne serait pas impossible on avait un bon projet.

— Je n'en ai pas, dit Athos; mais d'Artagnan en trouvera un.

D'Artagnan haussa les épaules, et l'on se mit en route.

CHAPITRE XX.

D'ARTAGNAN TROUVE UN PROJET.

Athos connaissait d'Artagnan mieux peut-être que d'Artagnan ne se connaissait lui-même

Il savait que, dans un esprit aventureux comme l'était celui du Gascon, il s'agit de laisser tomber une pensée, comme dans une terre riche et vigoureuse il s'agit seulement de laisser tomber une graine.

Il avait donc laissé tranquillement son ami hausser les épaules, et il avait continué son chemin en lui parlant de Raoul, conversation qu'il avait, dans une autre circonstance complétement laissée tomber, on se le rappelle.

A la nuit fermée, on arriva à Tirsk.

Grimaud coucha sur une botte de paille en travers de la porte.

Les quatre amis parurent complétement étrangers et indifférents aux mesures de précaution que l'on prenait pour s'assurer de la personne du roi.

Ils se retirèrent dans une maison particulière, et, comme ils avaient d'un moment à l'autre à craindre pour eux-mêmes, ils s'établirent dans une seule chambre, en se ménageant une issue en cas d'attaque.

Les valets furent distribués à des postes différents

Grimaud coucha sur une botte de paille en travers de la porte.

D'Artagnan était pensif et semblait avoir momentanément perdu sa loquacité ordinaire.

Il ne disait pas le mot, sifflotant sans cesse, allant de son lit à la croisée.

Porthos, qui ne voyait jamais rien que les choses extérieures, lui parlait comme d'habitude.

D'Artagnan répondait par monosyllabes.

Athos et Aramis se regardaient en souriant.

La journée avait été fatigante, et cependant, à l'exception de Porthos, dont le sommeil était aussi inflexible que l'appétit, les amis dormirent mal.

Le lendemain, d'Artagnan fut le premier debout.

Il était déjà descendu aux écuries, il avait déjà visité les chevaux, il avait déjà donné tous les ordres nécessaires à la journée, qu'Athos et Aramis n'étaient point levés, et que Porthos ronflait encore.

A huit heures, on se mit en marche dans le même ordre que la veille.

Groslow.

Seulement d'Artagnan laissa ses amis cheminer de leur côté, et alla renouer avec M. Groslow la connaissance entamée la veille.

Celui-ci, que ses éloges avaient doucement caressé au cœur, le reçut avec un gracieux sourire.

— En vérité, monsieur, lui dit d'Artagnan, je suis heureux de trouver quelqu'un avec qui parler ma pauvre langue.

M. du Vallon, mon ami, est d'un caractère fort mélancolique, de sorte qu'on ne saurait lui tirer quatre paroles par jour; quant à nos deux prisonniers, vous comprenez qu'ils sont peu en train de faire la conversation.

— Ce sont des royalistes enragés, dit Groslow.

— Raison de plus pour qu'ils nous boudent d'avoir pris le Stuart, à qui, je l'espère bien, vous allez faire un bel et bon procès.

— Dâme! dit Groslow, nous le conduisons à Londres pour cela.

— Et vous ne le perdez pas de vue, je présume?

— Peste! je le crois bien! Vous le voyez, ajouta l'officier en riant, il a une escorte vraiment royale.

— Oh! le jour, il n'y a pas de danger qu'il nous échappe, mais la nuit...

— La nuit, les précautions redoublent.

— Et quel mode de surveillance employez-vous?

— Huit hommes demeurent constamment dans sa chambre.

— Diable! fit d'Artagnan, il est bien gardé. Mais, outre ces huit hommes, vous placez sans doute une garde dehors! On ne peut prendre trop de précautions contre un pareil prisonnier.

— Oh! non. Pensez donc: que voulez-vous que fassent deux hommes sans armes contre huit hommes armés?

— Comment, deux hommes?

— Oui, le roi et son valet de chambre.

— On a donc permis à son valet de chambre de ne pas le quitter?

— Oui, Stuart a demandé qu'on lui accordât cette grâce, et le colonel Harrison y a consenti. Sous prétexte qu'il est roi, il parait qu'il ne peut pas s'habiller ni se déshabiller tout seul.

— En vérité, capitaine, dit d'Artagnan, décidé à continuer à l'endroit de l'officier anglais le système laudatif qui lui avait si bien réussi, plus je vous écoute, plus je m'étonne de la manière facile et élégante avec laquelle vous parlez français. Vous avez habité Paris trois ans, c'est bien; mais j'habiterais Londres toute ma vie que je n'arriverais pas, j'en suis sûr, au degré où vous en êtes. Que faisiez-vous donc, à Paris?

— Mon père, qui est commerçant, m'avait placé chez son correspondant, qui, de son côté, avait envoyé son fils chez mon père: c'est l'habitude entre négociants de faire de pareils échanges.

— Et Paris vous a-t-il plu, monsieur?

— Oui. Mais vous auriez grand besoin d'une révolution dans le genre de la nôtre; non pas contre votre roi, qui n'est qu'un enfant, mais contre ce ladre d'Italien qui est l'amant de votre reine.

— Ah! que je suis bien de votre avis, monsieur, et que ce serait bientôt fait, si nous avions seulement douze officiers comme vous, sans préjugés, vigilants, intraitables! Ah! nous viendrions bien vite à bout du Mazarin, et nous lui ferions un bon petit procès, comme celui que vous allez faire à votre roi.

— Mais, dit l'officier, je croyais que vous étiez à son service, et que c'était lui qui vous avait envoyé au général Cromwell?

— C'est-à-dire que je suis au service du roi, et que, sachant qu'il devait envoyer quelqu'un en Angleterre, j'ai sollicité cette mission, tant était grand mon désir de connaître l'homme de génie qui commande à cette heure aux trois royaumes. Aussi, quand il nous a proposé, à M. du Vallon et à moi, de tirer l'épée en l'honneur de la vieille Angleterre, vous avez vu comme nous avons mordu à la proposition.

Oui, je sais que vous avez chargé aux côtés de M. Mordaunt.

— A sa droite et à sa gauche, monsieur. Peste! encore un brave et excellent jeune homme, que celui-là! Comme il vous a décousu monsieur son oncle! l'avez-vous vu?

— Le connaissez-vous? demanda l'officier.

— Beaucoup: je puis même dire que nous sommes fort liés. M. du Vallon et moi sommes venus avec lui de France.

— Il parait même que vous l'avez fait attendre fort longtemps à Boulogne.

— Que voulez-vous! dit d'Artagnan, j'étais comme vous: j'avais un roi en garde.

— Ah! ah! dit Groslow; et quel roi?

— Le nôtre, pardieu! le petit *king* Louis quatorzième.

Et d'Artagnan ôta son chapeau; l'Anglais en fit autant par politesse.

— Et combien de temps l'avez-vous gardé?

— Trois nuits, et, par ma foi, je me rappellerai toujours ces trois nuits avec plaisir.

— Le jeune roi est donc bien aimable?

— Le roi? il dormait les poings fermés.

— Mais alors, que voulez-vous dire?

— Je veux dire que mes amis les officiers aux gardes et aux mousquetaires me venaient tenir compagnie, et que nous passions nos nuits à boire et à jouer.

— Ah! oui, dit l'Anglais avec un soupir, c'est vrai, vous êtes joyeux compagnons, vous autres Français.

— Ne jouez-vous donc pas aussi quand vous êtes de garde?

— Jamais, dit l'Anglais.

— En ce cas, vous devez fort vous ennuyer, et je vous plains, dit d'Artagnan.

— Le fait est, reprit l'officier, que je vois arriver mon tour avec une certaine terreur. C'est fort long, une nuit tout entière à veiller.

— Oui, quand on veille seul ou avec des soldats stupides; mais quand on veille avec un joyeux partenaire, quand on fait rouler l'or et les dés sur une table, la nuit passe comme un rêve. N'aimez-vous donc pas le jeu?

— Au contraire.

— Le lansquenet, par exemple?

— J'en suis fou, je le jouais presque tous les soirs en France.

— Et depuis que vous êtes en Angleterre?

— Je n'ai pas tenu un cornet ni une carte.

— Je vous plains, dit d'Artagnan d'un air de compassion profonde.

— Écoutez, dit l'Anglais, faites une chose.

— Laquelle?

— Demain je suis de garde.

— Près de Stuart?

— Oui, venez passer la nuit avec moi.

— Impossible.

— Impossible?

— De toute impossibilité.

— Comment cela?

— Chaque nuit, je fais la partie de M. du Vallon. Quelquefois nous ne nous couchons pas... Ce matin, par exemple, au jour nous jouions encore.

— Eh bien?

— Eh bien! il s'ennuierait si je ne faisais pas sa partie.

— Il est beau joueur?

— Je lui ai vu perdre jusqu'à deux mille pistoles en riant aux larmes.

— Amenez-le, alors.

— Comment voulez-vous? Et nos prisonniers!

— Ah diable! c'est vrai, dit l'officier. Mais faites-les garder par vos laquais.

— Oui, pour qu'ils se sauvent? dit d'Artagnan; je n'ai garde.

— Ce sont donc des hommes de condition, que vous y tenez tant?

— Peste! l'un est un riche seigneur de la Touraine; l'autre est un chevalier de Malte de grande maison. Nous avons traité de leur rançon à chacun 2,000 livres sterling en arrivant en France. Nous ne voulons donc pas quitter un seul instant des hommes que nos laquais savent des millionnaires. Nous les avons bien un peu fouillés en les prenant, et je vous avouerai même que c'est leur bourse que nous nous tiraillons chaque nuit M. du Vallon et moi; mais ils peuvent nous avoir caché quelque pierre précieuse, quelque diamant de prix, de sorte que nous sommes comme les avares qui ne quittent pas leur trésor; nous nous sommes constitués gardiens permanents de nos hommes, et, quand je dors, M. du Vallon veille.

— Ah! ah! fit Groslow.

— Vous comprenez donc, maintenant, ce qui me force de refuser votre politesse, à laquelle, au reste, je suis d'autant plus sensible, que rien n'est plus ennuyeux que de jouer toujours avec la même personne; les chances se compensent éternellement, et, au bout du mois, on trouve qu'on ne s'est fait ni bien ni mal.

— Ah! dit Groslow avec un soupir, il y a quelque chose de plus ennuyeux encore, c'est de ne pas jouer du tout.

— Je comprends cela, dit d'Artagnan.

— Mais voyons, reprit l'Anglais, sont-ce des hommes dangereux que vos hommes?

— Sous quel rapport?

— Sont-ils capables de tenter un coup de main?

D'Artagnan éclata de rire.

— Jésus Dieu! s'écria-t-il, l'un des deux tremble la fièvre, ne pouvant pas se faire au charmant pays que vous habitez; l'autre est un chevalier de Malte timide comme une jeune fille, et, pour plus grande sécurité, nous leurs avons ôté jusqu'à leurs couteaux fermants et leurs ciseaux de poche.

— Eh bien! dit Groslow, amenez-les.

— Comment, vous voulez? dit d'Artagnan.

— Oui, j'ai huit hommes.

— Eh bien?

— Quatre les garderont, quatre garderont le roi.

— Au fait, dit d'Artagnan, la chose peut s'arranger ainsi, quoique ce soit un grand embarras que je vous donne.

— Bah! venez toujours, vous verrez comment j'arrangerai l'affaire.

— Oh! je ne m'en inquiète pas, dit d'Artagnan; à un homme comme vous, je me livre les yeux fermés.

Cette dernière flatterie tira de l'officier un de ces petits rires de satisfaction qui font les gens amis de celui qui les provoque, car ils sont une évaporation de la vanité caressée.

— Mais, dit d'Artagnan, j'y pense, qui nous empêche de commencer ce soir?

— Quoi?

— Notre partie.

— Rien au monde, dit Groslow.

— Eh bien! venez ce soir chez nous, et demain nous irons vous rendre votre visite. Si quelque chose vous inquiète dans nos hommes, qui, comme je vous le sais, sont des royalistes enragés, eh bien! il n'y aura rien de dit, et ce sera toujours une bonne nuit de passée.

— A merveille! ce soir chez vous, demain chez Stuart, après-demain chez moi.

— Et les autres jours à Londres. Eh! mordioux, dit d'Artagnan, vous voyez bien qu'on peut mener joyeuse vie partout.

— Oui, quand on rencontre des Français, et des Français comme vous, dit Groslow.

— Et comme M. du Vallon; vous verrez quel gaillard! un frondeur enragé, un homme qui a failli tuer Mazarin entre deux portes; on l'emploie parce qu'on en a peur.

— Oui, dit Groslow, il a une bonne figure, et, sans que je le connaisse, il me revient tout à fait.

— Ce sera bien autre chose quand vous le connaîtrez. Eh! tenez, le voilà qui m'appelle. Pardon, nous sommes tellement liés, qu'il ne peut se passer de moi. Vous m'excusez?

— Comment donc!

— A ce soir?

— Chez vous?

— Chez moi.

Les deux hommes échangèrent un salut, et d'Artagnan revint vers ses compagnons.

— Que diable pouviez-vous dire à ce bouledogue? dit Porthos.

— Mon cher ami, ne parlez point ainsi de M. Groslow, c'est un de mes amis intimes.

— Un de vos amis, dit Porthos, ce massacreur de paysans!

— Chut! mon cher Porthos. Eh bien! oui, M. Groslow est un peu vif, c'est vrai, mais au fond, je lui ai découvert deux bonnes qualités: il est bête et orgueilleux.

Porthos ouvrit de grands yeux stupéfaits, Athos et Aramis se regardèrent avec un sourire.

Ils connaissaient d'Artagnan, et savaient qu'il ne faisait rien sans but.

— Mais, continua d'Artagnan, vous l'apprécierez vous-même.

— Comment cela?

— Je vous le présenterai ce soir, il vient jouer avec nous.

— Oh! oh! dit Porthos, dont les yeux s'allumèrent à ce mot, et il est riche?

— C'est le fils d'un des plus forts négociants de Londres.

— Et il connaît le lansquenet?

— Il l'adore.

— La bassette?

— C'est sa folie.

— Le biribi?

— Il y raffine.

— Bon, dit Porthos, nous passerons une agréable nuit.

— D'autant plus agréable qu'elle nous promettra une nuit meilleure.

— Comment cela?

— Oui, nous lui donnons à jouer ce soir, lui nous donne à jouer demain.

— Où cela?

— Je vous le dirai. Maintenant, ne nous occupons que d'une chose, c'est de recevoir dignement l'honneur que nous fait M. Groslow. Nous nous arrêterons ce soir à Derby; que Mousqueton prenne les devants, et, s'il y a une seule bouteille de vin dans toute la ville, qu'il l'achète. Il n'y aurait pas de mal non plus qu'il préparât un joli souper, auquel vous ne prendrez point part, vous, Athos, parce que vous avez la fièvre, et, vous, Aramis, parce que vous êtes chevalier de Malte, et que les propos de soudards comme nous vous déplaisent et vous font rougir. Entendez-vous bien cela?

— Oui, dit Porthos, mais le diable m'emporte si je comprends.

— Porthos, mon ami, vous savez que je descends des prophètes par mon père et des sibylles par ma mère, que je ne parle que par paraboles et par énigmes; que ceux qui ont des oreilles écoutent, et que ceux qui ont des yeux regardent, je n'en puis pas dire davantage pour le moment.

— Faites, mon ami, dit Athos, je suis sûr que ce que vous faites est bien fait.

— Et vous, Aramis, êtes-vous dans la même opinion?

— Tout à fait, mon cher d'Artagnan.

— A la bonne heure, dit d'Artagnan, voilà de vrais croyants, et il y a plaisir d'essayer des miracles pour eux;

ce n'est pas comme cet incrédule de Porthos, qui veut toujours voir et toucher pour croire.

— Le fait est, dit Porthos d'un air fin, que je suis très-incrédule.

D'Artagnan lui donna une claque sur l'épaule, et,

comme on arrivait à la station du déjeuner, la conversation en resta là.

Vers les cinq heures du soir, comme la chose était convenue, on fit partir Mousqueton en avant.

Mousqueton ne parlait pas anglais; mais, depuis qu'il était en Angleterre, il avait remarqué une chose, c'est que Gri-

L'escorte royale.

maud, par l'habitude du geste, avait parfaitement remplacé la parole.

Il s'était donc mis à étudier le geste avec Grimaud, et, en quelques leçons, grâce à la supériorité de son maître, il était arrivé à une certaine force.

Blaisois l'accompagna.

Les quatre amis, en traversant la principale rue de Derby,

aperçurent Blaisois sur le seuil d'une maison de belle apparence.

C'est là que leur logement était préparé.

De toute la journée ils ne s'étaient pas approchés du roi, de peur de donner des soupçons, et, au lieu de dîner à la table du colonel Harrison, comme ils l'avaient fait la veille, ils avaient dîné entre eux.

A l'heure convenue, Groslow vint.

D'Artagnan le reçut comme il eût reçu un ami de vingt ans.

Porthos le toisa des pieds à la tête, et sourit en reconnaissant que, malgré le coup remarquable qu'il avait donné au frère de Parry, il n'était pas de sa force.

Athos et Aramis firent ce qu'ils purent pour cacher le dégoût que leur inspirait cette nature brutale et grossière..

En somme, Groslow parut content de la réception.

Athos et Aramis se tinrent dans leurs rôles.

A minuit, ils se retirèrent dans leur chambre, dont on laissa, sous prétexte de bienveillance, la porte ouverte.

— Cette nuit, messieurs, nous sauvons le roi. — PAGE 114.

En outre, d'Artagnan les y accompagna, laissant Porthos aux prises avec Groslow.

Porthos gagna cinquante pistoles à Groslow, et trouva, lorsqu'il se fut retiré, qu'il était d'une compagnie plus agréable qu'il ne l'avait cru d'abord.

Quant à Groslow, il se promit de réparer le lendemain sur d'Artagnan l'échec qu'il avait éprouvé avec Porthos,

et quitta le Gascon en lui rappelant le rendez-vous du soir.

Nous disons du soir, car les joueurs se quittèrent à quatre heures du matin.

La journée se passa comme d'habitude; d'Artagnan allait du capitaine Groslow au colonel Harrison, et du colonel Harrison à ses amis.

Pour quelqu'un qui ne connaissait pas d'Artagnan, il paraissait être dans son assiette ordinaire ; pour ses amis, c'est-à-dire pour Athos et Aramis, sa gaieté était de la fièvre.

— Que peut-il machiner? disait Aramis.

— Attendons, disait Athos

Porthos ne disait rien.

Seulement, il comptait l'une après l'autre, dans son gousset, avec un air de satisfaction qui se trahissait à l'extérieur, les cinquante pistoles qu'il avait gagnées à Groslow.

En arrivant le soir à Ryston, d'Artagnan rassembla ses amis.

Sa figure avait perdu son caractère de gaieté insoucieuse, qu'il avait porté comme un masque toute la journée.

Athos serra la main d'Aramis.

— Le moment approche, dit-il.

— Oui, dit d'Artagnan, qui avait entendu, oui, le moment approche : cette nuit, messieurs, nous sauvons le roi.

Athos tressaillit, ses yeux s'enflammèrent.

— D'Artagnan, dit-il, doutant après avoir espéré, ce n'est point une plaisanterie, n'est-ce pas? elle me ferait trop grand mal.

— Vous êtes étrange, Athos, dit d'Artagnan, de douter ainsi de moi... Où et quand m'avez-vous vu plaisanter avec le cœur d'un ami et la vie d'un roi? Je vous ai dit et je vous répète que cette nuit nous sauvons Charles Iᵉʳ. Vous vous en êtes rapporté à moi de trouver un moyen, le moyen est trouvé.

Porthos regardait d'Artagnan avec un sentiment d'admiration profonde.

Aramis souriait en homme qui espère.

Athos était pâle comme la mort, et tremblait de tous ses membres.

— Parlez, dit Athos.

Porthos ouvrit ses gros yeux.

Aramis se pendit pour ainsi dire aux lèvres de d'Artagnan.

— Nous sommes invités à passer la nuit chez M. Groslow; vous savez cela?

— Oui, répondit Porthos, il nous a fait promettre de lui donner sa revanche.

— Bien. Mais savez-vous où nous lui donnons sa revanche?

— Non.

— Chez le roi.

— Chez le roi! s'écria Athos.

— Oui, messieurs, chez le roi. M. Groslow est de garde ce soir près de Sa Majesté, et, pour se distraire dans sa faction, il nous invite à aller lui tenir compagnie.

— Tous quatre? demanda Athos.

— Pardieu! certainement, tous quatre; est-ce que nous ittons nos prisonniers!

— Ah! ah! fit Aramis.

— Voyons? dit Athos palpitant.

— Nous allons donc chez Groslow, nous avec nos épées, vous avec des poignards; à nous quatre nous nous rendons maîtres de ces huit imbéciles et de leur stupide commandant; nous habillons le roi en Groslow; Mousqueton, Grimaud et Blaisois nous tiennent des chevaux tout sellés au

détour de la première rue, nous sautons dessus, et, avant le jour, nous sommes à vingt lieues d'ici. Hein! est-ce tramé cela, Athos?

Athos posa ses deux mains sur les épaules de d'Artagnan et le regarda avec son calme et doux sourire.

— Je déclare, dit-il, qu'il n'y a pas de créature sous le ciel qui vous égale en noblesse et en courage : pendant que nous vous croyions indifférent à nos douleurs, que vous pouviez sans crime ne point partager, vous seul d'entre nous trouvez ce que nous cherchions vainement. Je te le répète donc, d'Artagnan, tu es le meilleur de nous, et je te bénis, et je t'aime, mon cher fils.

— Mais, dit Aramis, si j'ai bien compris, nous tuerons tout, n'est-ce pas?

Athos frissonna et devint fort pâle.

— Mordioux! dit d'Artagnan, il le faudra bien. J'ai cherché longtemps s'il n'y avait pas un moyen d'éluder la chose, mais j'avoue que je n'en ai pas pu trouver.

— Voyons, dit Aramis, il ne s'agit pas ici de marchander avec la situation; comment procédons-nous?

— J'ai fait un double plan, répondit d'Artagnan.

— Voyons le premier, dit Aramis.

— Si nous sommes tous les quatre réunis, à mon signal, et ce signal sera le mot *enfin*, vous plongez chacun un poignard dans le cœur du soldat qui est le plus proche de vous, nous en faisons autant de notre côté; voilà d'abord quatre hommes morts, la partie devient donc égale, puisque nous nous trouvons quatre contre cinq; ces cinq-là se rendent, et on les bâillonne, ou ils se défendent, et on les tue; si par hasard notre amphitryon change d'avis et ne reçoit à sa partie que Porthos et moi, dame! il faudra prendre les grands moyens en frappant double, ce sera un peu plus long et un peu plus bruyant, mais vous vous tiendrez dehors avec des épées, et vous accourrez au bruit.

— Mais si l'on vous frappait vous-même? dit Athos

— Impossible, dit d'Artagnan, ces buveurs de bière sont trop lourds et trop maladroits; d'ailleurs, vous frapperez à la gorge, Porthos : cela tue aussi vite et empêche de crier ceux que l'on tue.

— Très-bien, dit Porthos, ce sera un joli petit égorgement.

— Affreux! affreux! dit Athos.

— Bah! monsieur l'homme sensible, dit d'Artagnan, vous en feriez bien d'autres dans une bataille. D'ailleurs, ami, continua-t-il, si vous trouvez que la vie du roi ne vaille pas ce qu'elle doit coûter, rien n'est dit, et je fais prévenir M. Groslow que je suis malade.

— Non, dit Athos, j'ai tort, mon ami, et c'est vous qui avez raison, pardonnez-moi.

En ce moment la porte s'ouvrit et un soldat parut.

— M. le capitaine Groslow, dit-il en mauvais français, fait prévenir M. d'Artagnan et M. du Vallon qu'il les attend.

— Où cela? demanda d'Artagnan.

— Dans la chambre du Nabuchodonosor anglais, répondit le soldat, puritain renforcé.

— C'est bien, dit en excellent anglais Athos, à qui le rouge était monté au visage à cette insulte faite à la majesté royale; c'est bien, dites au capitaine Groslow que nous y allons.

Puis, le puritain sorti, l'ordre avait été donné aux laquais de seller huit chevaux et d'aller attendre, sans se séparer les uns des autres et sans mettre pied à terre, au coin d'une rue située à vingt pas à peu près de la maison où était logé le roi.

CHAPITRE XXI.

LA PARTIE DE LANSQUENET

En effet, il était neuf heures du soir; les postes **avaient** été relevés à huit, et, depuis une heure, la garde du capitaine Groslow avait commencé.

D'Artagnan et Porthos, armés de leurs épées, et Athos et Aramis, ayant chacun un poignard caché dans la poitrine, s'avancèrent vers la maison qui, ce soir-là, servait de prison à Charles Stuart.

Ces deux derniers suivaient leurs vainqueurs, humbles et désarmés en apparence, comme des captifs.

— Ma foi! dit Groslow en les apercevant, je ne comptais presque plus sur vous.

D'Artagnan s'approcha de celui-ci et lui dit tout bas:

— En effet, nous avons hésité un instant à venir, M. du Vallon et moi.

— Et pourquoi? demanda Groslow.

D'Artagnan lui montra de l'œil Athos et Aramis.

— Ah! dit Groslow, à cause des opinions? peu importe. Au contraire, ajouta-t-il en riant, s'ils veulent voir leur Stuart, ils le verront.

— Passons-nous la nuit dans la chambre du roi? demanda d'Artagnan.

— Non, mais dans la chambre voisine; et, comme la porte restera ouverte, c'est exactement comme si nous demeurions dans sa chambre même. Vous êtes-vous muni d'argent? Je vous déclare que je compte jouer ce soir un jeu d'enfer.

— Entendez-vous? dit d'Artagnan en faisant sonner l'or dans ses poches.

— Very good! dit Groslow.

Et il ouvrit la porte de la chambre.

— C'est pour vous montrer le chemin, messieurs, dit-il...

Et il entra le premier.

D'Artagnan se retourna vers ses amis.

Porthos était insoucieux comme s'il s'agissait d'une partie ordinaire.

Athos était pâle, mais résolu.

Aramis essuyait avec un mouchoir son front mouillé d'une légère sueur.

Les huit gardes étaient à leur poste.

Quatre étaient dans la chambre du roi, deux à la porte de communication, deux à la porte par laquelle entraient les quatre amis.

A la vue des épées nues, Athos sourit.

Ce n'était donc plus une boucherie, mais un combat.

A partir de ce moment, toute sa bonne humeur parut revenue.

Charles, que l'on apercevait à travers la porte ouverte, était sur son lit tout habillé; seulement, une couverture de laine était rejetée sur lui.

A son chevet, Parry était assis lisant à voix basse, et cependant assez haut pour que Charles, qui l'écoutait les yeux fermés, entendît, un chapitre dans une Bible catholique.

Une chandelle de **suif grossier**, placée sur une table noire,

éclairait le visage résigné du roi et le visage infiniment moins calme de son fidèle serviteur.

De temps en temps, Parry s'interrompait, croyant que le roi dormait véritablement.

Mais alors le roi rouvrait les yeux et lui disait en souriant:

— Continue, mon bon Parry, j'écoute.

Groslow s'avança jusqu'au seuil de la chambre du roi, remit avec affectation sur sa tête le chapeau qu'il avait tenu à la main pour recevoir ses hôtes, regarda un instant avec mépris ce tableau simple et touchant d'un vieux serviteur lisant la Bible à son roi prisonnier, s'assura que chaque homme était bien au poste qu'il lui avait assigné, et, se retournant vers d'Artagnan, il regarda triomphalement le Français comme pour mendier un éloge sur sa tactique.

— A merveille, dit le Gascon; cap de Diou! vous ferez un général un peu distingué.

— Et croyez-vous, demanda Groslow, que ce sera tant que je serai de garde près de lui que le Stuart se sauvera?

— Non, certes, répondit d'Artagnan, à moins qu'il ne lui pleuve des amis du ciel.

Le visage de Groslow s'épanouit.

Comme Charles Stuart avait gardé pendant cette scène ses yeux constamment fermés, on ne peut dire s'il s'était aperçu ou non de l'insolence du capitaine puritain.

Mais, malgré lui, dès qu'il entendit le timbre accentué de la voix de d'Artagnan, ses paupières se rouvrirent.

Parry, de son côté, tressaillit et interrompit la lecture.

— A quoi songes-tu donc de t'interrompre? dit le roi; continue, mon bon Parry, à moins que tu ne sois fatigué toutefois.

— Non, sire, dit le valet de chambre.

Et il reprit sa lecture.

Une table était préparée dans la première chambre, et, sur cette table, couverte d'un tapis, étaient deux chandelles allumées, des cartes, deux cornets et des dés.

— Messieurs, dit Groslow, asseyez-vous, je vous prie: moi, en face de Stuart, que j'aime tant à voir, surtout où il est; vous, monsieur d'Artagnan, en face de moi.

Athos rougit de colère, d'Artagnan le regarda en fronçant le sourcil.

— C'est cela, dit d'Artagnan, vous, monsieur le comte de la Fère, à la droite de M. Groslow; vous, monsieur le chevalier d'Herblay, à sa gauche; vous, du Vallon, près de moi. Vous pariez pour moi, et ces messieurs pour M. Groslow.

D'Artagnan les avait ainsi, Porthos à sa gauche, et il lui parlait du genou, Athos et Aramis en face de lui, et il les tenait sous son regard.

Au nom du comte de la Fère et du chevalier d'Herblay, Charles rouvrit les yeux, et malgré lui relevant sa noble tête, embrassa d'un regard tous les acteurs de cette scène.

En ce moment, Parry tourna quelques feuillets de sa Bible et lut tout haut ce verset de Jérémie:

« Dieu dit: Ecoutez les paroles des prophètes, mes serviteurs, que je vous ai envoyés avec grand soin, et que j'ai conduits vers vous. »

Les quatre amis échangèrent un regard.

Les paroles que venait de dire Parry leur **indiquaient** que leur présence était attribuée par le roi à son véritable motif.

Les yeux de d'Artagnan pétillèrent de joie.

— Vous m'avez demandé tout à l'heure si j'étais en fonds, dit d'Artagnan en mettant une vingtaine de pistoles sur la table.

— Oui, dit Groslow.

— Eh bien ! reprit d'Artagnan, à mon tour je vous dis : Tenez bien votre trésor, mon cher monsieur Groslow, car je vous réponds que nous ne sortirons d'ici qu'en vous l'enlevant.

— Ce ne sera pas sans que je le défende, répondit Groslow.

— Tant mieux, dit d'Artagnan. Bataille, mon cher capitaine, bataille ! Vous savez ou vous ne savez pas que c'est ce que nous demandons.

C. A. BEAUCE

Parry était assis, lisant à voix basse, et cependant assez haut pour que Charles entendît. — PAGE 115.

— Ah ! oui, je le sais bien, dit Groslow en éclatant de son gros rire, vous ne cherchez que plaies et bosses, vous autres Français.

En effet, Charles avait tout entendu, tout compris.

Une légère rougeur monta à son visage; les soldats qui gardaient le virent donc peu à peu étendre ses membres fatigués, et, sous prétexte d'une excessive chaleur provoquée par un poêle chauffé à blanc, rejeter peu à peu la couverture écossaise sous laquelle, nous l'avons dit, il était couché tout vêtu.

Athos et Aramis tressaillirent de joie en voyant que le roi était couché habillé.

La partie commença.

Ce soir-là la veine avait tourné et était pour Groslow ; il tenait tout et gagnait toujours.

Une centaine de pistoles passa ainsi d'un côté de la table à l'autre.

Groslow était d'une gaieté folle.

Porthos, qui avait perdu les cinquante pistoles qu'il avait gagnées la veille, et, en outre, une trentaine de pistoles à lui, était fort maussade et interrogeait d'Artagnan du genou, comme pour lui demander s'il n'était pas bientôt temps de passer à un autre jeu.

De leur côté. Athos et Aramis le regardaient de temps

J.A.BEAUCE   BREDHOMME

— Maître Groslow, dit-il, prenez garde au roi. — Page 118.

en temps d'un œil scrutateur, mais d'Artagnan restait impassible.

Dix heures sonnèrent.

On entendit la ronde qui passait.

— Combien faites-vous de rondes comme celle-là? dit d'Artagnan en tirant de nouvelles pistoles de sa poche.

— Cinq, dit Groslow, une toutes les deux heures.

— Bien, dit d'Artagnan, c'est prudent.

Et à son tour il lança un coup d'œil à Athos et à Aramis

On entendit les pas de la patrouille qui s'éloignait.

D'Artagnan répondit pour la première fois aux coups de genou de Porthos par un coup de genou pareil.

Cependant, attirés par cet attrait du jeu et par la vue de l'or, si puissante chez tous les hommes, les soldats dont la consigne était de rester dans la chambre du roi, s'étaient peu à peu rapprochés de la porte, et là, en se haussant sur la pointe du pied, ils regardaient par-dessus l'épaule de d'Artagnan et de Porthos.

Ceux de la porte s'étaient rapprochés aussi, secondant de cette façon les désirs des quatre amis, qui aimaient mieux les avoir tous sous la main que d'être obligés de courir à eux aux quatre coins de la chambre.

Les deux sentinelles de la porte avaient toujours l'épée nue ; seulement, elles s'appuyaient sur la pointe et regardaient les joueurs.

Athos semblait se calmer à mesure que le moment approchait ; ses deux mains blanches et aristocratiques jouaient avec des louis, qu'il tordait et redressait avec autant de facilité que si l'or eût été de l'étain.

Moins maître de lui, Aramis fouillait continuellement sa poitrine.

Impatient de perdre toujours, Porthos jouait du genou à tout rompre.

D'Artagnan se retourna, regardant machinalement en arrière, et vit entre deux soldats Parry debout, et Charles appuyé sur son coude joignant les mains et paraissant adresser à Dieu une fervente prière.

D'Artagnan comprit que le moment était venu, que chacun était à son poste, et qu'on n'attendait plus que le mot : « Enfin ! » qui, on se le rappelle, devait servir de signal.

Il lança un coup d'œil préparatoire à Athos et à Aramis, et tous deux reculèrent légèrement leur chaise pour avoir la liberté du mouvement.

Il donna un second coup de genou à Porthos, et celui-ci se leva comme pour se dégourdir les jambes ; seulement, en se levant, il s'assura que son épée pouvait sortir facilement du fourreau.

— Sacrebleu ! dit d'Artagnan, encore vingt pistoles de perdues ! En vérité, capitaine Groslow, vous avez trop de bonheur, cela ne peut durer.

Et il tira vingt autres pistoles de sa poche.

— Un dernier coup, capitaine. Ces vingt pistoles sur un coup, sur un seul, sur le dernier.

— Va pour vingt pistoles, dit Groslow.

Et il retourna deux cartes, comme c'est l'habitude, un roi pour d'Artagnan, un as pour lui.

— Un roi, dit d'Artagnan, c'est de bon augure. Maître Groslow, ajouta-t-il, prenez garde au roi.

Et, malgré sa puissance sur lui-même, il y avait dans la voix de d'Artagnan une vibration étrange qui fit tressaillir son partenaire...

Groslow commença de retourner les cartes les unes après les autres.

S'il retournait un as d'abord, il avait perdu.

Il retourna un roi...

— Enfin ! dit d'Artagnan.

A ce mot, Athos et Aramis se levèrent.

Porthos recula d'un pas.

Poignards et épées allaient briller.

Mais soudain la porte s'ouvrit, et Harrison parut sur le seuil, accompagné d'un homme enveloppé d'un manteau.

Derrière cet homme, on voyait briller les mousquets de cinq ou six soldats.

Groslow se leva vivement, honteux d'être surpris au milieu du vin, des cartes et des dés.

Mais Harrison ne fit point attention à lui, et, entrant dans la chambre du roi, suivi de son compagnon :

— Charles Stuart, dit-il, l'ordre arrive de vous conduire à Londres sans s'arrêter ni jour ni nuit. Apprêtez-vous donc à partir à l'instant même.

— Et de quelle part cet ordre est-il donc donné ? demanda le roi. De la part du général Olivier Cromwell ?

— Oui, dit Harrison, et voici M. Mordaunt qui l'apporte à l'instant même, et qui a charge de le faire exécuter.

— Mordaunt ! murmurèrent les quatre amis en échangeant un regard.

D'Artagnan rafla sur la table tout l'argent que lui et Porthos avaient perdu et l'engouffra dans sa vaste poche.

Athos et Aramis se rangèrent derrière lui.

A ce mouvement, Mordaunt se retourna, les reconnut et poussa une exclamation de joie sauvage.

— Je crois que nous sommes pris, dit tout bas d'Artagnan à ses amis.

— Pas encore, dit Porthos.

— Colonel ! colonel ! s'écria Mordaunt, faites entourer cette chambre, vous êtes trahis. Ces quatre Français se sont sauvés de Newcastle et veulent sans doute enlever le roi. Qu'on les arrête !

— Oh ! jeune homme, dit d'Artagnan en tirant son épée, voici un ordre plus facile à dire qu'à exécuter.

Puis, décrivant autour de lui un moulinet terrible.

— En retraite ! amis, cria-t-il, en retraite !

En même temps il s'élança vers la porte, renversa deux des soldats qui la gardaient avant qu'ils eussent eu le temps d'armer leurs mousquets.

Athos et Aramis le suivirent.

Porthos fit l'arrière-garde, et, avant que soldats, officiers, colonel, eussent eu le temps de se reconnaître, ils étaient tous quatre dans la rue.

— Feu ! cria Mordaunt, feu sur eux !

Deux ou trois coups de mousquets partirent effectivement, mais n'eurent d'autre effet que de montrer les quatre fugitifs tournant sains et saufs l'angle de la rue.

Les chevaux étaient à l'endroit désigné, les valets n'eurent qu'à jeter la bride à leurs maîtres, qui se trouvèrent en selle avec la légèreté de cavaliers consommés.

— En avant ! dit d'Artagnan, et de l'éperon, ferme !

Ils coururent ainsi suivant d'Artagnan et reprenant la route qu'ils avaient déjà faite dans la journée, c'est-à-dire se dirigeant vers l'Écosse.

Le bourg n'avait ni porte ni murailles ; ils en sortirent donc sans difficulté.

A cinquante pas de la dernière maison, d'Artagnan s'arrêta.

— Halte ! dit-il.

— Comment, halte ! s'écria Porthos. Ventre à terre, vous voulez dire.

— Pas du tout, répondit d'Artagnan. Cette fois-ci on va nous poursuivre, laissons-les sortir du bourg et courir après nous sur la route d'Écosse, et, quand nous les aurons vus passer au galop, suivons la route opposée.

A quelques pas de là passait un ruisseau, un pont était jeté sur le ruisseau.

D'Artagnan conduisit son cheval sous l'arche de ce pont, ses amis le suivirent. Ils n'y étaient pas depuis dix minutes, qu'ils entendirent s'approcher le galop rapide d'une troupe de cavaliers.

Cinq minutes après, cette troupe passait sur leur tête, bien éloignée de penser que ceux qu'elle cherchait n'étaient séparés d'elle que de l'épaisseur de la voûte du pont.

CHAPITRE XXII.

LONDRES.

Lorsque le bruit des chevaux se fut perdu dans le lointain, d'Artagnan regagna le bord de la petite rivière, et se mit à arpenter la plaine en s'orientant autant que possible sur Londres

Ses trois amis le suivirent en silence, jusqu'à ce qu'à l'aide d'un large demi-cercle ils eussent laissé la ville bien loin derrière eux

— Pour cette fois, dit d'Artagnan lorsqu'il se crut enfin assez loin du point de départ pour passer du galop au trot, je crois que bien décidément tout est perdu, et que ce que nous avons de mieux à faire c'est de gagner la France. Que dites-vous de cette proposition, Athos? ne la trouvez-vous point raisonnable?

— Oui, cher ami, répondit Athos; mais vous avez prononcé l'autre jour une parole plus que raisonnable, une parole noble et généreuse; vous avez dit : « Nous mourrons ici ! » Je vous rappellerai votre parole.

— Oh! dit Porthos, la mort n'est rien, et ce n'est pas la mort qui doit nous inquiéter, puisque nous ne savons pas ce que c'est; mais c'est l'idée d'une défaite qui me tourmente. A la façon dont les choses tournent, je vois qu'il nous faudra livrer bataille à Londres, aux provinces, à toute l'Angleterre; et, en vérité, nous ne pouvons à la fin manquer d'être battus.

— Nous devons assister à cette grande tragédie jusqu'à la fin, dit Athos; ne quittons l'Angleterre qu'après le dénoûment, quel qu'il soit. Pensez-vous comme moi, Aramis?

— En tout point, mon cher comte; puis, je vous avoue que je ne serais pas fâché de retrouver le Mordaunt; il me semble que nous avons un compte à régler avec lui, et que ce n'est pas notre habitude de quitter les pays sans payer ces sortes de dettes.

— Ah! ceci est autre chose, dit d'Artagnan, et voilà une raison qui me paraît plausible. J'avoue, quant à moi, que, pour retrouver le Mordaunt en question, je resterai, s'il le faut, un an à Londres. Seulement, logeons-nous chez un homme sûr et de façon à n'éveiller aucun soupçon, car à cette heure M. Cromwell doit nous faire chercher, et, autant que j'en ai pu juger, il ne plaisante pas, M. Cromwell. Athos, connaissez-vous dans toute la ville une auberge où l'on trouve des draps blancs, du rosbif raisonnablement cuit, et du vin qui ne soit pas fait avec du houblon ou du genièvre?

— Je crois que j'ai votre affaire, dit Athos. De Winter nous a conduits chez un homme qu'il disait être un ancien Espagnol naturalisé Anglais de par les guinées de ses nouveaux compatriotes. Qu'en dites-vous, Aramis?

— Mais le projet de nous arrêter chez il signor Perez me paraît des plus raisonnables, je l'adopte donc pour mon compte. Nous invoquerons le souvenir de ce pauvre de Winter, pour lequel il paraissait avoir une grande vénération: nous lui dirons que nous venons en amateurs pour voir ce qui se passe, nous dépenserons chez lui chacun une guinée par jour, et je crois que, moyennant toutes ces précautions, nous pourrons demeurer assez tranquilles.

— Vous en oubliez une, Aramis, et une précaution assez importante même.

— Laquelle?

— Celle de changer d'habits.

— Bah! dit Porthos, pourquoi faire changer d'habits? nous sommes si bien à notre aise dans ceux-ci.

J. A. BEAUCE. PISAN

La voûte du pont. — Page 119.

— Pour ne pas être reconnus, dit d'Artagnan. Nos habits ont une coupe et presque une couleur uniforme qui dénonce son Frenchman à la première vue. Or, je ne tiens pas assez à la coupe de mon pourpoint ou à la couleur de mes chausses pour risquer, par amour pour elles, d'être pendu à Tyburn ou d'aller faire un tour aux Indes. Je vais m'acheter un habit marron. J'ai remarqué que tous ces imbéciles de puritains raffolaient de cette couleur.

— Mais retrouverez-vous votre homme? dit Aramis.

— Oh! certainement, il demeurait Green-Hall street-Bedfort'stavern; d'ailleurs, j'irais dans la Cité les yeux fermés.

— Je voudrais déjà y être, dit d'Artagnan, et mon avis serait d'arriver à Londres avant le jour, dussions-nous crever nos chevaux.

— Allons donc, dit Athos, car, si je ne me trompe pas dans mes calculs, nous ne devons guère en être éloignés que de huit ou dix lieues.

Les amis pressèrent leurs chevaux, et effectivement ils arrivèrent vers les cinq heures du matin.

A la porte par laquelle ils se présentèrent, un poste les arrêta; mais Athos répondit en excellent anglais qu'ils étaient envoyés par le colonel Harrison pour prévenir son collègue, M. Pridge, de l'arrivée prochaine du roi.

Cette réponse amena quelques questions sur la prise du roi, et Athos donna des détails si précis et si positifs, que,

D'Artagnan se découpa lui-même une tête de fantaisie qui ne ressemblait pas mal à une médaille du temps de François Ier, ou de Charles IX. — PAGE 122.

si les gardiens des portes avaient quelques soupçons, ces soupçons s'évanouirent complétement.

Le passage fut donc livré aux quatre amis avec toutes sortes de congratulations puritaines.

Athos avait dit vrai.

Il alla droit à Bedfort's tavern et se fit reconnaître de l'hôte, qui fut si fort enchanté de le voir revenir en nom-breuse et belle compagnie, qu'il fit préparer à l'instant même les plus belles chambres.

Quoiqu'il ne fît pas jour encore, nos quatre voyageurs, en arrivant à Londres, avaient trouvé toute la ville en rumeur.

Le bruit que le roi, ramené par le colonel Harrison, s'acheminait vers la capitale s'était répandu dès la veille, et beaucoup ne s'étaient point couchés, de peur que le Stuart, comme ils l'appelaient, n'arrivât dans la nuit et qu'ils ne manquassent son entrée.

Le projet de changement d'habits avait été adopté à l'unanimité, on se le rappelle, moins la légère opposition de Porthos.

On s'occupa donc de le mettre à exécution.

L'hôte se fit apporter des vêtements de toutes sortes, comme s'il voulait remonter sa garde-robe.

Athos prit un habit noir qui lui donnait l'air d'un honnête bourgeois.

Aramis, qui ne voulait pas quitter l'épée, choisit un habit vert foncé de coupe militaire.

Porthos fut séduit par un pourpoint rouge et par des chausses vertes.

D'Artagnan, dont la couleur était arrêtée d'avance, n'eut plus qu'à s'occuper de la nuance, et, sous l'habit marron qu'il convoitait, représenta assez exactement un marchand de sucre retiré.

Quant à Grimaud et à Mousqueton, qui ne portaient pas de livrée, ils se trouvèrent tout déguisés.

Grimaud, d'ailleurs, offrait le type calme, sec et roide de l'Anglais circonspect, Mousqueton, celui de l'Anglais ventru, bouffi et flâneur.

— Maintenant, dit d'Artagnan, passons au principal : coupons-nous les cheveux, afin de n'être point insultés par la populace. N'étant plus gentilshommes par l'épée, soyons puritains par la coiffure. C'est, vous le savez, le point important qui sépare le covenantaire du cavalier.

Sur ce point important, d'Artagnan trouva Aramis fort insoumis ; il voulait à toute force garder sa chevelure, qu'il avait fort belle, et donc il prenait le plus grand soin, et il fallut qu'Athos, à qui toutes ces questions étaient indifférentes, lui donnât l'exemple.

Porthos livra sans difficulté son chef à Mousqueton, qui taille à pleins ciseaux dans l'épaisse et rude chevelure.

D'Artagnan se découpa lui-même une tête de fantaisie qui ne ressemblait pas mal à une médaille du temps de François Ier ou de Charles IX.

— Nous sommes affreux, dit Athos.

— Et il me semble que nous puons le puritain à faire frémir, ajouta Aramis.

— J'ai froid à la tête, s'écria Porthos.

— Et moi je me sens envie de prêcher, continua d'Artagnan.

— Maintenant, reprit Athos, que nous ne nous reconnaissons pas nous-mêmes, et que nous n'avons point, par conséquent, la crainte que les autres nous reconnaissent, allons voir entrer le roi : s'il a marché toute la nuit, il ne doit pas être loin de Londres.

En effet, les quatre amis n'étaient pas mêlés depuis deux heures à la foule, que de grands cris et un grand mouvement annoncèrent que Charles arrivait.

On avait envoyé un carrosse au-devant de lui, et de loin le gigantesque Porthos, qui dépassait de la tête toutes les têtes, annonça qu'il voyait venir le carrosse royal.

D'Artagnan se dressa sur la pointe des pieds, tandis qu'Athos et Aramis écoutaient pour tâcher de se rendre compte eux-mêmes de l'opinion générale.

Le carrosse passa, et d'Artagnan reconnut Harrison à une portière et Mordaunt à l'autre.

Quant au peuple, dont Athos et Aramis étudiaient les impressions, il lançait force imprécations contre Charles...

Athos rentra désespéré.

— Mon cher, lui disait d'Artagnan, vous vous entêtez inutilement, et je vous proteste, moi, que la position est mauvaise. Pour mon compte, je n'y m'attache qu'à cause de vous et par certain intérêt d'artiste en politique à la mousquetaire ; je trouve qu'il serait très-plaisant d'arracher leur proie à tous ces hurleurs et de se moquer d'eux... J'y songerai.

Dès le lendemain, en se mettant à sa fenêtre, qui donnait sur les quartiers les plus populeux de la Cité, Athos entendit crier le bill du parlement qui traduisait à la barre l'ex-roi Charles Ier, coupable présumé de trahison et d'abus de pouvoir.

D'Artagnan était près de lui, Aramis consultait une carte, Porthos était absorbé dans les dernières délices d'un succulent déjeuner.

— Le parlement ! s'écria Athos, il n'est pas possible que le parlement ait rendu un pareil bill.

— Ecoutez, dit d'Artagnan, je comprends peu l'anglais, mais comme l'anglais n'est que du français mal prononcé, voici ce que j'entends : Parliaments' bill, ce qui veut dire bill du parlement, ou Dieu me damne ! comme ils disent ici.

En ce moment l'hôte entrait.

Athos lui fit signe de venir.

— Le parlement a rendu ce bill ? lui demanda Athos en anglais.

— Oui, milord, le parlement pur.

— Comment, le parlement pur ? Il y a donc deux parlements ?

— Mon ami, interrompit d'Artagnan, comme je n'entends pas l'anglais, mais que nous entendons tous l'espagnol, faites-nous le plaisir de vous entretenir dans cette langue, qui est la vôtre, et que par conséquent vous devez parler avec plaisir quand vous en retrouvez l'occasion.

— Ah ! parfait, dit Aramis.

Quant à Porthos, nous l'avons fait remarquer, toute son attention était concentrée sur un os de côtelette qu'il était occupé à dépouiller de son enveloppe charnue.

— Vous demandiez donc ?... dit l'hôte en espagnol.

— Je demandais, reprit Athos dans la même langue, s'il y avait deux parlements, un pur et un impur.

— Oh ! que c'est bizarre ! dit Porthos en levant lentement la tête et en regardant ses amis d'un air étonné, je comprends donc l'anglais maintenant ? j'entends ce que vous dites.

— C'est que nous parlons espagnol, cher ami, dit Athos avec son sang-froid ordinaire.

— Ah diable ! dit Porthos, j'en suis fâché, cela m'aurait fait une langue de plus.

— Quand je dis le parlement pur, senor, reprit l'hôte, je parle de celui que M. le colonel Pridge a épuré.

— Ah ! vraiment, dit d'Artagnan, ces gens-ci sont bien ingénieux ; il faudra qu'en revenant en France je donne ce moyen à M. de Mazarin et à M. le coadjuteur. L'un épurera au nom de la cour, l'autre au nom du peuple, de sorte qu'il n'y aura plus de parlement du tout.

— Qu'est-ce que le colonel Pridge ? demanda Aramis, et de quelle façon s'y est-il pris pour épurer le parlement ?

Le colonel Pridge, dit l'Espagnol, est un ancien charretier, homme de beaucoup d'esprit, qui avait remarqué une chose en conduisant sa charrette : c'est que, lorsqu'une pierre se trouvait sur sa route, il était plus court d'enlever la pierre que d'essayer de faire passer la roue par-dessus. Or, sur deux cent cinquante et un membres dont se composait le parlement, cent quatre-vingt-onze le gênaient et auraient pu faire verser sa charrette politique ; il les a pris comme autrefois il prenait les pierres, et les a jetés hors de la chambre.

— Joli ! dit d'Artagnan, qui, homme d'esprit surtout, estimait fort l'esprit partout où il le rencontrait.

— Et tous ces expulsés étaient stuartistes ? demanda Athos.

— Sans aucun doute, senor, et vous comprenez que'ils eussent sauvé le roi.

— Parbleu! dit majestueusement Porthos, ils faisaient majorité.

— Et vous pensez, dit Aramis, qu'il consentira à paraître devant un tel tribunal?

— Il le faudra bien, répondit l'Espagnol; s'il essayait d'un refus, le peuple l'y contraindrait.

— Merci, maître Perez, dit Athos, maintenant je suis suffisamment renseigné.

— Commencez-vous à croire enfin que c'est une cause perdue, Athos, dit d'Artagnan, et qu'avec les Harrison, les Joyce, les Pridge et le Cromwell, nous ne serons jamais à la hauteur?

— Le roi sera délivré au tribunal, dit Athos, le silence même de ses partisans indique un complot.

D'Artagnan haussa les épaules

— Mais, dit Aramis, s'ils osent condamner leur roi, ils le condamneront à l'exil ou à la prison, voilà tout

D'Artagnan siffla son petit air d'incrédulité

— Nous le verrons bien, dit Athos, car nous irons aux séances, je le présume.

— Vous n'aurez pas longtemps à attendre, dit l'hôte, car elles commencent demain

— Ah çà! répondit Athos, la procédure était donc instruite avant que le roi eût été pris?

— Sans doute, dit d'Artagnan, on l'a commencée du jour où il a été acheté.

— Vous savez, dit Aramis, que c'est notre ami Mordaunt qui a fait, sinon le marché, du moins les premières ouvertures de cette petite affaire.

— Vous savez, dit d'Artagnan, que, partout où il me tombe sous la main, je le tue, M. Mordaunt.

— Fi donc! dit Athos, un pareil misérable!

— Mais c'est justement parce que c'est un misérable que je le tue, reprit d'Artagnan. Ah! cher ami, je fais assez vos volontés pour que vous soyez indulgent aux miennes; d'ailleurs, cette fois, que cela vous plaise ou non, je déclare que ce Mordaunt ne sera tué que par moi.

— Et par moi, dit Porthos.

— Et par moi, dit Aramis.

— Touchante unanimité, s'écria d'Artagnan, et qui convient bien à de bons bourgeois que nous sommes. Allons faire un tour par la ville; ce Mordaunt lui-même ne nous reconnaîtrait point à quatre pas, avec le brouillard qu'il fait. Allons boire un peu de brouillard.

— Oui, dit Porthos, cela nous changera de la bière.

Et les quatre amis sortirent en effet pour prendre, comme on le dit vulgairement, l'air du pays.

CHAPITRE XXIII.

LE PROCÈS.

Le lendemain, une garde nombreuse conduisit Charles Ier devant la haute cour qui devait le juger.

La foule envahissait les rues et les maisons voisines du palais.

Aussi, dès les premiers pas que firent les quatre amis, ils furent arrêtés par l'obstacle presque infranchissable de ce mur vivant.

Quelques hommes du peuple, robustes et hargneux, repoussèrent même Aramis si rudement, que Porthos leva son poing formidable et le laissa retomber sur la face farineuse d'un boulanger, laquelle changea immédiatement de

Porthos leva son poing formidable et le laissa retomber sur la face farineuse d'un boulanger.

couleur et se couvrit de sang, écachée qu'elle était comme une grappe de raisins mûrs.

La chose fit grande rumeur.

Trois hommes voulurent s'élancer sur Porthos; mais Athos en écarta un, d'Artagnan l'autre, et Porthos jeta le troisième par-dessus sa tête.

Quelques Anglais, amateurs de pugilat, apprécièrent la façon rapide et facile avec laquelle avait été exécutée cette manœuvre, et battirent des mains.

Peu s'en fallut alors qu'au lieu d'être assommés, comme ils commençaient à le craindre, Porthos et ses amis ne fussent portés en triomphe.

Mais nos quatre voyageurs, qui craignaient tout ce qui pouvait les mettre en lumière, parvinrent à se soustraire à l'ovation.

Cependant ils gagnèrent une chose à cette démonstration herculéenne, c'est que la foule s'ouvrit devant eux et qu'ils parvinrent au résultat qui, un instant auparavant, leur avait paru impossible, c'est-à-dire à aborder le palais.

Tout Londres se pressait aux portes des tribunes, aussi, lorsque les quatre amis réussirent à pénétrer dans l'une d'elles, trouvèrent-ils les trois premiers bancs occupés.

Ce n'était que demi-mal pour des gens qui désiraient ne pas être reconnus; ils prirent donc leurs places, fort satisfaits d'en être arrivés là, à l'exception de Porthos, qui désirait montrer son pourpoint rouge et ses chausses vertes, et qui regrettait de ne pas être au premier rang.

Les bancs étaient disposés en amphithéâtre, et, de leur place, les quatre amis dominaient toute l'assemblée.

J.A. BEAUCE.   QUICHON.

Vers onze heures du matin, le roi parut sur le seuil de la salle.

Le hasard avait fait justement qu'ils étaient entrés dans la tribune du milieu, et qu'ils se trouvaient juste en face du fauteuil préparé pour Charles Ier.

Vers onze heures du matin, le roi parut sur le seuil de la salle.

Il entra environné de gardes, mais couvert et l'air calme, et promena de tous côtés un regard plein d'assurance,

comme s'il venait présider une assemblée de sujets soumis, et non répondre aux accusations d'une cour rebelle.

Les juges, fiers d'avoir un roi à humilier, se préparaient visiblement à user de ce droit qu'ils s'étaient arrogé.

En conséquence, un huissier vint dire à Charles Ier que l'usage était que l'accusé se découvrît devant ses juges

Charles, sans répondre un seul mot, enfonça son feutre sur sa tête, qu'il tourna d'un autre côté.

Puis, lorsque l'huissier se fut éloigné, il s'assit sur le fauteuil préparé en face du président, fouettant sa botte avec un petit jonc qu'il portait à la main.

Parry, qui l'accompagnait, se tint debout derrière lui.

D'Artagnan, au lieu de regarder tout ce cérémonial, regardait Athos, dont le visage reflétait toutes les émotions que le roi, à force de puissance sur lui-même, parvenait à chasser du sien.

Cette agitation d'Athos, l'homme froid et calme, l'effraya.

— J'espère bien, lui dit-il en se penchant à son oreille, que vous allez prendre exemple de Sa Majesté, et ne pas nous faire sottement tuer dans cette cage.

— Soyez tranquille, dit Athos.

— Ah! ah! continua d'Artagnan, il paraît que l'on craint quelque chose, car voici les postes qui se doublent : nous n'avions que des pertuisanes, voici des mousquets. Il y en a maintenant pour tout le monde : les pertuisanes regardent les auditeurs du parquet, les mousquets sont à notre intention.

— Trente, quarante, cinquante, soixante-dix hommes, dit Porthos en comptant les nouveaux venus.

— Eh! dit Aramis, vous oubliez l'officier, Porthos; il vaut cependant bien, ce me semble, la peine d'être compté.

— Oui-da! dit d'Artagnan.

Et il devint pâle de colère, car il avait reconnu Mordaunt, qui, l'épée nue, conduisait les mousquetaires derrière le roi, c'est-à-dire en face des tribunes.

— Nous aurait-il reconnus? continua d'Artagnan ; c'est que, dans ce cas, je battrais très-proprement en retraite. Je ne me soucie aucunement qu'on m'impose un genre de mort, et désire fort mourir à mon choix. Or, je ne choisis pas d'être fusillé dans une boîte.

— Non, dit Aramis, il ne nous a pas vus. Il ne voit que le roi. Mordieu! avec quels yeux il le regarde, l'insolent! Est-ce qu'il haïrait Sa Majesté autant qu'il nous hait nous-mêmes?

— Pardieu! dit Athos, nous ne lui avons enlevé que sa mère, nous, et le roi l'a dépouillé de son nom et de sa fortune.

— C'est juste, dit Aramis; mais, silence! voici le président qui parle au roi.

En effet, le président Bradshaw interpellait l'auguste accusé.

— Stuart, dit-il, écoutez l'appel nominal de vos juges, et adressez au tribunal les observations que vous aurez à faire.

Le roi, comme si ces paroles ne s'adressaient point à lui, tourna la tête d'un autre côté.

Le président attendit, et, comme aucune réponse ne vint, il se fit un instant de silence.

Sur cent soixante-trois membres désignés, soixante-treize seulement pouvaient répondre, car les autres, effrayés de la complicité d'un pareil acte, s'étaient abstenus.

— Je procède à l'appel, dit Bradshaw sans paraître remarquer l'absence des trois cinquièmes de l'assemblée.

Et il commença à nommer, les uns après les autres, les membres présents et absents.

Les présents répondaient d'une voix forte ou faible, selon qu'ils avaient ou non le courage de leur opinion.

Un court silence suivait le nom des absents, répété deux fois.

Le nom du colonel Fairfax vint à son tour, et fut suivi d'un de ces silences courts, mais solennels, qui dénonçaient l'absence des membres qui n'avaient pas voulu personnellement prendre part à ce jugement.

— Le colonel Fairfax? répéta Bradshaw.

— Fairfax? répondit une voix moqueuse, qu'à son timbre argentin on reconnut pour une voix de femme, il a trop d'esprit pour être ici.

Un immense éclat de rire accueillit ces paroles, prononcées avec cette audace que les femmes puisent dans leur propre faiblesse, faiblesse qui les soustrait à toute vengeance.

— C'est une voix de femme! s'écria Aramis. Ah! par ma foi, je donnerais beaucoup pour qu'elle fût jeune et jolie.

Et il monta sur le gradin pour tâcher de voir dans la tribune d'où la voix était partie.

— Sur mon âme, dit Aramis, elle est charmante! regardez donc, d'Artagnan, tout le monde la regarde, et, malgré le regard de Bradshaw, elle n'a point pâli.

— C'est lady Fairfax elle-même, dit d'Artagnan ; vous la rappelez-vous, Porthos? nous l'avons vue avec son mari chez le général Cromwell.

Au bout d'un instant, le calme, troublé par cet étrange épisode, se rétablit, et l'appel continua.

— Ces drôles vont lever la séance quand ils s'apercevront qu'ils ne sont pas en nombre suffisant, dit le comte de la Fère.

— Vous ne les connaissez pas, Athos; remarquez donc le sourire de Mordaunt, voyez comme il regarde le roi. Ce regard est-il celui d'un homme qui craint que sa victime lui échappe? Non, non, c'est le sourire de la haine satisfaite, de la vengeance sûre de s'assouvir. Ah! basilic maudit, ce sera un heureux jour pour moi que celui où je croiserai avec toi autre chose que le regard!

— Le roi est véritablement beau, dit Porthos, et puis, voyez, tout prisonnier qu'il est, comme il est vêtu avec soin. La plume de son chapeau vaut au moins cinquante pistoles; regardez-la donc, Aramis.

L'appel achevé, le président donna ordre de passer à la lecture de l'acte d'accusation.

Athos pâlit : il était trompé encore une fois dans son attente.

Quoique les juges fussent en nombre insuffisant, le procès allait s'instruire; le roi était donc condamné d'avance.

— Je vous l'avais dit, Athos, fit d'Artagnan en haussant les épaules. Mais vous doutez toujours. Maintenant, prenez votre courage à deux mains et écoutez, sans faire trop de mauvais sang, je vous en prie, les petites horreurs que ce monsieur en noir va dire de son roi avec licence et privilège.

En effet, jamais plus brutale accusation, jamais injures plus basses, jamais plus sanglant réquisitoire n'avaient encore flétri la majesté royale.

Jusque-là on s'était contenté d'assassiner les rois, mais ce n'était du moins qu'à leurs cadavres qu'on avait prodigué l'insulte.

Charles Ier écoutait le discours de l'accusateur avec une attention toute particulière, laissant passer les injures, retenant les griefs, et, quand la haine débordait par trop, quand l'accusateur se faisait bourreau par avance, il répondait par un sourire de mépris.

C'était, après tout, une œuvre capitale et terrible, que celle où ce malheureux roi retrouvait toutes ses imprudences changées en guet-apens, ses erreurs transformées en crimes

D'Artagnan. qui laissait couler ce torrent d'injures avec tout le dédain qu'elles méritent, arrêta cependant son esprit judicieux sur quelques-unes des inculpations de l'accusateur.

— Le fait est, dit-il, que si l'on punit pour imprudence et légèreté, ce pauvre roi mérite punition; mais il me semble que celle qu'il subit en ce moment est assez cruelle.

— En tout cas, répondit Aramis, la punition ne saurait atteindre le roi, mais ses ministres, puisque la première loi de la constitution anglaise est : *Le roi ne peut faillir.*

— Pour moi, pensait Porthos en regardant Mordaunt et ne s'occupant que de lui, si ce n'était troubler la majesté de la situation, je sauterais de la tribune en bas, je tomberais en trois bonds sur M. Mordaunt, que j'étranglerais ; je le prendrais par les pieds et j'en assommerais tous ces mauvais mousquetaires qui parodient les mousquetaires de France; pendant ce temps-là, d'Artagnan, qui est plein d'esprit et d'à-propos, trouverait peut-être un moyen de sauver le roi. Il faudra que je lui en parle.

Quant à Athos, le feu au visage, les poings crispés, les lèvres ensanglantées par ses propres morsures, il écumait sur son banc, furieux de cette éternelle insulte parlementaire et de cette longue patience royale, et ce bras inflexible, ce cœur inébranlable, s'étaient changés en une main tremblante et un corps frissonnant.

A ce moment, l'accusateur terminait son office par ces mots :

« La présente accusation est portée par nous au nom du peuple anglais. »

Il y eut à ces paroles un murmure dans les tribunes, et une autre voix, non pas une voix de femme, mais une voix d'homme mâle et furieuse, tonna derrière d'Artagnan.

— Tu mens! s'écria cette voix, et les neuf dixièmes du peuple anglais ont horreur de ce que tu dis!

Cette voix était celle d'Athos, qui, hors de lui, debout, le bras étendu, interpellait ainsi l'accusateur public.

A cette apostrophe, roi, juges, spectateurs, tout le monde tourna les yeux vers la tribune où étaient les quatre amis.

Mordaunt fit comme les autres, et reconnut le gentilhomme, autour duquel s'étaient levés les trois autres Français, pâles et menaçants.

Ses yeux flamboyèrent de joie, il venait de retrouver ceux à la recherche et à la mort desquels il avait voué sa vie.

Un mouvement furieux appela près de lui vingt de ses mousquetaires, et, montrant du doigt la tribune où étaient ses ennemis :

— Feu sur cette tribune! dit-il.

Mais alors, rapides comme la pensée, d'Artagnan, saisissant Athos par le milieu du corps, Porthos emportant Aramis, sautèrent à bas des gradins, s'élancèrent dans les corridors, descendirent rapidement les escaliers, et se perdirent dans la foule, tandis qu'à l'intérieur de la salle les mousquets abaissés menaçaient trois mille spectateurs, dont les cris de miséricorde et les bruyantes terreurs arrêtèrent l'élan déjà donné au carnage.

Charles avait aussi reconnu les quatre Français; il mit une main sur son cœur pour en comprimer les battements, l'autre sur ses yeux pour ne pas voir égorger ses fidèles amis.

Mordaunt, pâle et tremblant de rage, se précipita hors de la salle l'épée nue à la main avec dix hallebardiers, fouillant la foule, interrogeant, haletant; puis il revint sans avoir rien trouvé.

Le trouble était inexprimable.

Plus d'une demi-heure se passa sans que personne pût se faire entendre.

Les juges croyaient chaque tribune prête à tonner.

Les tribunes voyaient les mousquets dirigés sur elles, et, partagées entre la crainte et la curiosité, demeuraient tumultueuses et agitées.

Enfin le calme se rétablit.

— Qu'avez-vous à dire pour votre défense? demanda Bradshaw au roi.

Alors, du ton d'un juge et non de celui d'un accusé, la tête toujours couverte, se levant, non point par humilité, mais par domination :

— Avant de m'interroger, dit Charles, répondez-moi. J'étais libre à Newcastle, j'y avais conclu un traité avec les deux chambres. Au lieu d'accomplir de votre part ce traité que j'accomplissais de la mienne, vous m'avez acheté aux Écossais, pas cher, je le sais, et cela fait honneur à l'économie de votre gouvernement. Mais, pour m'avoir payé le prix d'un esclave, espérez-vous que j'aie cessé d'être votre roi? Non pas. Vous répondre serait l'oublier. Je ne vous répondrai donc que lorsque vous m'aurez justifié de vos droits à m'interroger. Vous répondre serait vous reconnaître pour mes juges, et je ne vous reconnais que pour mes bourreaux.

Et, au milieu d'un silence de mort, Charles, calme, hautain et toujours couvert, se rassit sur son fauteuil.

— Que ne sont-ils là, mes Français, murmura-t-il avec orgueil et en tournant les yeux vers la tribune où ils étaient apparus un instant; ils verraient que leur ami, vivant, est digne d'être défendu; mort, d'être pleuré.

Mais il eut beau sonder les profondeurs de la foule et demander en quelque sorte à Dieu ces douces et consolantes présences, il ne vit rien que des physionomies hébétées et craintives, et il se sentit aux prises avec la haine et la férocité.

— Eh bien! dit le président, voyant Charles décidé à se taire invinciblement, soit, nous vous jugerons malgré votre silence. Vous êtes accusé de trahison, d'abus de pouvoir et d'assassinat. Les témoins feront foi. Allez, et une prochaine séance accomplira ce que vous vous refusez à faire dans celle-ci.

Charles se leva, et, se retournant vers Parry, qu'il voyait pâle et les tempes mouillées de sueur :

— Eh bien! mon bon Parry, lui dit-il, qu'as-tu donc et qui peut t'agiter ainsi?

— Oh! sire, dit Parry les larmes aux yeux et d'une voix suppliante; sire, en sortant de la salle, ne regardez pas à votre gauche.

— Pourquoi cela, Parry?

— Ne regardez pas, je vous en supplie, mon roi!

— Mais qu'y a-t-il? parle donc, dit Charles en essayant de voir à travers la haie de gardes qui se tenait derrière lui.

— Il y a... mais vous ne regarderez point, sire, n'est-ce pas? il y a que, sur une table, ils ont fait apporter la hache avec laquelle on exécute les criminels. Cette vue est hideuse, ne regardez pas, sire, je vous en supplie.

— Les sots! dit Charles, me croient-ils donc un lâche comme eux? Tu fais bien de m'avoir prévenu; merci, Parry.

Et, comme le moment était venu de se retirer, le roi sortit, suivant ses gardes.

A gauche de la porte, en effet, brillait d'un reflet sinistre, celui du tapis rouge sur lequel elle était déposée, la hache blanche, au long manche poli par la main de l'exécuteur.

Arrivé en face d'elle, Charles s'arrêta, et se tournant avec un sourire :

— Ah! ah! dit-il en riant, la hache! Epouvantail ingénieux et bien digne de ceux qui ne savent pas ce que c'est qu'un gentilhomme; tu ne me fais pas peur, hache du bourreau, ajouta-t-il en la fouettant du jonc mince et flexible qu'il tenait à la main, et je te frappe en attendant patiemment et chrétiennement que tu me le rendes.

Et, haussant les épaules avec un royal dédain, il continua sa route, laissant stupéfaits ceux qui s'étaient pressés

— Tu mens! s'écria cette voix, et les neuf-dixièmes du peuple anglais ont horreur de ce que tu dis. — Page 127.

en foule autour de cette table, pour voir quelle figure ferait le roi en voyant cette hache qui devait séparer la tête de son corps.

— En vérité, Parry, continua le roi en s'éloignant, tous ces gens-là me prennent, Dieu me pardonne, pour un marchand de coton des Indes, et non pour un gentilhomme accoutumé à voir briller le fer : pensent-ils donc que je ne vaux pas bien un boucher?

Comme il disait ces mots, il arriva à la porte.

Une longue file de peuple était accourue, qui, n'ayant pu trouver place dans les tribunes, voulait au moins jouir de la fin du spectacle, dont la plus intéressante partie lui était échappée

Cette multitude innombrable, dont les rangs étaient semés de physionomies menaçantes, arracha un léger soupir au roi.

— Que de gens, pensa-t-il, et pas un ami dévoué!

Et, comme il disait ces paroles de doute et de découragement en lui-même, une voix, répondant à ces paroles, dit près de lui :

— Salut à la majesté tombée·

Le roi se retourna vivement, les larmes aux yeux et au cœur...

C'était un vieux soldat de ses gardes qui n'avait pas voulu voir passer devant lui son roi captif sans lui rendre ce dernier hommage.

Mais, au même instant, le malheureux fut presque assommé à coups de pommeau d'épée...

Le roi n'avait pas fait cent pas, qu'un furieux, se penchant entre deux soldats, lui cracha au visage.

Parmi les assommeurs, le roi reconnut le capitaine Groslow.

— Hélas! dit Charles, voici un bien grand châtiment pour une bien petite faute.

Puis, le cœur serré, il continua son chemin; mais il n'avait pas fait cent pas, qu'un furieux, se penchant entre deux

soldats de la haie, cracha au visage du roi, comme jadis un juif infâme et maudit avait craché au visage de Jésus le Nazaréen.

De grands éclats de rire et de sombres murmures retentirent tout ensemble.

La foule s'écarta, se rapprocha, ondula comme une mer tempétueuse, et il sembla au roi qu'il voyait reluire au milieu de la vague vivante les yeux étincelants d'Athos.

Charles s'essuya le visage, et dit avec un triste sourire :

— Le malheureux! pour une demi-couronne il en ferait autant à son père.

Le roi ne s'était pas trompé, il avait vu en effet Athos et ses amis qui, mêlés de nouveau dans les groupes, escortaient d'un dernier regard le roi martyr.

Quand le soldat salua Charles, le cœur d'Athos se fondit de joie, et, lorsque ce malheureux revint à lui, il put trouver dans sa poche dix guinées qu'y avait glissées le gentilhomme français.

Mais, quand le lâche insulteur cracha au visage du roi prisonnier, Athos porta la main à son poignard.

Mais d'Artagnan arrêta cette main, et d'une voix rauque :

— Attends! dit-il.

Jamais d'Artagnan n'avait tutoyé ni Athos ni le comte de la Fère.

Athos s'arrêta...

D'Artagnan s'appuya sur Athos, fit signe à Porthos et à Aramis de ne pas s'éloigner, et vint se placer derrière l'homme aux bras nus, qui riait encore de son infâme plaisanterie, et que félicitaient quelques autres furieux.

Cet homme s'achemina vers la cité.

D'Artagnan, toujours appuyé sur Athos, le suivit en faisant signe à Porthos et à Aramis de les suivre eux-mêmes.

L'homme aux bras nus, qui semblait un garçon boucher, descendit avec deux compagnons par une petite rue rapide et isolée qui donnait sur la rivière.

D'Artagnan avait quitté le bras d'Athos et marchait derrière l'insulteur.

Arrivés près de l'eau, ces trois hommes s'aperçurent qu'ils étaient suivis, s'arrêtèrent, et, regardant insolemment les Français, échangèrent quelques lazzis entre eux.

— Je ne sais pas l'anglais, Athos, dit d'Artagnan, mais vous le savez, vous, et vous m'allez servir d'interprète.

Et à ces mots, doublant le pas, ils dépassèrent les trois hommes. .

Mais, se retournant tout à coup, d'Artagnan marcha droit au garçon boucher, qui s'arrêta, et, le touchant à la poitrine du bout de son index :

— Répétez-lui ceci, Athos, dit-il à son ami : « Tu as été lâche, tu as insulté un homme sans défense, tu as souillé la face de ton roi... tu vas mourir! »

Athos, pâle comme un spectre et que d'Artagnan tenait par le poignet, traduisit ces étranges paroles à l'homme, qui, voyant ces préparatifs sinistres et l'œil terrible de d'Artagnan, voulut se mettre en défense.

Aramis, à ce mouvement, porta la main à son épée.

— Non, pas de fer! pas de fer! dit d'Artagnan; le fer est pour les gentilshommes.

Et, saisissant le boucher à la gorge :

— Porthos, dit d'Artagnan, assommez-moi ce misérable d'un seul coup de poing.

Porthos leva son bras terrible, le fit siffler en l'air comme la branche d'une fronde, et la masse pesante s'abattit avec un bruit sourd sur le crâne du lâche, qu'elle brisa.

L'homme tomba comme tombe un bœuf sous le marteau.

Ses compagnons voulurent crier, voulurent fuir, mais la voix manqua à leur bouche, et leurs jambes tremblantes se dérobèrent sous eux.

— Dites-leur encore ceci, Athos, continua d'Artagnan. « Ainsi mourront tous ceux qui oublient qu'un homme enchaîné est une tête sacrée, qu'un roi captif est deux fois le représentant du Seigneur. »

Athos répéta les paroles de d'Artagnan...

Les deux hommes, muets et les cheveux hérissés, regardèrent le corps de leur compagnon qui nageait dans des flots de sang noir.

Puis, retrouvant à la fois la voix et les forces, ils s'enfuirent avec un cri et en joignant les mains.

— Justice est faite! dit Porthos en s'essuyant le front.

— Et maintenant, dit d'Artagnan à Athos, ne doutez point de moi, et tenez-vous tranquille; je me charge de tout ce qui regarde le roi.

CHAPITRE XXIV.

Le parlement condamna Charles Stuart à mort, comme il était facile de le prévoir.

Les jugements politiques sont presque toujours de vaines formalités, car les mêmes passions qui font accuser font condamner aussi.

Telle est la terrible logique des révolutions.

Quoique nos amis s'attendissent à cette condamnation, elle les remplit de douleur.

D'Artagnan, dont l'esprit n'avait jamais plus de ressources que dans les moments extrêmes, jura de nouveau qu'il tenterait tout au monde pour empêcher le dénoûment de la sanglante tragédie.

Mais par quels moyens?

C'est ce qu'il n'entrevoyait que vaguement encore.

Tout dépendrait de la nature des circonstances.

En attendant qu'un plan complet pût être arrêté, il fallait à tout prix, pour gagner du temps, mettre obstacle à ce que l'exécution eût lieu le lendemain, ainsi que les juges en avaient décidé.

Le seul moyen, c'était de faire disparaître le bourreau de Londres.

Le bourreau disparu, la sentence ne pouvait être exécutée.

Sans doute on enverrait chercher celui de la ville la plus voisine de Londres, mais cela faisait gagner au moins un jour, et un jour, en pareil cas, c'est le salut peut-être!

D'Artagnan se chargea de cette tâche plus que difficile.

Une chose non moins essentielle, c'était de prévenir Charles Stuart qu'on allait tenter de le sauver, afin qu'il secondât autant que possible ses défenseurs, ou que du moins il ne fît rien qui pût contrarier leurs efforts.

Aramis se chargea de ce soin périlleux.

Charles Stuart avait demandé qu'il fût permis à l'évêque Juxon de le visiter dans sa prison de White-Hall.

Mordaunt était venu chez l'évêque ce soir-là même pour lui faire connaître le désir religieux exprimé par le roi, ainsi que l'autorisation de Cromwell.

Aramis résolut d'obtenir de l'évêque, soit par la terreur, soit par la persuasion, qu'il le laissât pénétrer à sa place, et revêtu de ses insignes sacerdotaux, dans le palais de White-Hall.

Enfin, Athos se chargea de préparer, à tout événement, les moyens de quitter l'Angleterre, en cas d'insuccès comme en cas de réussite.

La nuit étant venue, on se donna rendez-vous à l'hôtel à onze heures, et chacun se mit en route pour exécuter sa dangereuse mission.

Le palais de White-Hall était gardé par trois régiments de cavalerie, et surtout par les inquiétudes incessantes de Cromwell, qui allait, venait, envoyait ses généraux ou ses agents.

Seul et dans sa chambre habituelle, éclairé par la lueur de deux bougies, le monarque condamné à mort regardait tristement le luxe de sa grandeur passée, comme on voit à la dernière heure l'image de la vie plus brillante et plus suave que jamais.

Parry n'avait pas quitté son maître, et, depuis sa condamnation, n'avait point cessé de pleurer.

Charles Stuart, accoudé sur une table, regardait un médaillon sur lequel étaient, près l'un de l'autre, les portraits de sa femme et de sa fille.

Il attendait d'abord Juxon, puis, après Juxon, le martyre.

Quelquefois, sa pensée s'arrêtait sur ces braves gentilshommes français qui déjà lui paraissaient éloignés de cent lieues, fabuleux, chimériques, et pareils à ces figures que l'on voit en rêve et qui disparaissent au réveil.

C'est qu'en effet parfois Charles se demandait si tout ce qui venait de lui arriver n'était pas un rêve, ou tout au moins le délire de la fièvre.

A cette pensée, il se levait, faisait quelques pas comme pour sortir de sa torpeur, allait jusqu'à la fenêtre; mais aussitôt, au-dessous de la fenêtre, il voyait reluire les mousquets des gardes.

Alors, il était forcé de s'avouer qu'il était bien éveillé, et que son rêve sanglant était bien réel.

Charles revenait silencieux à son fauteuil, s'accoudait de nouveau à la table, laissait retomber sa tête sur sa main, et songeait.

— Hélas! disait-il en lui-même, si j'avais au moins pour confesseur une de ces lumières de l'Église dont l'âme a sondé tous les mystères de la vie, toutes les petitesses de la grandeur, peut-être sa voix étoufferait-elle la voix qui se lamente dans mon âme! Mais j'aurai un prêtre à l'esprit vulgaire, dont j'ai brisé par mon malheur la carrière et la fortune. Il me parlera de Dieu et de la mort, comme il en a parlé à d'autres mourants, sans comprendre que ce mourant royal laisse un trône à l'usurpateur, quand ses enfants n'ont plus de pain.

Puis, approchant le portrait de ses lèvres, il murmurait tour à tour et l'un après l'autre le nom de chacun de ses enfants.

Il faisait, comme nous l'avons dit, nuit brumeuse et sombre.

L'heure sonnait lentement à l'horloge de l'église voisine.

Les pâles clartés des deux bougies semaient dans cette grande et haute chambre des fantômes éclairés d'étranges reflets.

Ces fantômes, c'étaient les aïeux du roi Charles qui se détachaient dans leurs cadres d'or; ces reflets, c'étaient les dernières lueurs bleuâtres et miroitantes d'un feu de charbon qui s'éteignait.

Une immense tristesse s'empara de Charles.

Il ensevelit son front entre ses deux mains, songea au monde si beau lorsqu'on le quitte. ou plutôt lorsqu'il nous quitte, aux caresses des enfants si suaves et si douces, surtout quand on est séparé de ses enfants pour ne plus les revoir, puis à sa femme, noble et courageuse créature qui l'avait soutenu jusqu'au dernier moment.

Il tira de sa poitrine la croix de diamant et la plaque de la Jarretière qu'elle lui avait envoyées par ces généreux Français, et les baisa; puis, songeant qu'elle ne reverrait ces objets que lorsqu'il serait couché froid et mutilé dans une tombe, il sentit passer en lui un de ces frissons glacés que la mort nous jette comme son premier manteau.

Alors, dans cette chambre qui lui rappelait tant de souvenirs royaux, où avaient passé tant de courtisans et tant de flatteries, seul avec un serviteur désolé dont l'âme faible ne pouvait soutenir son âme, le roi laissa tomber son courage au niveau de cette faiblesse, de ces ténèbres, de ce froid d'hiver; et, le dira-t-on, ce roi qui mourut si grand, si sublime, avec le sourire de la résignation sur les lèvres, essuya dans l'ombre une larme qui était tombée sur la table et qui tremblait sur le tapis brodé d'or.

Soudain on entendit des pas dans les corridors, la porte s'ouvrit, des torches emplirent la chambre d'une lumière fumeuse, et un ecclésiastique, revêtu des habits épiscopaux, entra suivi de deux gardes, auxquels Charles fit de la main un geste impérieux.

Ces deux gardes se retirèrent; la chambre rentra dans son obscurité.

— Juxon! s'écria Charles, Juxon! Merci, mon dernier ami, vous arrivez à propos.

L'évêque jeta un regard oblique et inquiet sur cet homme qui sanglotait dans l'angle du foyer.

— Allons, Parry, dit le roi, ne pleure plus, voici Dieu qui vient à nous.

— Si c'est Parry, dit l'évêque, je n'ai plus rien à craindre; ainsi, sire, permettez-moi de saluer Votre Majesté et de lui dire qui je suis et pour quelle cause je viens.

A cette vue, à cette voix, Charles allait s'écrier sans doute; mais Aramis mit un doigt sur ses lèvres et salua profondément le roi d'Angleterre.

Charles Stuart, accoudé sur une table, regardait un médaillon. — Page 131.

— Le chevalier! murmura Charles...

— Oui, sire, interrompit Aramis en élevant la voix, oui, l'évêque Juxon, fidèle chevalier du Christ, et qui se rend aux vœux de Votre Majesté.

Charles joignit les mains; il avait reconnu d'Herblay, il restait stupéfait, anéanti, devant ces hommes qui, étran-

gers, sans aucun mobile qu'un devoir imposé par leur propre conscience, luttaient ainsi contre la volonté d'un peuple et contre la destinée d'un roi.

— Vous, dit-il, vous! comment êtes-vous parvenu jusqu'ici? mon Dieu, s'ils vous reconnaissaient, vous seriez perdu.

Parry était debout, toute sa personne exprimait le sentiment d'une naïve et profonde admiration.

— Ne songez pas à moi, sire, dit Aramis en recommandant toujours du geste le silence au roi, ne songez qu'à vous; vos amis veillent, vous le voyez; ce que nous ferons, je ne le sais pas encore; mais quatre hommes déterminés peuvent faire beaucoup. En attendant, ne fermez pas l'œil de la nuit, ne vous étonnez de rien, et attendez-vous à tout.

Charles secoua la tête.

— Ami, dit-il, savez-vous que vous n'avez pas de temps à

- Sire, quelque chose se passera d'ici là qui rendra l'exécution impossible.

perdre, et que, si vous voulez agir, il faut vous presser? Savez-vous que c'est demain à dix heures que je dois mourir?

— Sire, quelque chose se passera d'ici là qui rendra l'exécution impossible.

Le roi regarda Aramis avec étonnement.

En ce moment même il se fit, au-dessous de la fenêtre du roi, un bruit étrange et comme ferait celui d'une charrette de bois qu'on décharge

— Entendez-vous? dit le roi.

Ce bruit fut suivi d'un cri de douleur

— J'écoute, dit Aramis, mais je ne comprends pas quel est ce bruit, et surtout ce cri.

— Ce cri, j'ignore qui a pu le pousser, dit le roi, mais ce bruit, je vais vous en rendre compte. Savez-vous que je dois être exécuté en dehors de cette fenêtre? ajouta Charles en étendant la main vers la place sombre et déserte, peuplée seulement de soldats et de sentinelles.

— Oui, sire, dit Aramis, je le sais.

— Eh bien! ce bois qu'on apporte, ce sont les poutres et les charpentes avec lesquelles on va construire mon échafaud. Quelque ouvrier se sera blessé en les déchargeant.

Aramis frissonna malgré lui.

— Vous voyez bien, dit Charles, qu'il est inutile que vous vous obstiniez davantage; je suis condamné, laissez-moi subir mon sort.

— Sire, dit Aramis en reprenant sa tranquillité un instant troublée, ils peuvent bien dresser un échafaud, mais ils ne pourront pas trouver un exécuteur.

— Que voulez-vous dire? demanda le roi.

— Je veux dire qu'à cette heure, sire, le bourreau est enlevé ou séduit; demain, l'échafaud sera prêt, mais le bourreau manquera; on remettra donc l'exécution à après-demain.

— Eh bien? dit le roi.

— Eh bien! demain dans la nuit nous vous enlevons.

— Comment cela? s'écria le roi, dont le visage s'illumina malgré lui d'un éclair de joie.

— Oh! monsieur, murmura Parry les mains jointes, soyez béni, vous et les vôtres.

— Comment cela? répéta le roi; il faut que je le sache, afin que je vous seconde s'il est besoin.

— Je n'en sais rien, sire, dit Aramis; mais le plus adroit, le plus brave, le plus dévoué de nous quatre m'a dit en me quittant : « Chevalier, dites au roi que demain à dix heures du soir nous l'enlevons. » Puisqu'il l'a dit, il le fera.

— Dites-moi le nom de ce généreux ami, dit le roi, pour que je lui garde une reconnaissance éternelle, qu'il réussisse ou non.

— D'Artagnan, sire, le même qui a failli vous sauver quand le colonel Harrison est entré si mal à propos.

— Vous êtes en vérité des hommes merveilleux! dit le roi, et l'on m'eût raconté de pareilles choses que je ne les eusse pas crues.

— Maintenant, sire, reprit Aramis, écoutez-moi. N'oubliez pas un seul instant que nous veillons pour votre salut : le moindre geste, le moindre chant, le moindre signe de ceux qui s'approcheront de vous, épiez tout, écoutez tout, commentez tout.

— Oh! chevalier! s'écria le roi, que puis-je vous dire? aucune parole, vint-elle du plus profond de mon cœur, n'exprimerait ma reconnaissance. Si vous réussissez, je ne vous dirai pas que vous sauvez un roi; non, vue de l'échafaud comme je la vois, la royauté, je vous le jure, est bien peu de chose; mais vous conserverez un mari à sa femme, un père à ses enfants. Chevalier, touchez ma main, c'est celle d'un ami qui vous aimera jusqu'au dernier soupir.

Aramis voulut baiser la main du roi, mais le roi saisit la sienne et l'appuya contre son cœur.

En ce moment un homme entra sans même frapper à la porte.

Aramis voulut retirer sa main; le roi la retint.

Celui qui entrait était un de ces puritains demi-prêtres, demi-soldats, comme il en pullulait près de Cromwell.

— Que voulez-vous, monsieur? lui dit le roi.

— Je désire savoir si la confession de Charles Stuart est terminée, dit le nouveau venu.

— Que vous importe? dit le roi, nous ne sommes pas de la même religion.

— Tous les hommes sont frères, dit le puritain. Un de mes frères va mourir, et je viens l'exhorter à la mort.

— Assez, dit Parry, le roi n'a que faire de vos exhortations.

— Sire, dit tout bas Aramis, ménagez-le; c'est sans doute quelque espion.

— Après le révérend docteur évêque, dit le roi, je vous entendrai avec plaisir, monsieur.

L'homme au regard louche se retira, non sans avoir observé Juxon avec une attention qui n'échappa point au roi.

— Chevalier, dit-il quand la porte fut refermée, je crois que vous aviez raison, et que cet homme est venu ici avec des intentions mauvaises; prenez garde en vous retirant qu'il ne vous arrive malheur.

— Sire, dit Aramis, je remercie Votre Majesté, mais qu'elle se tranquillise, sous cette robe j'ai une cotte de mailles et un poignard.

— Allez donc, monsieur, et que Dieu vous ait dans sa sainte garde, comme je le disais du temps que j'étais roi.

Aramis sortit; Charles le reconduisit jusqu'au seuil.

Aramis lança sa bénédiction, qui fit incliner les gardes, passa majestueusement à travers les antichambres pleines de soldats, remonta dans son carrosse, où le suivirent ses deux gardiens, et se fit ramener à l'évêché, où ils le quittèrent.

Juxon attendait avec anxiété.

— Eh bien? dit-il en apercevant Aramis.

— Eh bien! dit celui-ci, tout a réussi selon mes souhaits : espions, gardes, satellites, m'ont pris pour vous, et le roi vous bénit en attendant que vous le bénissiez.

— Dieu vous protège, mon fils, car votre exemple m'a donné à la fois espoir et courage.

Aramis reprit ses habits et son manteau, et sortit en prévenant Juxon qu'il aurait encore une fois recours à lui.

A peine eut-il fait dix pas, dans la rue, qu'il s'aperçut qu'il était suivi par un homme enveloppé dans un grand manteau; il mit la main sur son poignard et s'arrêta.

L'homme vint droit à lui.

C'était Porthos.

— Ce cher ami! dit Aramis en lui tendant la main.

— Vous le voyez, mon cher, dit Porthos, chacun de nous avait sa mission; la mienne était de vous garder, et je vous gardais. Avez-vous vu le roi?

— Oui, et tout va bien. Maintenant, nos amis, où sont-ils?

— Nous avons rendez-vous à onze heures à l'hôtel.

— Il n'y a pas de temps à perdre alors, dit Aramis.

En effet, dix heures et demie sonnaient à l'église Saint-Paul.

Cependant, comme les deux amis firent diligence, ils arrivèrent les premiers.

Après eux, Athos rentra.

— Tout va bien, dit-il avant que ses amis eussent eu le temps de l'interroger.

— Qu'avez-vous fait? dit Aramis.

— J'ai loué une petite felouque, étroite comme une pirogue, légère comme une hirondelle; elle nous attend à Greenwich, en face l'île des Chiens; elle est montée d'un patron et de quatre hommes qui, moyennant cinquante livres sterling, se tiendront tout à notre disposition trois nuits de suite. Une fois à bord avec le roi, nous profitons de la marée, nous descendons la Tamise, et en deux heures nous sommes en pleine mer. Alors, en vrais pirates, nous suivons les côtes, nous nichons sur les falaises, ou, si la mer est libre, nous mettons le cap sur Boulogne. Si j'étais tué, le patron se nomme le capitaine Roger, et la felouque l'*Éclair*. Avec ces renseignements, vous les retrouverez l'un et l'autre. Un mouchoir noué aux quatre coins est le signe de reconnaissance.

Un instant après, d'Artagnan rentra à son tour.

— Videz vos poches, dit-il, jusqu'à la concurrence de cent livres sterling, car, quant aux miennes...

Et d'Artagnan retourna ses poches, absolument vides.

La somme fut faite à la seconde.

D'Artagnan sortit et rentra un instant après.

— Là, dit-il, c'est fini. Ouf! ce n'est pas sans peine.

— Le bourreau a quitté Londres? demanda Athos.

— Ah bien oui! ce n'était pas assez sûr, cela. Il pouvait sortir par une porte et rentrer par l'autre.

— Et où est-il? demanda Athos.

— Dans la cave.

— Dans quelle cave.

— Dans la cave de notre hôte; Mousqueton est assis sur le seuil, et voici la clef.

— Bravo! dit Aramis. Mais comment avez-vous décidé cet homme à disparaître?

— Comme on décide tout en ce monde, avec de l'argent; cela m'a coûté cher, mais il y a consenti.

— Et combien cela vous a-t-il coûté, ami? dit Athos; car, vous le comprenez, maintenant que nous ne sommes plus tout à fait de pauvres mousquetaires sans feu ni lieu, toutes dépenses doivent être communes.

— Cela m'a coûté douze mille livres, dit d'Artagnan.

— Et où les avez-vous trouvées? demanda Athos; possédiez-vous donc cette somme?

— Et le fameux diamant de la reine? dit d'Artagnan avec un soupir.

— Ah! c'est vrai, dit Aramis, je l'avais reconnu à votre doigt.

— Vous l'avez donc racheté à M. des Essarts? demanda Porthos.

— Eh! mon Dieu oui, dit d'Artagnan; mais il est écrit là-haut que je ne pourrai pas le garder. Que voulez-vous! les diamants, à ce qu'il faut croire, ont leurs sympathies et leurs antipathies comme les hommes; il paraît que celui-là me déteste.

— Mais, dit Athos, voilà qui va bien pour le bourreau; malheureusement tout bourreau a son aide, son valet, que sais-je, moi?

— Aussi celui-là avait-il le sien; mais nous jouons de bonheur.

— Comment cela?

— Au moment où je croyais que j'allais avoir une seconde affaire à traiter, on a rapporté mon gaillard avec une cuisse cassée. Par excès de zèle, il a accompagné jusque sous les fenêtres du roi la charrette qui portait les poutres et les charpentes; une de ces poutres lui est tombée sur la jambe et la lui a brisée.

— Ah! dit Aramis, c'est donc lui qui a poussé le cri que j'ai entendu de la chambre du roi.

— C'est probable, dit d'Artagnan; mais, comme c'est un homme bien pensant, il a promis en se retirant d'envoyer en son lieu et place quatre ouvriers experts et habiles pour aider ceux qui sont déjà à la besogne; et, en rentrant chez son patron, tout blessé qu'il était, il a écrit à l'instant même à maître Tom Lowe, garçon charpentier de ses amis, de se rendre à White-Hall pour accomplir sa promesse. Voici la lettre qu'il envoyait par un exprès qui devait la porter pour dix pences, et qui me l'a vendue un louis.

— Et que diable voulez-vous faire de cette lettre? demanda Athos.

— Vous ne devinez pas? dit d'Artagnan avec ses yeux brillants d'intelligence.

— Non, sur mon âme!

— Eh bien! mon cher Athos, vous qui parlez anglais comme John Bull lui-même, vous êtes maître Tom Lowe, et nous sommes, nous, vos trois compagnons; comprenez-vous, maintenant?

Athos poussa un cri de joie et d'admiration, courut à un cabinet, en tira les habits d'ouvriers, que revêtirent aussitôt les quatre amis, après quoi ils sortirent de l'hôtel, Athos portant une scie, Porthos une pince, Aramis une hache, d'Artagnan un marteau et des clous.

La lettre du valet de l'exécuteur faisait foi près du maître-charpentier que c'était bien eux que l'on attendait.

CHAPITRE XXV.

LES OUVRIERS.

Vers le milieu de la nuit, Charles entendit un grand fra-
cas au-dessous de sa fenêtre

C'étaient des coups de marteau et de hache, des morsures
de pince et des cris de scie.

Comme il s'était jeté tout habillé sur son lit et qu'il commençait à s'endormir, ce bruit l'éveilla en sursaut, et
comme, outre son retentissement matériel, ce bruit avait
un écho moral et terrible dans son âme, les pensées af-
freuses de la veille vinrent l'assaillir de nouveau.

Seul en face des ténèbres et de l'isolement, il n'eut pas
la force de soutenir cette nouvelle torture qui n'était pas

REAUCE   FOUCET

Maître Tom Lowe et ses trois compagnons. — Page 135

dans le programme de son supplice, et il envoya Parry dire
à la sentinelle de prier les ouvriers de frapper moins fort,
et d'avoir pitié du dernier sommeil de celui qui avait été
leur roi.

La sentinelle ne voulut point quitter son poste, mais laissa
passer Parry.

Arrivé près de la fenêtre, après avoir fait le tour du pa-

lais, Parry aperçut de plain-pied avec le balcon, dont on
avait descellé la grille, un large échafaud inachevé, mais
sur lequel on commençait à clouer une tenture de serge
noire.

Cet échafaud, élevé à la hauteur de la fenêtre, c'est-à-
dire à près de vingt pieds, avait deux étages inté-
rieurs.

Parry, si odieuse que lui fût cette vue, chercha, parmi huit ou dix ouvriers qui bâtissaient la sombre machine, ceux dont le bruit devait être le plus fatigant pour le roi, et, sur le second plancher, il aperçut deux hommes qui descellaient, à l'aide d'une pince, les dernières fiches du balcon de fer.

L'un d'eux, véritable colosse, faisait l'office du bélier an-

tique chargé de renverser les murailles. A chaque coup de son instrument, la pierre volait en éclats.

L'autre, qui se tenait à genoux, tirait à lui les pierres ébranlées.

Il était évident que c'étaient ceux-là qui faisaient le bruit dont se plaignait le roi.

Parry monta à l'échelle et vint à eux.

Cet homme le regarda fixement et porta un doigt à sa bouche...

— Mes amis, dit-il, voulez-vous travailler un peu plus doucement, je vous prie? Le roi dort, et il a besoin de sommeil.

L'homme qui frappait avec sa pince arrêta son mouvement et se tourna à demi.

Mais, comme il était debout, Parry ne put voir son visage,

perdu dans les ténèbres qui s'épaississaient près du plancher.

L'homme qui était à genoux se retourna aussi, et, comme, plus bas que son compagnon, il avait le visage éclairé par la lanterne, Parry put le voir.

Cet homme le regarda fixement et porta un doigt à sa bouche...

2

18

Parry recula stupéfait.

— C'est bien, c'est bien, dit l'ouvrier en excellent anglais, retourne dire au roi que, s'il dort mal cette nuit-ci, il dormira mieux la nuit prochaine.

Ces rudes paroles qui, en les prenant au pied de la lettre, avaient un sens si terrible, furent accueillies des ouvriers qui travaillaient sur les côtés et à l'étage inférieur avec une explosion d'affreuse joie.

Parry se retira, croyant qu'il faisait un rêve.

Charles l'attendait avec impatience.

Au moment où il rentra, la sentinelle qui veillait à la porte passa curieusement sa tête par l'ouverture pour voir ce que faisait le roi.

Le roi était accoudé sur son lit.

Parry ferma la porte, et, allant au roi le visage rayonnant de joie :

— Sire, dit-il à voix basse, savez-vous quels sont ces ouvriers qui font tant de bruit?

— Non, dit Charles en secouant mélancoliquement la tête; comment veux-tu que je sache cela? est-ce que je connais ces hommes?

— Sire, dit Parry plus bas encore et se penchant vers le lit de son maître, sire, c'est le comte de la Fère et son compagnon.

— Qui dressent mon échafaud? dit le roi étonné.

— Oui, et qui, en le dressant, font un trou à la muraille.

— Chut! dit le roi en regardant avec terreur autour de lui. Tu les as vus?

— Je leur ai parlé.

Le roi joignit les mains et leva les yeux au ciel.

Puis, après une courte et fervente prière, il se jeta en bas de son lit et alla à la fenêtre, dont il écarta les rideaux.

Les sentinelles du balcon y étaient toujours.

Puis, au delà du balcon, s'étendait une sombre plate-forme, sur laquelle passaient comme des ombres.

Charles ne put rien distinguer, mais il sentit sous ses pieds la commotion des coups que frappaient ses amis.

Et chacun de ces coups maintenant lui répondait au cœur.

Parry ne s'était pas trompé, et il avait bien reconnu Athos.

C'était lui, en effet, qui, aidé de Porthos, creusait un trou sur lequel devait reposer une des charpentes transversales.

Ce trou communiquait dans une espèce de tambour pratiqué sous le plancher même de la chambre royale.

Une fois dans ce tambour, qui ressemblait à un entresol fort bas, on pouvait, avec une pince et de bonnes épaules, et cela regardait Porthos, faire sauter une lame du parquet.

Le roi alors se glissait par cette ouverture, regagnait avec ses sauveurs un des compartiments de l'échafaud entièrement recouvert de drap noir, s'affublait à son tour d'un habit d'ouvrier qu'on lui avait préparé, et, sans affectation, sans crainte, il descendait avec les quatre compagnons...

Les sentinelles, sans soupçon, voyant des ouvriers qui venaient de travailler à l'échafaud, laissaient passer...

Comme nous l'avons dit, la felouque était toute prête.

Ce plan était large, simple et facile, comme toutes les choses qui naissent d'une résolution hardie.

Donc, Athos déchirait ses belles mains si blanches et si fines à lever les pierres arrachées de leurs bases par Porthos.

Déjà il pouvait passer la tête sous les ornements qui décoraient la crédence du balcon.

Deux heures encore, il y passerait tout le corps.

Avant le jour, le trou serait achevé et disparaîtrait sous les plis d'une tenture intérieure que poserait d'Artagnan.

D'Artagnan s'était fait passer pour un ouvrier français, et posait les clous avec la régularité du plus habile tapissier.

Aramis coupait l'excédant de la serge qui pendait jusqu'à terre, et derrière laquelle s'élevait la charpente de l'échafaud.

Le jour parut au sommet des maisons.

Un grand feu de tourbe et de charbon avait aidé les ouvriers à passer cette nuit si froide du 29 au 30 janvier.

A tout moment, les plus acharnés à leur ouvrage s'interrompaient pour aller se réchauffer.

Athos et Porthos seuls n'avaient point quitté leur œuvre.

Aussi, aux premières lueurs du matin, le trou était-il achevé.

Athos y entra emportant avec lui les habits destinés au roi enveloppés dans un coupon de serge noire.

Porthos lui passa sa pince, et d'Artagnan cloua, luxe bien grand mais fort utile, une tenture de serge intérieure derrière laquelle le trou et celui qu'il cachait disparurent.

Athos n'avait plus que deux heures de travail pour pouvoir communiquer avec le roi, et, selon la prévision des quatre amis, ils avaient toute la journée devant eux, puisque, le bourreau manquant, on serait forcé d'aller chercher celui de Bristol.

D'Artagnan alla reprendre son habit marron, et Porthos son pourpoint rouge.

Quant à Aramis, il se rendit chez Juxon, afin de pénétrer, s'il était possible, avec lui jusqu'auprès du roi.

Tous trois avaient rendez-vous à midi sur la place de White-Hall pour voir ce qui s'y passerait.

Avant de quitter l'échafaud, Aramis s'était approché de l'ouverture où était caché Athos, afin de lui annoncer qu'il allait tâcher de revoir Charles.

— Adieu donc et bon courage, dit Athos; rapportez au roi où en sont les choses, dites-lui que, dès qu'il sera seul, il frappe au parquet afin que je puisse continuer sûrement ma besogne. Si Parry pouvait m'aider en détachant d'avance la plaque inférieure de la cheminée, qui sans doute est une dalle de marbre, ce serait autant de fait. Vous, Aramis, tâchez de ne pas quitter le roi. Parlez haut, très-haut, car on vous écoutera de la porte. S'il y a une sentinelle dans l'intérieur de l'appartement, tuez-la sans marchander; s'il y en a deux, que Parry en tue une, et vous l'autre; s'il y en a trois, faites-vous tuer, mais sauvez le roi.

— Soyez tranquille, dit Aramis, je prendrai deux poignards, afin d'en donner un à Parry. Est-ce tout?

— Oui, allez; mais recommandez bien au roi de ne pas faire de fausse générosité. Pendant que vous vous battrez, s'il y a combat, qu'il fuie; la plaque une fois replacée sur sa tête, vous mort ou vivant sur cette plaque, on sera dix minutes au moins à retrouver le trou par lequel il aura fui. Pendant ces dix minutes nous aurons fait du chemin, et le roi sera sauvé.

— Il sera fait comme vous dites, Athos. Votre main, car peut-être ne nous reverrons-nous plus.

Athos passa ses bras autour du cou d'Aramis, et l'embrassa.

— Pour vous, dit-il; maintenant, si je meurs, dites à d'Artagnan que je l'aime comme mon enfant, et embrassez le pour moi. Embrassez aussi notre bon et brave Porthos. Adieu.

— Adieu, dit Aramis. Je suis aussi sûr maintenant que le roi se sauvera que je suis sûr de tenir et de serrer la plus loyale main qui soit au monde.

Aramis quitta Athos, descendit de l'échafaud à son tour, et regagna l'hôtel en sifflotant l'air d'une chanson à la louange de Cromwell.

Il trouva ses deux autres amis attablés près d'un bon feu, buvant une bouteille de vin de Porto et dévorant un poulet froid.

Porthos mangeait, tout en maugréant force injures sur ces infâmes parlementaires.

D'Artagnan mangeait en silence, mais en bâtissant dans sa pensée les plans les plus audacieux.

Aramis lui conta tout ce qui était convenu; d'Artagnan approuva de la tête et Porthos de la voix.

— Bravo, dit-il; d'ailleurs, nous serons là au moment de la fuite : on est très-bien caché sous cet échafaud, et nous pouvons nous y tenir. Entre d'Artagnan, moi, Grimaud et Mousqueton, nous en tuerons bien huit; je ne parle pas de Blaisois, il n'est bon qu'à garder les chevaux. A deux minutes par homme, c'est quatre minutes; Mousqueton en perdra une, c'est cinq : pendant ces cinq minutes-là, vous pouvez avoir fait un quart de lieue.

Aramis mangea rapidement un morceau, but un verre de vin et changea d'habits.

— Maintenant, dit-il, je me rends chez Sa Grandeur. Chargez-vous de préparer les armes, Porthos; surveillez bien votre bourreau, d'Artagnan.

— Soyez tranquille, Grimaud a relevé Mousqueton, et il a le pied dessus.

— N'importe, redoublez de surveillance et ne demeurez pas un instant inactif.

— Inactif! Mon cher, demandez à Porthos; je ne vis pas, je suis sans cesse sur mes jambes, j'ai l'air d'un danseur. Mordioux! que j'aime la France en ce moment, et qu'il est bon d'avoir une patrie à soi, quand on est si mal dans celle des autres!

Aramis les quitta comme il avait quitté Athos, c'est-à-dire en les embrassant; puis il se rendit chez l'évêque Juxon, auquel il transmit sa requête.

Juxon consentit d'autant plus facilement à emmener Aramis, qu'il avait déjà prévenu qu'il aurait besoin d'un prêtre, au cas certain où le roi voudrait communier, et surtout au cas probable où le roi désirerait entendre une messe.

Vêtu comme Aramis l'était la veille, l'évêque monta dans sa voiture.

Aramis, plus déguisé encore par sa pâleur et sa tristesse que par son costume de diacre, monta près de lui.

La voiture s'arrêta à la porte de White-Hall ; il était neuf heures du matin à peu près.

Rien ne semblait changé; les antichambres et les corridors, comme la veille, étaient pleins de gardes.

Deux sentinelles veillaient à la porte du roi, deux autres se promenaient devant le balcon sur la plate-forme de l'échafaud, où le billot était déjà posé.

Le roi était plein d'espérance; en revoyant Aramis, cette espérance se changea en joie.

Il embrassa Juxon, il serra la main d'Aramis.

L'évêque affecta de parler haut et devant tout le monde au roi de leur entrevue de la veille.

Le roi lui répondit que les paroles qu'il lui avait dites dans cette entrevue avaient porté leur fruit, et qu'il désirait encore un entretien pareil.

Juxon se retourna vers les assistants et les pria de le laisser seul avec le roi.

Tout le monde se retira.

Dès que la porte se fut refermée :

— Sire, dit Aramis avec rapidité, vous êtes sauvé! Le bourreau de Londres a disparu; son aide s'est cassé la cuisse hier sous les fenêtres de Votre Majesté. Ce cri que nous avons entendu, c'était le sien. Sans doute on s'est déjà aperçu de la disparition de l'exécuteur; mais il n'y a de bourreau qu'à Bristol, et il faut le temps de l'aller chercher. Nous avons donc au moins jusqu'à demain.

— Mais le comte de la Fère? demanda le roi.

— A deux pieds de vous, sire. Prenez le poker du brasier et frappez trois coups, vous allez l'entendre vous répondre.

Le roi, d'une main tremblante, prit l'instrument et frappa trois coups à intervalles égaux.

Aussitôt des coups sourds et ménagés, répondant au signal donné, retentirent sous le parquet.

— Ainsi, dit le roi, celui qui me répond là...

— Est le comte de la Fère, sire, dit Aramis. Il prépare la voie par laquelle Votre Majesté pourra fuir. Parry, de son côté, soulèvera cette dalle de marbre, et un passage sera tout ouvert.

— Mais, dit Parry, je n'ai aucun instrument.

— Prenez ce poignard, dit Aramis; seulement, prenez garde de le trop émousser, car vous pourrez bien en avoir besoin pour creuser autre chose que la pierre.

— Oh! Juxon, dit Charles se retournant vers l'évêque et lui prenant les deux mains, Juxon, retenez la prière de celui qui fut votre roi.

— Qui l'est encore et qui le sera toujours! dit Juxon en baisant la main du prince.

— Priez toute votre vie pour ce gentilhomme que vous voyez, pour cet autre que vous entendez sous nos pieds, pour deux autres encore qui, quelque part qu'ils soient, veillent, j'en suis sûr, à mon salut.

— Sire, répondit Juxon, vous serez obéi. Chaque jour il y aura, tant que je vivrai, une prière offerte à Dieu pour ces fidèles amis de Votre Majesté.

Le mineur continua quelque temps encore son travail, qu'on sentait incessamment se rapprocher.

Mais tout à coup un bruit inattendu retentit dans la galerie.

Aramis saisit le poker et donna le signal de l'interruption...

Ce bruit se rapprochait.

C'était celui d'un certain nombre de pas égaux et réguliers.

Les quatre hommes restèrent immobiles; tous les yeux se fixèrent sur la porte, qui s'ouvrit lentement et avec une sorte de solennité.

Des gardes étaient formés en haie dans la chambre qui précédait celle du roi.

Un commissaire du parlement, vêtu de noir et plein d'une gravité de mauvais augure, entra, salua le roi, et, déployant un parchemin, lui lut son arrêt comme on a l'habitude de le faire aux condamnés qui vont marcher à l'échafaud.

— Que signifie cela? demanda Aramis à Juxon.

Juxon fit un signe qui voulait dire qu'il était en tout point aussi ignorant que lui.

— C'est donc pour aujourd'hui? demanda le roi avec une émotion perceptible seulement pour Juxon et Aramis.

— N'étiez-vous point prévenu, sire, que c'était pour ce matin? répondit l'homme vêtu de noir.

— Et, dit le roi, je dois périr comme un criminel ordinaire, de la main du bourreau de Londres?

— Le bourreau de Londres a disparu, sire, dit le commissaire du parlement; mais, à sa place, un homme s'est offert.

L'exécution ne sera donc retardée que du temps seulement que vous demanderez pour mettre ordre à vos affaires temporelles et spirituelles.

Une légère sueur qui perla à la racine des cheveux de Charles fut la seule trace d'émotion qu'il donna en apprenant cette nouvelle.

— Allons, ami, dit-il avec un doux et triste sourire, du courage!

Mais Aramis devint livide.

Son cœur ne battait plus : il ferma les yeux et appuya sa main sur une table.

En voyant cette profonde douleur, Charles parut oublier la sienne.

Il alla à lui, lui prit la main et l'embrassa.

— Allons, ami, dit-il avec un doux et triste sourire, du courage !

Puis se retournant vers le commissaire :

— Monsieur, dit-il, je suis prêt. Vous le voyez, je ne désire que deux choses qui ne vous retarderont pas beaucoup je crois. La première, de communier ; la seconde, d'embrasser mes enfants et de leur dire adieu pour la dernière fois. Cela me sera-t-il permis?

— Oui, sire, répondit le commissaire du parlement.

Et il sortit...

Aramis, rappelé à lui, s'enfonçait les ongles dans la chair.

Un immense gémissement sortit de sa poitrine.

— Oh! monseigneur, s'écria-t-il en saisissant les mains de Juxon, où est Dieu? où est Dieu?

Il sera fait comme vous dites, Athos ; vo:re main, car peut-être ne nous reverrons-nous plus. — Page 138.

— Mon fils, dit avec fermeté l'évêque, vous ne le voyez point, parce que les passions de la terre le cachent.

— Mon enfant, dit le roi à Aramis, ne te désole pas ainsi. Tu demandes ce que fait Dieu? Dieu regarde ton dévouement et mon martyre, et, crois-moi, l'un et l'autre auront leur récompense ; prends-t'en donc de ce qui arrive aux hommes, et non à Dieu. Ce sont les hommes qui me font mourir, ce sont les hommes qui te font pleurer.

— Oui, sire, dit Aramis, oui, vous avez raison; c'est aux hommes qu'il faut que je m'en prenne, et c'est à eux que je m'en prendrai.

c — Asseyez-vous, Juxon, dit le roi en tombant à genoux.

car il vous reste à m'entendre, et il me reste à me confesser. Restez, monsieur, dit-il à Aramis, qui faisait un mouvement pour se retirer; restez, Parry, je n'ai rien à dire, même dans le secret de la pénitence, qui ne puisse se dire en face de tous; restez, et je n'ai qu'un regret, c'est que le monde entier ne puisse pas m'entendre comme vous et avec vous.

Juxon s'assit, et le roi, agenouillé devant lui comme le plus humble des fidèles, commença sa confession.

CHAPITRE XXVI.

REMEMBER.

La confession royale achevée, Charles communia, puis il demanda à voir ses enfants.

Dix heures sonnaient.

Comme l'avait dit le roi, ce n'était donc pas un grand retard.

Cependant, le peuple était déjà prêt; il savait que dix heures étaient le moment fixé pour l'exécution, il s'entassait dans les rues adjacentes au palais, et le roi commençait à distinguer ce bruit lointain que font la foule et la mer, quand l'une est agitée par ses passions, l'autre par ses tempêtes.

Les enfants du roi arrivèrent.

C'était d'abord la princesse Charlotte, puis le duc de Glocester; c'est-à-dire une petite fille blonde, belle et les yeux mouillés de larmes, puis un jeune garçon de huit à neuf ans, dont l'œil sec et la lèvre dédaigneusement relevée accusaient la fierté naissante.

L'enfant avait pleuré toute la nuit, mais devant tout ce monde il ne pleurait plus.

Charles sentit son cœur se fondre à l'aspect de ces deux enfants qu'il n'avait pas vus depuis deux ans, et qu'il ne revoyait qu'au moment de mourir.

Une larme vint à ses yeux, et il se retourna pour l'essuyer, car il voulait être fort devant ceux à qui il léguait un si lourd héritage de souffrance et de malheur.

Il parla à la jeune fille d'abord; l'attirant à lui, il lui recommanda la piété, la résignation et l'amour filial.

Puis, passant de l'un à l'autre, il prit le jeune duc de Glocester, et l'asseyant sur son genou pour qu'à la fois il pût le presser sur son cœur et baiser son visage:

— Mon fils, lui dit-il, vous avez vu par les rues et dans les antichambres beaucoup de gens en venant ici; ces gens vont couper la tête à votre père, ne l'oubliez jamais. Peut-être un jour, vous voyant près d'eux et vous ayant en leur pouvoir, voudront-ils vous faire roi à l'exclusion du prince de Galles ou du duc d'York, vos frères aînés; qui sont l'un en France, l'autre je ne sais où; mais vous n'êtes pas le roi, mon fils, et vous ne pouvez le devenir que par leur mort. Jurez-moi donc de ne pas vous laisser mettre la couronne sur la tête que vous n'ayez légitimement droit à cette couronne; car un jour, écoutez bien, mon fils, un jour, si vous faisiez cela, tête et couronne, ils abattraient tout, et ce jour-là vous ne pourriez mourir calme et sans remords, comme je meurs. Jurez, mon fils.

L'enfant étendit sa petite main entre celles de son père, et dit :

— Sire, je jure à Votre Majesté...

Charles l'interrompit.

— Henry, dit-il, appelle-moi ton père.

— Mon père, reprit l'enfant, je vous jure qu'ils me tueront avant de me faire roi.

— Bien, mon fils, dit Charles. Maintenant, embrassez-moi, et vous aussi, Charlotte, et ne m'oubliez point.

— Oh! non, jamais! jamais! s'écrièrent les deux enfants en enlaçant leurs bras au cou du roi.

— Adieu, dit Charles; adieu, mes enfants. Emmenez-les, Juxon; leurs larmes m'ôteraient le courage de mourir.

Juxon arracha les pauvres enfants des bras de leur père et les remit à ceux qui les avaient amenés.

Derrière eux les portes s'ouvrirent, et tout le monde put entrer.

Le roi, se voyant seul au milieu de la foule des gardes et des curieux qui commençaient à envahir la chambre, se rappela que le comte de la Fère était là bien près, sous le parquet de l'appartement, ne le pouvant voir et espérant peut-être toujours.

Il tremblait que le moindre bruit ne semblât un signal à Athos, et que celui-ci, en se remettant au travail, ne se trahît lui-même.

Il affecta donc l'immobilité, et contint par son exemple tous les assistants dans le repos.

Le roi ne se trompait point, Athos était réellement sous ses pieds, il écoutait, il se désespérait de ne pas entendre le signal.

Il commençait parfois, dans son impatience, à déchiqueter de nouveau la pierre, mais, craignant d'être entendu, il s'arrêtait aussitôt.

Cette horrible inaction dura deux heures.

Un silence de mort régnait dans la chambre royale.

Alors Athos se décida à chercher la cause de cette sombre et muette tranquillité que troublait seule l'immense rumeur de la foule.

Il entrouvrit la tenture qui cachait le trou de la crevasse, et descendit sur le premier étage de l'échafaud.

Au-dessus de sa tête, à quatre pouces à peine, était le plancher qui s'étendait au niveau de la plate-forme et qui faisait l'échafaud.

Ce bruit, qu'il n'avait entendu que sourdement jusque-là, et qui dès lors parvint à lui sombre et menaçant, le fit bondir de terreur.

Il alla jusqu'au bord de l'échafaud, entr'ouvrit le drap noir à la hauteur de son œil, et vit des cavaliers acculés à la terrible machine; au delà des cavaliers, une rangée de pertuisaniers; au delà des pertuisaniers, des mousquetaires, et au delà des mousquetaires, les premières files du peuple, qui, pareil à un sombre océan, bouillonnait et mugissait.

— Qu'est-il donc arrivé? se demanda Athos, plus tremblant que le drap dont il froissait les plis. Le peuple se presse, les soldats sont sous les armes, et, parmi les spectateurs qui ont tous les yeux fixés sur la fenêtre, j'aperçois d'Artagnan! Qu'attend-il? que regarde-t-il? Grand Dieu! auraient-ils laissé échapper le bourreau!

Tout à coup le tambour roula sourd et funèbre sur la place.

Un bruit de pas pesants et prolongés retentit au-dessus de sa tête

Il lui sembla que quelque chose de pareil à une procession immense foulait les parquets de White-Hall.

Bientôt il entendit craquer les planches mêmes de l'échafaud.

Il jeta un dernier regard sur la place, et l'attitude des spectateurs lui apprit ce qu'une dernière espérance restée au fond de son cœur l'empêchait encore de deviner.

Le murmure de la place avait cessé entièrement.

Tous les yeux étaient fixés sur la fenêtre de White Hall.

Les bouches entr'ouvertes et les haleines suspendues indiquaient l'attente de quelque terrible spectacle.

Ce bruit de pas que de la place qu'il occupait alors sous le parquet de l'appartement du roi Athos avait entendu au-dessus de sa tête, se reproduisit sur l'échafaud, qui plia sous le poids de façon à ce que les planches touchèrent presque la tête du malheureux gentilhomme.

C'étaient évidemment deux files de soldats qui prenaient leur place.

Au même instant, une voix bien connue du gentilhomme, une noble voix, prononça ces paroles au-dessus de sa tête :

— Monsieur le colonel, je désire parler au peuple.

Athos frissonna des pieds à la tête : c'était bien le roi qui parlait sur l'échafaud.

En effet, après avoir bu quelques gouttes de vin et rompu un pain, Charles, las d'attendre la mort, s'était tout à coup décidé à aller au-devant d'elle et avait donné le signal de la marche.

Alors, on avait ouvert à deux battants la fenêtre donnant sur la place, et, du fond de la vaste chambre, le peuple avait pu voir s'avancer silencieusement d'abord un homme masqué, qu'à la hache qu'il tenait à la main il avait reconnu pour le bourreau.

Cet homme s'était approché du billot et y avait déposé sa hache.

C'était le premier bruit qu'Athos avait entendu.

Puis, derrière cet homme, pâle sans doute, mais calme et marchant d'un pas ferme, Charles Stuart, lequel s'avançait entre deux prêtres, suivi de quelques officiers supérieurs chargés de présider à l'exécution, et escorté de deux files de pertuisaniers, qui se rangèrent aux deux côtés de l'échafaud.

La vue de l'homme masqué avait provoqué une longue rumeur.

Chacun était plein de curiosité pour savoir qui était ce bourreau inconnu qui s'était présenté si à point pour que le terrible spectacle promis au peuple pût avoir lieu, quand le peuple avait cru que ce spectacle était remis au lendemain.

Chacun l'avait donc dévoré des yeux; mais, tout ce qu'on avait pu voir, c'est que c'était un homme de moyenne taille, vêtu tout en noir, et qui paraissait déjà d'un certain âge, car l'extrémité d'une barbe grisonnante dépassait le bas du masque qui lui couvrait le visage.

Mais, à la vue du roi si calme, si noble, si digne, le silence s'était à l'instant même rétabli, de sorte que chacun put entendre le désir qu'il avait manifesté de parler au peuple.

A cette demande, celui à qui elle était adressée avait sans doute répondu par un signe affirmatif, car, d'une voix ferme et sonore, et qui vibra jusqu'au fond du cœur d'Athos, le roi commença de parler.

Il expliquait sa conduite au peuple et lui donnait des conseils pour le bien de l'Angleterre.

— Oh! se disait Athos en lui-même, est-il bien possible que j'entende ce que j'entends et que je voie ce que je vois? est-il bien possible que Dieu ait abandonné son représentant sur la terre à ce point qu'il le laisse mourir si misérablement!... Et moi qui ne l'ai pas vu! moi qui ne lui ai pas dit adieu!

Un bruit pareil à celui qu'aurait fait l'instrument de mort remué sur le billot se fit entendre.

Le roi s'interrompit.

— Ne touchez pas à la hache! dit-il

Et il reprit son discours où il l'avait laissé...

Le discours fini, un silence de glace s'établit sur la tête du comte.

Il avait la main à son front, et, entre sa main et son

C'était un homme de moyenne taille vêtu tout en noir. — PAGE 143.

front, ruisselaient des gouttes de sueur, quoique l'air fût glacé.

Ce silence indiquait les derniers preparatifs.

Le discours terminé, le roi avait promené sur la foule un regard plein de miséricorde, et, détachant l'ordre qu'il portait, et qui était cette plaque en diamants que la reine lui

avait envoyée, il le remit au prêtre qui accompagnait Juxon.

Puis il tira de sa poitrine une petite croix, en diamants aussi.

Celle-là, comme la plaque, venait de madame Henriette.

— Monsieur, dit-il en s'adressant au prêtre qui accompagnait Juxon, je garderai cette croix dans ma main jusqu'au dernier moment; vous me la reprendrez quand je serai mort.

— Oui, sire, dit une voix qu'Athos reconnut pour celle d'Aramis.

Alors, Charles, qui jusque-là s'était tenu la tête couverte, prit son chapeau et le jeta près de lui.

Puis, un à un, il défit tous les boutons de son pourpoint, le dévêtit et le jeta près de son chapeau.

Alors, comme il faisait froid, il demanda sa robe de chambre, qu'on lui donna.

Puis soudain, comme, par un mouvement machinal, il levait la tête, une goutte chaude tomba sur son front. — Page 148.

Tous ces préparatifs avaient été faits avec un calme effrayant.

On eût dit que le roi allait se coucher dans son lit et non dans son cercueil.

Enfin, relevant ses cheveux avec la main:

— Vous gêneront-ils, monsieur? dit-il au bourreau; en ce cas, on pourrait les retenir avec un cordon.

Charles accompagna ces paroles d'un regard qui semblait vouloir pénétrer sous le masque de l'inconnu.

Ce regard si noble, si calme et si assuré, força cet homme à détourner la tête.

Mais, derrière le regard profond du roi, il trouva le regard ardent d'Aramis.

Le roi, voyant qu'il ne répondait pas, répéta sa question.

— Il suffira, répondit l'homme d'une voix sourde, que vous les écartiez sur le cou.

Le roi sépara ses cheveux avec ses deux mains, et regardant le billot :

— Ce billot est bien bas, dit-il ; n'y en aurait-il point de plus élevé ?

— C'est le billot ordinaire, répondit l'homme masqué.

— Croyez-vous me couper la tête d'un seul coup ? demanda le roi.

— Je l'espère, répondit l'exécuteur.

Il y avait dans ces deux mots : *Je l'espère*, une si étrange intonation, que tout le monde frissonna excepté le roi.

— C'est bien, dit le roi ; et maintenant, bourreau, écoute.

L'homme masqué fit un pas vers le roi et s'appuya sur sa hache.

— Je ne veux pas que tu me surprennes, lui dit Charles. Je m'agenouillerai pour prier ; alors, ne frappe pas encore.

— Et quand frapperai-je ? demanda l'homme masqué.

— Quand je poserai le cou sur le billot et que j'étendrai les bras en disant *Remember* (1). Alors frappe hardiment.

L'homme masqué s'inclina légèrement.

— Voici le moment de quitter le monde, dit le roi à ceux qui l'entouraient. Messieurs, je vous laisse au milieu de la tempête et vous précède dans cette patrie qui ne connaît pas d'orage. Adieu.

Il regarda Aramis, et lui fit un signe particulier de tête.

— Maintenant, continua-t-il, éloignez-vous et laissez-moi faire tout bas ma prière, je vous prie. Éloigne-toi aussi, dit-il à l'homme masqué ; ce n'est que pour un instant, et je sais que je t'appartiens ; mais souviens-toi de ne frapper qu'à mon signal.

Alors Charles s'agenouilla, fit le signe de la croix, approcha sa bouche des planches, comme s'il eût voulu baiser la plate-forme.

Puis, s'appuyant d'une main sur le plancher et de l'autre sur le billot :

(1) Souvenez-vous.

— Comte de la Fère, dit-il en français, êtes-vous là et puis-je parler ?

Cette voix frappa droit au cœur d'Athos et le perça comme un fer glacé.

— Oui, Majesté, dit-il en tremblant.

— Ami fidèle, cœur généreux, dit le roi, je n'ai pu être sauvé par toi, je ne devais pas l'être. Maintenant, dussé-je commettre un sacrilège, je te dirai : Oui, j'ai parlé aux hommes, j'ai parlé à Dieu, je te parle à toi le dernier. Pour soutenir une cause que j'ai crue sacrée, j'ai perdu le trône de mes pères et diverti l'héritage de mes enfants. Un million en or me reste, je l'ai enterré dans les caves du château de Newcastle ; toi seul sais qu'il existe ; fais-en usage quand tu croiras qu'il en sera temps pour le plus grand bien de mon fils aîné ; et maintenant, comte de la Fère, dites-moi adieu.

— Adieu, Majesté sainte et martyre ! balbutia Athos glacé de terreur.

Il se fit alors un instant de silence, pendant lequel il sembla à Athos que le roi se relevait et changeait de position.

Puis, d'une voix pleine et sonore, de manière à ce qu'on l'entendît non-seulement sur l'échafaud, mais encore sur la place :

— *Remember*, dit le roi.

Il achevait à peine ce mot, qu'un coup terrible ébranla le plancher de l'échafaud.

La poussière s'échappa du drap et aveugla le malheureux gentilhomme.

Puis soudain, comme, par un mouvement machinal, il levait les yeux et la tête, une goutte chaude tomba sur son front.

Athos recula avec un frisson d'épouvante, et au même instant les gouttes se changèrent en une noire cascade qui rejaillit sur le plancher.

Athos, tombé lui-même à genoux, demeura pendant quelques instants comme frappé de folie et d'impuissance.

Bientôt, à son murmure décroissant, il s'aperçut que la foule s'éloignait.

Il alla tremper le bout de son mouchoir dans le sang du roi martyr.

Puis, comme la foule s'éloignait de plus en plus, il descendit, fendit le drap, se glissa entre deux chevaux, se mêla au peuple, dont il portait le vêtement, et arriva le premier à la taverne.

Monté à sa chambre, il se regarda dans une glace, vit son front marqué d'une large tache rouge, porta sa main à son front, la retira pleine du sang du roi, et s'évanouit.

CHAPITRE XXVII.

L'HOMME MASQUÉ

Quoiqu'il ne fût que quatre heures du soir, il faisait nuit close.

La neige tombait épaisse et glacée.

Aramis rentra à son tour et trouva Athos, sinon sans connaissance, du moins anéanti.

Aux premiers mots de son ami, le comte sortit de l'espèce de léthargie où il était tombé.

— Eh bien! dit Aramis, vaincus par la fatalité!

— Vaincus! dit Athos. Noble et malheureux roi!

— Etes-vous donc blessé? demanda Aramis.

— Non, ce sang est le sien.

Le comte s'essuya le front.

— Où étiez-vous donc?

— Où vous m'aviez laissé : sous l'échafaud.

— Et vous avez tout vu?

— Non, mais tout entendu; Dieu me garde d'une autre heure pareille à celle que je viens de passer! N'ai-je point les cheveux blancs?

— Alors, vous savez que je ne l'ai point quitté?

— J'ai entendu votre voix jusqu'au dernier moment.

— Voici la plaque qu'il m'a donnée, dit Aramis, voici la croix que j'ai retirée de sa main; il désirait qu'elles fussent remises à la reine.

— Et voilà un mouchoir pour les envelopper, dit Athos.

Et il tira de sa poche le mouchoir qu'il avait trempé dans le sang du roi.

— Maintenant, demanda Athos, qu'a-t-on fait de ce pauvre cadavre?

— Par ordre de Cromwell, les honneurs royaux lui seront rendus. Nous avons placé le corps dans un cercueil de plomb; les médecins s'occupent d'embaumer ces malheureux restes, et, leur œuvre finie, le roi sera déposé dans une chapelle ardente.

— Dérision! murmura sombrement Athos; des honneurs royaux à celui qu'ils ont assassiné!

— Cela prouve, dit Aramis, que le roi meurt, mais que la royauté ne meurt pas.

— Hélas! dit Athos, c'est peut-être le dernier roi chevalier qu'aura le monde.

— Allons, ne vous désolez pas, comte, dit une grosse voix dans l'escalier, où retentissaient les larges pas de Porthos, nous sommes tous mortels, mes pauvres amis.

— Vous arrivez tard, mon cher Porthos, dit le comte de la Fère.

— Oui, dit Porthos, il y avait des gens sur la route qui m'ont retardé. Ils dansaient, les misérables! J'en ai pris un par le cou et je crois l'avoir un peu étranglé. Juste en ce moment une patrouille est venue. Heureusement celui à qui j'avais eu particulièrement affaire a été quelques minutes sans pouvoir parler. J'ai profité de cela pour me jeter dans une petite rue. Alors, je me suis perdu. Je ne connais pas Londres, je ne sais pas l'anglais, j'ai cru que je ne me retrouverais jamais; enfin, me voilà.

— Mais d'Artagnan, dit Aramis, ne l'avez-vous point vu et ne lui serait-il rien arrivé?

— Nous avons été séparés par la foule, dit Porthos, et,

quelques efforts que j'aie faits, je n'ai pas pu le rejoindre.

— Oh! dit Athos avec amertume, je l'ai vu, moi : il était au premier rang de la foule, admirablement placé pour ne rien perdre; et comme, à tout prendre, le spectacle était curieux, il aura voulu voir jusqu'au bout.

— Oh! comte de la Fère, dit une voix calme, quoique étouffée par la précipitation de la course, est-ce bien vous qui calomniez les absents?

Ce reproche atteignit Athos au cœur.

Cependant, comme l'impression que lui avait produite d'Artagnan aux premiers rangs de ce peuple stupide et féroce était profonde, il se contenta de répondre :

— Je ne vous calomnie pas, mon ami. On était inquiet de vous ici, et je disais où vous étiez. Vous ne connaissiez pas le roi Charles, ce n'était qu'un étranger pour vous, et vous n'étiez pas forcé de l'aimer.

Et, en disant ces mots, il tendit la main à son ami.

Mais d'Artagnan fit semblant de ne point voir le geste d'Athos, et garda sa main sous son manteau.

Athos laissa retomber lentement la sienne près de lui.

— Ouf! je suis las, dit d'Artagnan.

Et il s'assit.

— Buvez un verre de vin de Porto, dit Aramis en prenant une bouteille sur une table et en remplissant un verre; buvez, cela vous remettra.

— Oui, buvons, dit Athos, qui, sensible au mécontentement du Gascon, voulait choquer son verre contre le sien; buvons et quittons cet abominable pays. La felouque nous attend, vous le savez; partons ce soir, nous n'avons plus rien à faire ici.

— Vous êtes bien pressé, monsieur le comte, dit d'Artagnan.

— Ce sol sanglant me brûle les pieds! dit Athos.

— La neige ne me fait pas cet effet, à moi, dit tranquillement le Gascon.

— Mais que voulez-vous donc que nous fassions ici, dit Athos, maintenant que le roi est mort?

— Ainsi, monsieur le comte, dit d'Artagnan avec négligence, vous ne voyez point qu'il vous reste quelque chose à faire en Angleterre?

— Rien, rien, dit Athos, qu'à douter de la bonté divine et à mépriser mes propres forces.

— Eh bien! moi, dit d'Artagnan, moi chétif, moi badaud sanguinaire, qui suis allé me placer à trente pas de l'échafaud pour mieux voir tomber la tête de ce roi que je ne connais pas, et qui, à ce qu'il paraît, m'était indifférent, je pense autrement que M. le comte... je reste.

Athos pâlit extrêmement

Chaque reproche de son ami vibrait jusqu'au plus profond de son cœur.

— Ah! vous restez à Londres, dit Porthos à d'Artagnan.

— Oui, dit celui-ci. Et vous?

— Dame! dit Porthos un peu embarrassé vis-à-vis d'Athos et d'Aramis, dame! si vous restez, comme je suis venu avec vous, je ne m'en irai qu'avec vous; je ne vous laisserai pas seul dans cet abominable pays.

— Merci, mon excellent ami. Alors, j'ai une petite entreprise à vous proposer, que nous mettrons à exécution ensemble quand M. le comte sera parti, et dont l'idée m'est venue pendant que je regardais le spectacle que vous savez.

— Laquelle? dit Porthos.

— C'est de savoir quel est cet homme masqué qui s'est offert si obligeamment pour couper le cou du roi.

— Un homme masqué! s'écria Athos; vous n'avez donc pas laissé fuir le bourreau?

— Le bourreau? dit d'Artagnan, il est toujours dans la cave, où je présume qu'il dit deux mots aux bouteilles de notre hôte. Mais vous m'y faites penser...

Il alla à la porte.

— Mousqueton? dit-il.

— Monsieur? répondit une voix qui semblait sortir des profondeurs de la terre.

— Lâchez votre prisonnier, dit d'Artagnan, tout est fini

— Mais, dit Athos, quel est donc le misérable qui a porté la main sur son roi?

J.A. BEAUCE.   POUGET

— C'est de savoir quel est cet homme qui s'est offert si obligeamment pour couper le cou au roi.   Page 147.

— Un bourreau amateur, qui, du reste, manie la hache avec facilité, car, ainsi *qu'il l'espérait*, dit Aramis, il ne lui a fallu qu'un coup.

— N'avez-vous point vu son visage? demanda Athos.

— Il avait un masque, dit d'Artagnan.

— Mais vous qui étiez près de lui, Aramis?

— Je n'ai vu qu'une barbe grisonnante qui passait sous le masque.

— C'est donc un homme d'un certain âge? demanda Athos.

— Oh! dit d'Artagnan, cela ne signifie rien. Quand on met un masque, on peut bien mettre une barbe.

— Je suis fâché de ne pas l'avoir suivi, dit Porthos.

— Eh bien! mon cher Porthos, dit d'Artagnan, voilà justement l'idée qui m'est venue, à moi.

Athos comprit tout.

Il se leva.

— Pardonne-moi, d'Artagnan, dit-il; j'ai douté de Dieu, je pouvais bien douter de toi. Pardonne-moi, ami.

— Nous verrons cela tout à l'heure, dit d'Artagnan avec un demi-sourire.

— Eh bien? dit Aramis.

— Eh bien! reprit d'Artagnan, tandis que je regardais,

— En effet, cinq minutes après, nous le vîmes descendre l'escalier. — PAGE 150.

non pas le roi, comme le pense M. le comte, car je sais ce que c'est qu'un homme qui va mourir, et, quoique je dusse être habitué à ces sortes de choses, elles me font toujours mal, mais bien le bourreau masqué, cette idée me vint, ainsi que je vous l'ai dit, de savoir qui il était. Or, comme nous avons l'habitude de nous compléter les uns par les autres, et de nous appeler à l'aide comme on appelle sa seconde main au secours de la première, je regardai machinalement autour de moi pour voir si Porthos ne serait pas là; car je vous avais reconnu près du roi, Aramis et vous, comte, je savais que vous deviez être sous l'échafaud. Ce qui fait que je vous pardonne, ajouta-t-il en tendant la main à Athos, car vous avez dû bien souffrir. Je regardais donc autour de moi, quand je vis à ma droite une tête qui avait été fendue, et qui, tant bien que mal, s'était raccommodée avec du taffetas noir. Parbleu ! me dis-je, il me semble que voilà une couture de ma façon, et que j'ai recousu ce crâne-là quelque part. En effet, c'était ce malheureux Ecossais, le frère de Parry, vous savez, celui sur lequel M. Groslow s'est amusé à essayer ses forces, et qui n'avait plus qu'une moitié de tête quand nous le rencontrâmes.

— Parfaitement, dit Porthos, l'homme aux poules noires.

— Vous l'avez dit, lui-même ; il faisait des signes à un autre homme qui se trouvait à ma gauche ; je me retournai, et je reconnus l'honnête Grimaud, tout occupé comme moi à dévorer des yeux mon bourreau masqué.

— Oh ! lui fis-je.

Or, comme cette syllabe est l'abréviation dont se sert M. le comte les jours où il lui parle, Grimaud comprit que c'était lui qu'on appelait, et se retourna mû comme par un ressort.

Il me reconnut à son tour.

Alors, allongeant les doigts vers l'homme masqué :

— Hein ? dit-il.

Ce qui voulait dire :

— Avez-vous vu ?

— Parbleu ! répondis-je.

Nous nous étions parfaitement compris.

Je me retournai vers notre Ecossais ; celui-là aussi avait des regards parlants.

Bref, tout finit, vous savez comment, d'une façon fort lugubre.

Le peuple s'éloigna ; peu à peu le soir venait.

Je m'étais retiré dans un coin de la place avec Grimaud et l'Ecossais, auquel j'avais fait signe de demeurer avec nous, et je regardais de là le bourreau, qui, rentré dans la chambre royale, changeait d'habit : le sien était ensanglanté sans doute.

Après quoi, il mit un chapeau noir sur sa tête et disparut.

Je devinai qu'il allait sortir, et je courus en face de la porte.

En effet, cinq minutes après, nous le vîmes descendre l'escalier.

— Vous l'avez suivi ? s'écria Athos.

— Parbleu ! dit d'Artagnan ; mais ce n'est pas sans peine, allez !

A chaque instant il se retournait ; alors, nous étions obligés de nous cacher ou de prendre des airs indifférents.

J'aurais été à lui et je l'aurais bien tué ; mais je ne suis pas égoïste, moi, et c'était un régal que je vous ménageais, à Aramis et à vous, Athos, pour vous consoler un peu.

Enfin, après une demi-heure de marche à travers les rues les plus tortueuses de la Cité, il arriva à une petite maison isolée, où pas un bruit, pas une lumière, n'annonçait la présence de l'homme.

Grimaud tira de ses larges chausses un pistolet

— Hein ? dit-il en me le montrant.

— Non pas, lui dis-je.

Et je lui arrêtai le bras.

Je vous l'ai dit, j'avais mon idée...

L'homme masqué s'arrêta devant une porte basse et tira une clef ; mais, avant de la mettre dans la serrure, il se retourna pour voir s'il n'avait pas été suivi.

J'étais blotti derrière un arbre, Grimaud derrière une borne.

L'Ecossais, qui n'avait rien pour se cacher, se jeta à plat ventre sur le chemin.

Sans doute celui que nous poursuivions se crut bien seul, j'entendis le grincement de la clef ; la porte s'ouvrit et il disparut.

— Le misérable ! dit Aramis ; pendant que vous êtes venu il aura fui, et nous ne le retrouverons pas.

— Allons donc, Aramis, dit d'Artagnan, vous me prenez pour un autre.

— Cependant, dit Athos, en votre absence...

— Eh bien ! n'avais-je pas pour me remplacer Grimaud et l'Ecossais ?

Avant qu'il eût eu le temps de faire dix pas dans l'intérieur, j'avais fait le tour de la maison, moi.

A l'une des portes, celle par laquelle il était entré, j'ai mis notre Ecossais, en lui faisant signe que, si l'homme au masque noir sortait, il fallait le suivre où il allait, tandis que Grimaud le suivrait lui-même et reviendrait nous attendre où nous étions.

Enfin, j'ai mis Grimaud à la seconde issue, en lui faisant la même recommandation, et me voilà !

La bête est cernée ; maintenant qui veut voir l'hallali ?

Athos se précipita dans les bras de d'Artagnan, qui s'essuyait le front

— Ami, dit-il, en vérité, vous avez été trop bon de me pardonner ; j'ai tort, cent fois tort, je devrais vous connaître pourtant ; mais il y a au fond de nous quelque chose de méchant qui doute sans cesse.

— Hum ! dit Porthos, est-ce que le bourreau ne serait point par hasard M. Cromwell, qui, pour être sûr que sa besogne fût bien faite, aurait voulu la faire lui-même ?

— Ah ! bien oui ! M. Cromwell est gros et court, et celui-là mince, élancé et plutôt grand que petit.

— Quelque soldat condamné auquel on aura offert sa grâce à ce prix, dit Athos, comme on a fait pour le malheureux Chalais.

— Non, non, continua d'Artagnan, ce n'est point la marche mesurée d'un fantassin ; ce n'est pas non plus le pas écarté d'un homme de cheval. Il y a dans tout cela une jambe fine, une allure distinguée. Ou je me trompe fort, ou nous avons affaire à un gentilhomme.

— Un gentilhomme ! s'écria Athos ; impossible ! Ce serait un déshonneur pour toute la seigneurie.

— Belle chasse ! dit Porthos avec un rire qui fit trembler les vitres ; belle chasse, mordieu !

— Partez-vous toujours, Athos ? demanda d'Artagnan.

— Non, je reste, répondit le gentilhomme avec un geste de menace qui ne promettait rien de bon à celui à qui ce geste était adressé.

— Alors, les épées ! dit Aramis, les épées ! et ne perdons pas un instant.

Les quatre amis reprirent promptement leurs habits de gentilshommes, ceignirent leurs épées, firent monter Mousqueton et Blaisois, et leur ordonnèrent de régler la dépense avec l'hôte et de tenir tout prêt pour le départ, les probabilités étant que l'on quitterait Londres la nuit même.

La nuit s'était assombrie encore, la neige continuait à tomber et semblait un vaste linceul étendu sur la ville régicide.

Il était sept heures du soir à peu près, à peine voyait-on quelques passants dans les rues, chacun s'entretenait en famille et tout bas des événements terribles de la journée.

Les quatre amis, enveloppés de leurs manteaux, traversèrent toutes les places et rues de la Cité, si fréquentées le jour, si désertes cette nuit-là.

D'Artagnan les conduisait, essayant de reconnaître de temps en temps des croix qu'il avait faites avec son poignard sur les murailles.

Mais la nuit était si sombre, que les vestiges indicateurs avaient grand'peine à être reconnus.

Cependant, d'Artagnan avait si bien incrusté dans sa tête chaque borne, chaque fontaine, chaque enseigne, qu'au bout d'une demi-heure de marche il parvint, avec ses trois compagnons, en vue de la maison isolée.

D'Artagnan crut un instant que le frère de Parry avait disparu.

Il se trompait.

Le robuste Écossais, accoutumé aux glaces de ses montagnes, s'était étendu contre une borne, et, comme une statue abattue de sa base, insensible aux intempéries de la saisons, s'était laissé recouvrir de neige; mais, à l'approche des quatre hommes, il se leva.

— Allons, dit Athos, voici encore un bon serviteur. Vrai Dieu! les braves gens sont moins rares qu'on ne le croit; cela encourage.

— Ne nous pressons pas trop de tresser des couronnes pour notre Écossais, dit d'Artagnan; je crois que le drôle est ici pour son propre compte. J'ai entendu dire que ces messieurs qui ont vu le jour de l'autre côté de la Tweed sont fort rancuniers. Gare à maître Groslow! il pourra bien passer un mauvais quart d'heure s'il le rencontre.

Et, se détachant de ses amis, il s'approcha de l'Écossais et se fit reconnaître.

Puis il fit signe aux autres de venir

— Eh bien? dit Athos en anglais.

— Personne n'est sorti, répondit le frère de Parry.

— Bien, restez avec cet homme, Porthos, et vous aussi, Aramis. D'Artagnan va me conduire à Grimaud.

Grimaud, non moins immobile que l'Écossais. était collé contre un saule creux dont il s'était fait une guérite.

Un instant, comme il l'avait craint pour l'autre sentinelle, d'Artagnan crut que l'homme masqué était sorti et que Grimaud l'avait suivi.

Mais tout à coup une tête apparut et fit entendre un léger sifflement.

— Oh! dit Athos.

— Oui, répondit Grimaud.

Ils se rapprochèrent du saule.

— Eh bien! demanda d'Artagnan, quelqu'un est-il sorti?

— Non; mais quelqu'un est entré, dit Grimaud.

— Un homme ou une femme?

— Un homme.

— Ah! ah! dit d'Artagnan; ils sont deux, alors.

— Je voudrais qu'ils fussent quatre, dit Athos, au moins la partie serait égale.

— Peut-être sont-ils quatre, dit d'Artagnan.

— Comment cela?

— D'autres hommes ne pouvaient-ils pas être dans cette maison avant eux et les y attendre?

— On peut voir, dit Grimaud en montrant une fenêtre à travers les contrevents de laquelle filtraient quelques rayons de lumière.

— C'est juste, dit d'Artagnan, appelons les autres.

Et ils tournèrent autour de la maison pour faire signe à Porthos et à Aramis de revenir.

Ceux-ci accoururent empressés.

— Avez-vous vu quelque chose? dirent-ils.

— Non, mais nous allons savoir, répondit d'Artagnan

en montrant Grimaud, qui, en s'accrochant aux aspérités de la muraille, était déjà parvenu à cinq ou six pieds de terre.

Tous quatre se rapprochèrent.

Grimaud continuait son ascension avec l'adresse d'un chat.

Enfin, il parvint à saisir un de ces crochets qui servent à maintenir les contrevents quand ils sont ouverts; en même temps, son pied trouva une moulure qui parut lui présenter un point d'appui suffisant, car il fit un signe qui indiquait qu'il était arrivé à son but.

Alors, il approcha son œil de la fente du volet.

— Eh bien? demanda d'Artagnan.

Grimaud montra sa main fermée avec deux doigts ouverts seulement.

— Parle, dit Athos, on ne voit pas tes signes. Combien sont-ils?

Grimaud fit un effort sur lui-même.

— Deux, dit-il. L'un est en face de moi, l'autre me tourne le dos.

— Bien. Et quel est celui qui est en face de toi?

— L'homme que j'ai vu passer.

— Le connais-tu?

— J'ai cru le reconnaître, et je ne me trompais pas; gros et court.

— Qui est-ce? demandèrent ensemble et à voix basse les quatre amis.

— Le général Olivier Cromwell.

Les quatre amis se regardèrent.

— Et l'autre? demanda Athos.

— Maigre et élancé.

— C'est le bourreau! dirent à la fois d'Artagnan et Aramis.

— Je ne vois que son dos, reprit Grimaud; mais, attendez, il fait un mouvement, il se retourne; s'il a déposé son masque, je pourrai voir... Ah!

Grimaud, comme s'il eût été frappé au cœur, lâcha le crochet de fer et se rejeta en arrière en poussant un gémissement sourd.

Porthos le retint dans ses bras.

— L'as-tu vu? dirent les quatre amis.

— Oui, dit Grimaud les cheveux hérissés et la sueur au front.

— L'homme maigre et élancé? dit d'Artagnan.

— Oui.

— Le bourreau, enfin? demanda Aramis.

— Oui.

— Et qui est-ce? dit Porthos.

— Lui! lui! balbutia Grimaud, pâle comme un mort et en saisissant de ses mains tremblantes la main de son maître.

— Qui, lui? demanda Athos.

— Mordaunt!... répondit Grimaud.

D'Artagnan, Porthos et Aramis poussèrent une exclamation de joie.

Athos fit un pas en arrière et passa la main sur son front:

— Fatalité! murmura-t-il.

CHAPITRE XXVIII.

LA MAISON DE CROMWELL.

C'était effectivement Mordaunt que d'Artagnan avait suivi sans le reconnaître.

En entrant dans la maison, il avait ôté son masque, enlevé la barbe grisonnante qu'il avait mise pour se déguiser avait monté l'escalier, avait ouvert une porte, et, dans une chambre éclairée par la lueur d'une lampe et tendue d'une tenture de couleur sombre, s'était trouvé en face d'un homme assis devant un bureau et écrivant.

Cet homme, c'était Cromwell.

Cromwell avait dans Londres, on le sait, deux ou trois de ces retraites inconnues même au commun de ses amis, et

J A BEAUCE.　　　　　　　　　　　　　　PISAN.

— C'est vous, Mordaunt ? lui dit-il ; vous venez tard.

dont il ne livrait le secret qu'à ses plus intimes. Or, Mordaunt, on se le rappelle, pouvait être compté au nombre de ces derniers.

Lorsqu'il entra, Cromwell leva la tête.

— C'est vous, Mordaunt? lui dit-il ; vous venez tard.

— Général, répondit Mordaunt, j'ai voulu voir la cérémonie jusqu'au bout, cela m'a retardé.

— Ah! dit Cromwell, je ne vous croyais pas d'ordinaire aussi curieux que cela.

— Je suis toujours curieux de voir la chute d'un des ennemis de Votre Honneur, et celui-là n'était pas compté a nombre des plus petits. Mais vous, général, n'étiez-vous pas à White-Hall?

— Non, dit Cromwell.

Il y eut un moment de silence.

— Avez-vous eu des détails? demanda Mordaunt.

— Aucun. Je suis ici depuis le matin...
Je sais seulement qu'il y avait un complot pour sauver le roi.

— Ah! vous saviez cela? dit Mordaunt.

— Peu importe. Quatre hommes déguisés en ouvriers devaient tirer le roi de prison et le conduire à Greenwich, où une barque l'attendait.

J.A.BEAUCE — A.BOULENIER

— Maintenant, montez de nouveau à ce balcon, et dites-nous si le Mordaunt est encore en compagnie. —

— Et, sachant tout cela, Votre Honneur se tenait ici loin de la Cité, tranquille et inactif?

— Tranquille, oui, répondit Cromwell; mais qui vous dit inactif?

— Cependant, si le complot avait réussi?

— Je l'eusse désiré.

— Je pensais que Votre Honneur regardait la mort de Charles Ier comme un malheur nécessaire au bien de l'Angleterre.

— Eh bien! dit Cromwell, c'est toujours mon avis. Mais, pourvu qu'il mourût, c'était tout ce qu'il fallait; mieux eût valu, peut-être, que ce ne fût point sur un échafaud.

— Pourquoi cela, Votre Honneur?

2

Cromwell sourit.

— Pardon, dit Mordaunt, mais vous savez, général, que je suis un apprenti politique, et je désire profiter en toutes circonstances des leçons que veut bien me donner mon maître.

— Parce qu'on eût dit que je l'avais fait condamner par justice, et que je l'avais laissé fuir par miséricorde.

— Mais s'il avait fui effectivement?

— Impossible.

— Impossible?

— Oui, mes précautions étaient prises.

— Et Votre Honneur connaît-il les quatre hommes qui avaient entrepris de sauver le roi?

— Ce sont ces quatre Français dont deux ont été envoyés par madame Henriette à son mari, et deux par Mazarin à moi.

— Et croyez-vous, monsieur, que Mazarin les ait chargés de faire ce qu'ils ont fait?

— C'est possible, mais il les désavouera.

— Vous croyez?

— J'en suis sûr.

— Pourquoi cela?

— Parce qu'ils ont échoué.

— Votre Honneur m'avait donné deux de ces Français, alors qu'ils n'étaient coupables que d'avoir porté les armes en faveur de Charles Ier. Maintenant qu'ils sont coupables de complot contre l'Angleterre, Votre Honneur veut-il me les donner tous les quatre?

— Prenez-les, dit Cromwell.

Mordaunt s'inclina avec un sourire de triomphante férocité.

— Mais, dit Cromwell, voyant que Mordaunt s'apprêtait à le remercier, re enons, s'il vous plaît, à ce malheureux Charles. A-t-on crié parmi le peuple?

— Fort peu, si ce n'est vive Cromwell.

— Où étiez-vous placé?

Mordaunt regarda un instant le général pour essayer de lire dans ses yeux s'il faisait une question inutile et s'il savait tout.

Mais le regard ardent de Mordaunt ne put pénétrer dans les sombres profondeurs du regard de Cromwell.

— J'étais placé de manière à tout voir et à tout entendre, répondit Mordaunt.

Ce fut au tour de Cromwell de regarder fixement Mordaunt, et au tour de Mordaunt de se rendre impénétrable.

Après quelques secondes d'examen, il détourna les yeux avec indifférence.

— Il paraît, dit Cromwell, que le bourreau improvisé a fort bien fait son devoir. Le coup, à ce qu'on m'a rapporté du moins, a été appliqué de main de maître.

Mordaunt se rappela que Cromwell lui avait dit n'avoir eu aucun détail, et il fut dès lors convaincu que le général avait assisté à l'exécution, caché derrière quelque rideau ou quelque jalousie.

— En effet, dit Mordaunt d'une voix calme et avec un visage impassible, un seul coup a suffi.

— Peut-être, dit Cromwell, était-ce un homme du métier.

— Le croyez-vous, monsieur?

— Pourquoi pas?

— Cet homme n'avait pas l'air d'un bourreau.

— Et quel autre qu'un bourreau, demanda Cromwell, eût voulu exercer cet affreux métier?

— Mais, dit Mordaunt, peut-être quelque ennemi personnel du roi Charles, qui aura fait vœu de vengeance et qui aura accompli ce vœu; peut-être quelque gentilhomme qui avait de graves raisons de haïr le roi déchu, et qui, sachant qu'il allait fuir et lui échapper, s'est placé ainsi sur sa route, le front masqué et la hache à la main, non plus comme suppléant du bourreau, mais comme mandataire de la fatalité.

— C'est possible, dit Cromwell.

— Et si cela était ainsi, dit Mordaunt, Votre Honneur condamnerait-il son action?

— Ce n'est point à moi de le juger, dit Cromwell. C'est une affaire entre lui et Dieu.

— Mais si Votre Honneur connaissait ce gentilhomme?

— Je ne le connais pas, monsieur, répondit Cromwell, et ne veux pas le connaître. Que m'importe à moi que ce soit celui-là ou un autre? Du moment où Charles était condamné, ce n'est point un homme qui lui a tranché la tête, c'est une hache.

— Et cependant, sans cet homme, dit Mordaunt, le roi était sauvé.

Cromwell sourit.

— Sans doute, continua Mordaunt; vous l'avez dit vous-même, on l'enlevait.

— On l'enlevait jusqu'à Greenwich, dit Cromwell. Là, il s'embarquait sur une felouque avec ses quatre sauveurs. Mais sur la felouque étaient quatre hommes à moi, et quatre tonneaux de poudre à la nation. En mer, les quatre hommes descendaient dans la chaloupe, et vous êtes déjà trop habile politique, Mordaunt, pour que je vous explique le reste.

— Oui, en mer ils sautaient tous.

— Justement. L'explosion faisait ce que la hache n'aupas voulu faire. Le roi Charles disparaissait anéanti. On disait qu'échappé à la justice humaine, il avait été poursuivi et atteint par la vengeance céleste; nous n'étions plus que ses juges, et c'était Dieu qui était son bourreau. Voilà ce que m'a fait perdre votre gentilhomme masqué, Mordaunt. Vous voyez donc bien que j'avais raison quand je ne voulais pas le connaître; car, en vérité, malgré ses excellentes intentions, je ne saurais lui être reconnaissant de ce qu'il a fait.

— Monsieur, dit Mordaunt, comme toujours, je m'incline et m'humilie devant vous: vous êtes un profond penseur, et, continua-t-il, votre idée de la felouque minée est sublime...

— Absurde, dit Cromwell, puisqu'elle est devenue inutile. Il n'y a d'idée sublime en politique que celle qui porte ses fruits; toute idée qui avorte est folle et aride. Vous irez donc ce soir à Greenwich, Mordaunt, dit Cromwell en se levant: vous demanderez le patron de la felouque l'*Éclair*, vous lui montrerez un mouchoir blanc noué par les quatre bouts, c'était le signe convenu; vous direz aux gens de reprendre terre, et vous ferez reporter la poudre à l'arsenal, à moins que...

— A moins que... répondit Mordaunt, dont le visage s'était illuminé d'une joie sauvage pendant que Cromwell parlait.

— A moins que cette felouque, telle qu'elle est, ne puisse servir à vos projets personnels.

— Ah! milord, milord! s'écria Mordaunt, Dieu, en vous faisant son élu, vous a donné son regard, auquel rien ne peut échapper.

— Je crois que vous m'appelez milord! dit Cromwell en riant. C'est bien, parce que nous sommes entre nous, ma[is]

Il faudrait faire attention qu'une pareille parole ne vous échappât devant nos imbéciles de puritains.

— N'est-ce pas ainsi que Votre Honneur sera appelé bientôt?

— Je l'espère, du moins, dit Cromwell, mais il n'est pas encore temps.

Cromwell se leva et prit son manteau.

— Vous vous retirez, monsieur? demanda Mordaunt.

— Oui, dit Cromwell, j'ai couché ici hier et avant-hier, et vous savez que ce n'est pas mon habitude de coucher trois fois dans le même lit.

— Ainsi, dit Mordaunt, Votre Honneur me donne toute liberté pour la nuit?

— Et même pour la journée de demain, si besoin est, dit Cromwell. Depuis hier soir, ajouta-t-il en souriant, vous avez assez fait pour mon service, et, si vous avez quelques affaires personnelles à régler, il est juste que je vous laisse votre temps.

— Merci, monsieur; il sera bien employé, je l'espère.

Cromwell fit à Mordaunt un signe de la tête; puis, se retournant :

— Etes-vous armé? demanda-t-il.

— J'ai mon épée, dit Mordaunt.

— Et personne qui vous attende à la porte?

— Personne.

— Alors, vous devriez venir avec moi, Mordaunt.

— Merci, monsieur; les détours que vous êtes obligé de faire en passant par le souterrain me prendraient du temps, et, d'après ce que vous venez de me dire, je n'en ai peut-être déjà que trop perdu. Je sortirai par l'autre porte.

— Allez donc, dit Cromwell.

Et, posant la main sur un bouton caché, il fit ouvrir une porte si bien perdue dans la tapisserie, qu'il était impossible à l'œil le plus exercé de la reconnaître.

Cette porte, mue par un ressort d'acier, se referma sur lui.

C'était une de ces issues secrètes comme l'histoire nous dit qu'il en existait dans toutes les mystérieuses maisons qu'habitait Cromwell.

Celle-là passait sous la rue déserte et allait s'ouvrir au fond d'une grotte, dans le jardin d'une autre maison située à cent pas de celle que le futur protecteur venait de quitter.

Cela explique comment Grimaud n'avait vu venir personne, et comment néanmoins Cromwell était venu.

C'était pendant cette dernière partie de la scène que, par l'ouverture que laissait un pan du rideau mal tiré, Grimaud avait aperçu les deux hommes et avait successivement reconnu Cromwell et Mordaunt.

On a vu l'effet qu'avait produit la nouvelle sur les quatre amis.

D'Artagnan fut le premier qui reprit la plénitude de ses facultés

— Mordaunt, dit-il; ah! par le ciel! c'est Dieu lui-même qui nous l'envoie.

— Oui, dit Porthos, enfonçons la porte et tombons sur lui.

— Au contraire, dit d'Artagnan, n'enfonçons rien, pas de bruit. Le bruit appelle du monde, car s'il est, comme le dit Grimaud, avec son digne maître, il doit y avoir cachés, à une cinquantaine de pas d'ici, quelque poste, des côtes de

fer. Holà! Grimaud, venez ici et tâchez de vous tenir sur vos jambes.

Grimaud s'approcha.

La fureur lui était revenue avec le sentiment, mais il était ferme.

— Bien, continua d'Artagnan; maintenant montez de nouveau à ce balcon, et dites-nous si le Mordaunt est encore en compagnie. s'il s'apprête à sortir ou à se coucher; s'il est en compagnie, nous attendrons qu'il soit seul; s'il sort, nous le prendrons à la sortie; s'il reste, nous enfoncerons la fenêtre. C'est toujours moins bruyant et moins difficile qu'une porte.

Grimaud commença à escalader silencieusement la fenêtre.

— Gardez l'autre issue, Athos et Aramis; nous restons ici avec Porthos.

Les deux amis obéirent.

— Eh bien! Grimaud? demanda d'Artagnan.

— Il est seul, dit Grimaud.

— Tu en es sûr?

— Oui.

— Nous n'avons pas vu sortir son compagnon.

— Peut-être est-il sorti par l'autre porte.

— Que fait-il?

— Il s'enveloppe de son manteau et met ses gants.

— A nous! murmura d'Artagnan.

Porthos mit la main à son poignard, qu'il tira machinalement du fourreau.

— Rengaine, ami Porthos, dit d'Artagnan; il ne s'agit point ici de frapper d'abord. Nous le tenons, procédons avec ordre. Nous avons quelques explications mutuelles à nous demander, et ceci un pendant de la scène d'Armentières : seulement, espérons que celui-ci n'aura point de progéniture, et que, si nous l'écrasons, tout sera bien écrasé avec lui.

— Chut! dit Grimaud; le voilà qui s'apprête à sortir. Il s'approche de la lampe. Il la souffle. Je ne vois plus rien.

— A terre! alors, à terre!

Grimaud sauta en arrière et tomba sur ses pieds.

La neige assourdissait le bruit.

On n'entendit rien.

— Va prévenir Athos et Aramis; qu'ils se placent de chaque côté de la porte, comme nous allons faire Porthos et moi; qu'ils frappent dans leurs mains s'ils le tiennent; nous frapperons dans les nôtres si nous le tenons.

Grimaud disparut.

— Porthos, Porthos, dit d'Artagnan, effacez mieux vos larges épaules, cher ami; il faut qu'il sorte sans rien voir.

— Pourvu qu'il sorte par ici!

— Chut! dit d'Artagnan.

Porthos se colla contre le mur à croire qu'il voulait y rentrer.

D'Artagnan en fit autant.

On entendit alors retentir le pas de Mordaunt dans l'escalier sonore.

Un guichet inaperçu glissa en grinçant dans son coulis-
seau.

Mordaunt regarda, et, grâce aux précautions prises par
les deux amis, il ne vit rien.

Alors il introduisit la clef dans la serrure, la porte s'ouvrit, et il parut sur le seuil.

Au même instant, il se trouva face à face avec d'Artagnan.

Il voulut repousser la porte.

Porthos s'élança sur le bouton et la rouvrit toute
grande.

Porthos frappa trois fois dans ses mains.

Au même instant, il se trouva face à face avec d'Artagnan.

Athos et Aramis accoururent.

Mordaunt devint livide, mais il ne poussa point un cri,
mais il n'appela point au secours.

D'Artagnan marcha droit sur Mordaunt, et, le repoussant
pour ainsi dire avec sa poitrine, lui fit remonter à re-
culons tout l'escalier, éclairé par une lampe qui permettait au Gascon de ne pas perdre de vue les mains de
Mordaunt.

Mais Mordaunt comprit que, d'Artagnan tué, il lui restait encore à se défaire de ses trois autres ennemis.

Il ne fit donc pas un seul mouvement de défense, pas un
seul geste de menace.

Arrivé à la porte, Mordaunt se sentit acculé contre elle, et sans doute il crut que c'était là que tout allait finir pour lui; mais il se trompait.

D'Artagnan étendit la main et ouvrit la porte.

Mordaunt et lui se trouvèrent donc dans la chambre où, dix minutes auparavant, le jeune homme causait avec Cromwell.

Porthos entra derrière lui.

Il avait étendu le bras et décroché la lampe du plafond.

A l'aide de cette première lampe, il alluma la seconde.

Athos et Aramis parurent à la porte, qu'ils refermèrent à la clef.

— Prenez donc la peine de vous asseoir, dit d'Artagnan en présentant un siége au jeune homme.

Celui-ci prit la chaise des mains de d'Artagnan et s'assit pâle, mais calme.

A trois pas de lui, Aramis approcha trois sieges pour lui, d'Artagnan et Porthos.

Athos alla s'asseoir dans un coin, à l'angle le plus éloigné de la chambre, paraissant résolu de rester spectateur immobile de ce qui allait se passer.

Porthos s'assit à la gauche et Aramis à la droite de d'Artagnan.

Athos paraissait accablé.

Porthos se frottait les paumes des mains avec une impatience fiévreuse.

Aramis se mordait, tout en souriant, les lèvres jusqu'au sang.

D'Artagnan seul se modérait, du moins en apparence.

— Monsieur Mordaunt, dit-il au jeune homme, puisque, après tant de jours perdus à courir les uns après les autres, le hasard nous rassemble enfin, causons un peu, s'il vous plait.

FIN DU TOME SECOND

TABLE DES CHAPITRES

CONTENUS DANS LE DEUXIÈME VOLUME.

www.ingramcontent.com/pod-product-compliance
Lightning Source LLC
Chambersburg PA
CBHW050012100426
42739CB00011B/2608